"中高职贯通"职业院校机械类专业创新教材

机械制图与计算机绘图

主 编 张 平 吴琰琨

参 编 张玉东 顾庆芳 黄凯平

机械工业出版社

本书根据现行的专业教学标准，同时参考相应职业资格标准，以及企业对专业技术人员的技能要求而编写。本书将机械制图标准与计算机绘图技能有机融合，强化应用性和实用性，并注重职业能力的培养。

本书共八章，内容包括制图基础与绘图技能、平面图形的绘制、运用三视图表达几何体、组合体、机械图样的表达方法、标准件和常用件、零件图、装配图。本书采用现行国家标准，运用多媒体手段，以"不丢步，不落步"为原则，详细讲解实例的操作过程。

本书可作为职业院校装备制造大类相关专业机械制图与计算机绘图课程的教材。

为便于教学，本书配有电子课件和素材文件等资源，选用本书作为教材的教师可登录机械工业出版社教育服务网（www.cmpedu.com），注册后免费下载，咨询电话：010-88379492。

图书在版编目（CIP）数据

机械制图与计算机绘图/张平，吴琰琨主编. —北京：机械工业出版社，2024.5

"中高职贯通"职业院校机械类专业创新教材

ISBN 978-7-111-75438-1

Ⅰ.①机… Ⅱ.①张… ②吴… Ⅲ.①机械制图-高等职业教育-教材 ②自动绘图-高等职业教育-教材 Ⅳ.①TH126

中国国家版本馆 CIP 数据核字（2024）第 061161 号

机械工业出版社（北京市百万庄大街22号 邮政编码100037）
策划编辑：赵文婕　　　　　责任编辑：赵文婕　章承林
责任校对：贾海霞　李　杉　　封面设计：王　旭
责任印制：常天培
北京机工印刷厂有限公司印刷
2024年6月第1版第1次印刷
210mm×285mm·11印张·234千字
标准书号：ISBN 978-7-111-75438-1
定价：39.50元

电话服务	网络服务
客服电话：010-88361066	机　工　官　网：www.cmpbook.com
010-88379833	机　工　官　博：weibo.com/cmp1952
010-68326294	金　书　网：www.golden-book.com
封底无防伪标均为盗版	机工教育服务网：www.cmpedu.com

前　言

本书是根据教育部办公厅关于印发《"十四五"职业教育规划教材建设实施方案》的通知（教职成厅〔2021〕3号）和《教育部关于进一步深化中等职业教育教学改革的若干意见》中提出的"加强职业教育教材建设，保证教学资源基本质量"的意见和党的二十大报告精神，依据现行专业教学标准，参考现阶段的教学实际编写而成的。

本书以职业能力培养为本位，以职业实践为主线，以培养学生全面素质为出发点和落脚点，以提高学生综合职业能力为核心，以实例为载体，促进学生活跃思维、敢于创新，尽可能地将新思路在实践中进行创造性的转化。

本书主要体现了以下特点。

1）结构合理，内容精炼，语言通俗易懂，图文并茂，适合学生自主学习。

2）将计算机绘图技能有机地融合到制图教学中，在实例操作过程中巩固理论学习内容，大大提高了学生的学习兴趣。

3）注重培养学生绘制和识读工程图的能力，为后续课程的学习奠定必要的技术基础。

4）力求打造立体化、多元化、数字化教学资源，书中配有操作视频，实用性和可操作性强。

本书主要教学内容及参考学时安排如下。

主要教学内容	参考学时	主要教学内容	参考学时
制图基础与绘图技能	20	标准件和常用件	18
平面图形的绘制	28	零件图	20
运用三视图表达几何体	28	装配图	20
组合体	28	总计 184 课时	
机械图样的表达方法	22		

本书由上海市工程技术管理学校张平、吴琰琨任主编，张玉东、顾庆芳、黄凯平参与编写，具体分工：张平编写第2~8章的CAD操作部分；吴琰琨编写第3~5章、第8章的机械制图部分；张玉东编写第1章、第6章的机械制图部分；顾庆芳编写第2章、第7章的机械制图部分；黄凯平编写第1章的CAD操作部分。

在编写过程中，编者参考了大量文献资料，咨询了企业专家和职教名师，在此一并向相关人士表示衷心的感谢！

由于编者水平有限，书中不妥之处在所难免，恳请读者批评指正。

编　者

目录

前言

第1章 制图基础与绘图技能 ... 1

- 1.1 绘图工具的使用方法和几何作图 ... 1
  - 1.1.1 图板、丁字尺、三角板 ... 1
  - 1.1.2 圆规与分规 ... 1
  - 1.1.3 铅笔 ... 3
- 1.2 制图国家标准简介 ... 3
  - 1.2.1 图纸幅面及格式 ... 3
  - 1.2.2 比例 ... 5
  - 1.2.3 字体 ... 5
  - 1.2.4 图线 ... 6
  - 1.2.5 尺寸标注 ... 8
- 1.3 AutoCAD 2022 绘图基础设置实例 ... 10
  - 1.3.1 AutoCAD 2022 基本介绍 ... 10
  - 1.3.2 AutoCAD 2022 基本操作 ... 10
  - 1.3.3 AutoCAD 2022 命令操作 ... 12
  - 1.3.4 AutoCAD 2022 图形文件管理操作 ... 13

第2章 平面图形的绘制 ... 17

- 2.1 使用绘图工具几何作图 ... 17
  - 2.1.1 等分作图 ... 17
  - 2.1.2 斜度和锥度 ... 19
  - 2.1.3 圆弧连接 ... 20
- 2.2 绘制平面图形 ... 23
  - 2.2.1 使用绘图工具绘图 ... 23
  - 2.2.2 使用 AutoCAD 2022 绘图命令实例 ... 25

第3章 运用三视图表达几何体 ... 32

- 3.1 投影法 ... 32
  - 3.1.1 投影法的基本概念 ... 32
  - 3.1.2 正投影的基本性质 ... 33
- 3.2 三视图 ... 34

3.2.1 视图 34
3.2.2 三面投影体系 34
3.2.3 三视图的形成 34
3.2.4 三视图之间的关系 35
3.2.5 三视图的绘制 37
3.3 点、直线和平面的投影 38
3.3.1 点的投影 38
3.3.2 直线的投影 41
3.3.3 平面的投影 43
3.4 基本体 45
3.4.1 平面立体 46
3.4.2 曲面立体 49
3.4.3 立体表面的交线 54
3.4.4 基本体的尺寸标注 65
3.4.5 AutoCAD 2022 编辑命令实例操作 66

第 4 章 组合体 69

4.1 组合体的组合形式 69
4.2 组合体三视图的绘制 71
4.2.1 形体分析 71
4.2.2 视图选择 72
4.2.3 图形绘制 72
4.2.4 视图识读 74
4.3 组合体的尺寸标注 77

第 5 章 机械图样的表达方法 87

5.1 视图 87
5.1.1 基本视图 87
5.1.2 向视图 88
5.1.3 局部视图 89
5.1.4 斜视图 90
5.2 剖视图 90
5.2.1 剖视图的基本概念 90
5.2.2 剖视图的画法和标注 91
5.2.3 剖视图的分类 92
5.3 断面图 97
5.4 局部放大图和简化画法 99
5.5 使用 AutoCAD 2022 绘制剖面图实例 103

第 6 章 标准件和常用件 105

6.1 螺纹与螺纹紧固件 105
6.1.1 螺纹的基本要素 105

6.1.2 螺纹的规定画法 …………………………………………………… 107
6.1.3 螺纹的标记 ………………………………………………………… 108
6.1.4 螺纹紧固件 ………………………………………………………… 110
6.2 键连接和销连接 ……………………………………………………………… 114
6.2.1 键连接 ……………………………………………………………… 114
6.2.2 销连接 ……………………………………………………………… 116
6.3 滚动轴承 ……………………………………………………………………… 116
6.3.1 滚动轴承的结构 …………………………………………………… 116
6.3.2 滚动轴承的代号 …………………………………………………… 117
6.3.3 滚动轴承的画法 …………………………………………………… 118
6.4 齿轮 …………………………………………………………………………… 119
6.4.1 直齿圆柱齿轮各部分的名称及代号 ……………………………… 120
6.4.2 直齿圆柱齿轮的基本参数与轮齿各部分的尺寸关系 …………… 121
6.4.3 圆柱齿轮的规定画法 ……………………………………………… 122

第 7 章 零件图 …………………………………………………………………… 127

7.1 零件图及视图表达方式 ……………………………………………………… 127
7.1.1 零件图的作用和内容 ……………………………………………… 127
7.1.2 典型零件的表达方法 ……………………………………………… 128
7.2 零件图的尺寸标注 …………………………………………………………… 131
7.2.1 选择尺寸基准 ……………………………………………………… 131
7.2.2 尺寸标注的基本要求和基本规则 ………………………………… 132
7.3 零件图中的技术要求 ………………………………………………………… 133
7.3.1 表面结构 …………………………………………………………… 133
7.3.2 极限与配合 ………………………………………………………… 136
7.3.3 几何公差 …………………………………………………………… 139
7.4 零件的工艺结构 ……………………………………………………………… 142
7.4.1 铸造工艺结构 ……………………………………………………… 142
7.4.2 机械加工工艺结构 ………………………………………………… 143
7.5 使用 AutoCAD 2022 绘制零件图实例 ……………………………………… 144

第 8 章 装配图 …………………………………………………………………… 151

8.1 装配图概述 …………………………………………………………………… 151
8.1.1 装配图的作用和内容 ……………………………………………… 151
8.1.2 装配图的画法 ……………………………………………………… 152
8.2 装配图的尺寸标注、零件编号与技术要求 ………………………………… 155
8.2.1 装配图的尺寸标注 ………………………………………………… 155
8.2.2 装配图的零件编号和明细 ………………………………………… 156
8.2.3 装配图的技术要求 ………………………………………………… 157
8.3 运用 AutoCAD 2022 绘制装配图实例 ……………………………………… 158

参考文献 …………………………………………………………………………… 167

第1章 制图基础与绘图技能

教学目标

1. 初步了解制图的基本方法和绘图技能。
2. 熟悉国家标准《技术制图》与《机械制图》中有关图纸幅面及格式、比例、字体、图线和尺寸标注等方面的基本规定。
3. 初识 AutoCAD 2022 软件。

素养目标

培养学生有据可依、有章可循的职业习惯。

1.1 绘图工具的使用方法和几何作图

1.1.1 图板、丁字尺、三角板

图板是用作绘图的垫板,是用来铺放、固定图纸的,板面应平整光滑,其左侧为丁字尺的导边。图板及其使用如图 1-1a、b、c 所示。

丁字尺由尺头和尺身构成。使用时,应将尺头内侧紧靠图板左侧的导边并上下移动;尺身上侧为工作边,用来绘制水平线。

一副三角板由一块 45°三角板和一块 30°(60°)三角板组成。绘图时,将三角板和丁字尺配合使用,可绘制竖直线和 30°、45°、60°角度线及与水平线成 15°倍角的斜线,如图 1-1d、e、f 所示。

如果两块三角板配合使用,还可以绘出任意方向已知直线的平行线或垂直线,如图 1-2 所示。

1.1.2 圆规与分规

圆规的主要用途是绘制圆和圆弧。绘图时,用装有台阶的小钢针的一条腿定圆

1

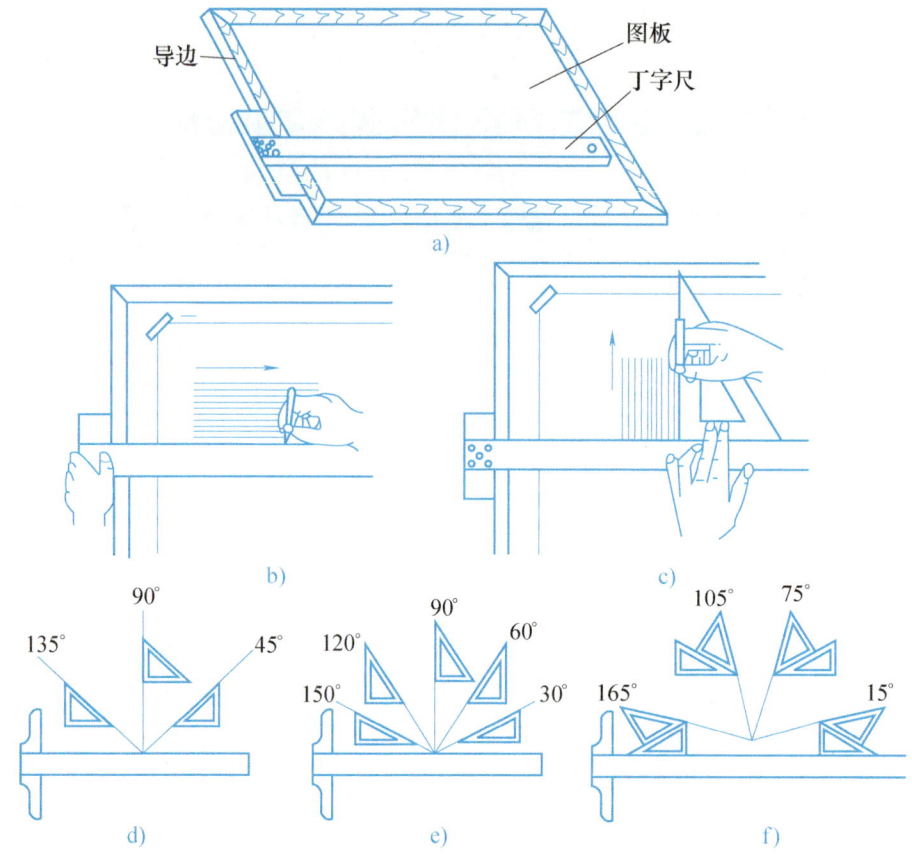

图 1-1 图板、丁字尺、三角板配合使用

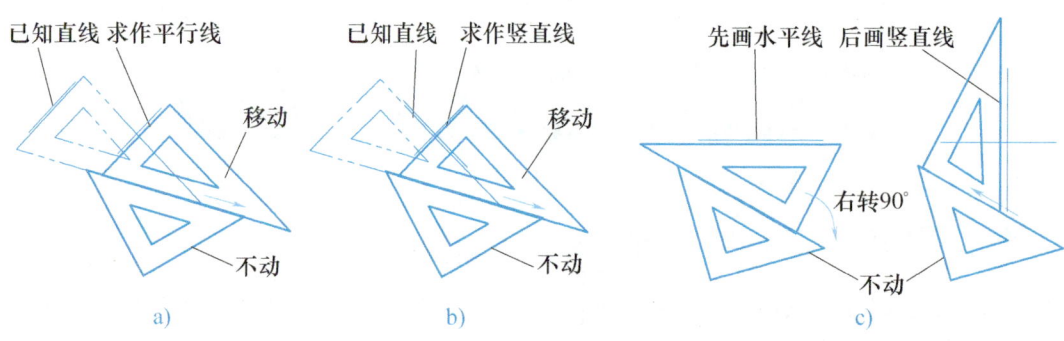

图 1-2 两块三角板配合使用

心,用装有铅芯的另一条腿来绘图,应使圆规向前进方向(通常为顺时针方向)微微倾斜,用力尽可能均匀,速度要慢,并且一笔绘出整个图形。绘制直径较大的圆时,圆规的两脚应尽可能与图面垂直,如图 1-3 所示。

分规的用途是量取尺寸和等分线段。使用前先将分规的两针尖并拢,如图 1-4a 所示,检查其是否平齐。用分规等分直线的方法如图 1-4b 所示。

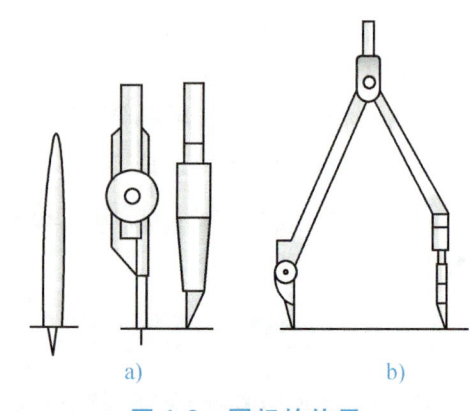

图 1-3 圆规的使用

1.1.3 铅笔

绘图铅笔常用代号为 B、H、HB 三种。B 前面的数字越大，表明铅芯越软，绘制的线条越深；H 前面数字越大，表明铅芯越硬，绘制的线条越浅；HB 表示软硬适中的铅芯。绘制粗实线常用 2B 或 B 铅笔；绘制细实线、细虚线、细点画线和写字时，通常使用 HB 铅笔。铅笔芯可以修磨成圆锥形或楔形，圆锥形用于绘制细线和书写文字，楔形用于描绘粗实线，如图 1-5 所示。

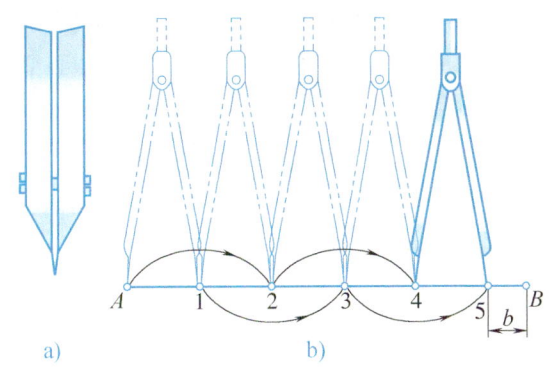

图 1-4 分规的使用

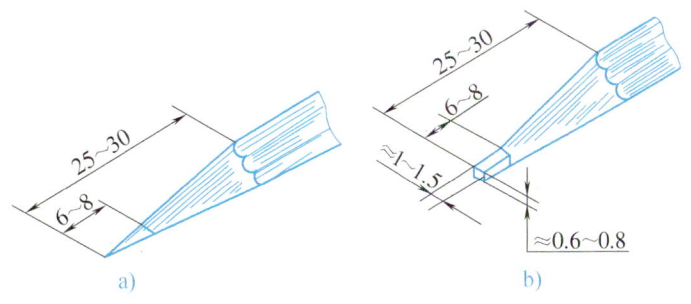

图 1-5 铅笔的不同削法

楔形铅笔芯削制步骤：先在铅笔上削一刀，然后将铅笔旋转 180° 削一刀，再小角度均匀地转动并轻削铅笔直至符合要求。对铅笔外观有要求的就量好尺寸削，最后用砂纸打磨凸出来的地方，如图 1-5b 所示。

1.2 制图国家标准简介

机械图样是表达工程技术人员设计意图、交流技术思想、组织和指导生产的重要工具，是现代工业生产中必不可少的技术文件。图样作为技术交流的共同语言，必须有统一的规范。国家标准《技术制图》和《机械制图》对图样的内容、格式、表示方法等做了统一规定，是识读和绘制机械图样的根本依据。

在标准代号 GB/T 4457.4—2002 中，GB/T 表示推荐性国家标准，其中 G 是"国"字汉语拼音的第一个字母，B 是"标"字汉语拼音的第一个字母，T 是"推"字汉语拼音的第一个字母；4457.4 表示标准的编号；2002 表示该标准发布的年号。图纸幅面及格式的国家标准为 GB/T 14689—2008。

1.2.1 图纸幅面及格式（GB/T 14689—2008）

1. 图纸幅面

图纸幅面是图纸边界所围成的区域，简称图幅。其代号由"A"和相应的幅面号组成，见表 1-1。绘制图样时，应优先选用表 1-1 所列的基本幅面。必要时，可以选用加长幅面。加长幅面的尺寸是按基本幅面的短边成整数倍增加后得出的。

表 1-1 基本幅面尺寸和图框尺寸 （单位：mm）

幅面符号	A0	A1	A2	A3	A4
短边(B)×长边(L)	841×1189	594×841	420×594	297×420	210×297
a	25				
c	10			5	
e	20		10		

2. 图框格式

图框是图纸上限定绘图区域的线框。在图纸上必须用粗实线绘制图框。其格式分为留有装订边（图 1-6）和不留装订边（图 1-7）两种。

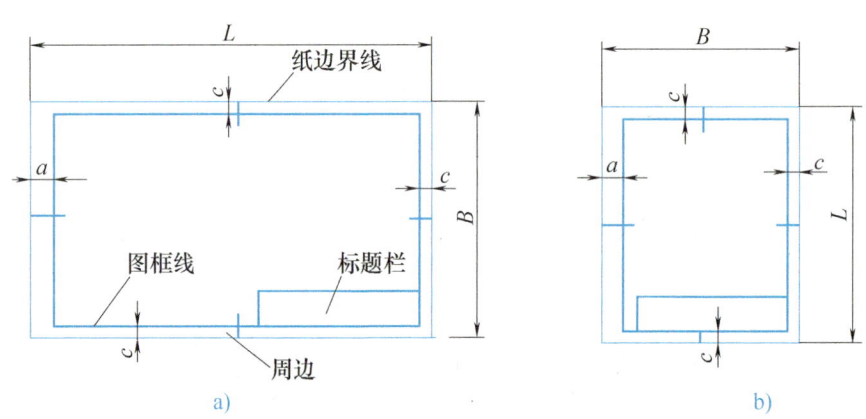

图 1-6 留装订边的图框格式

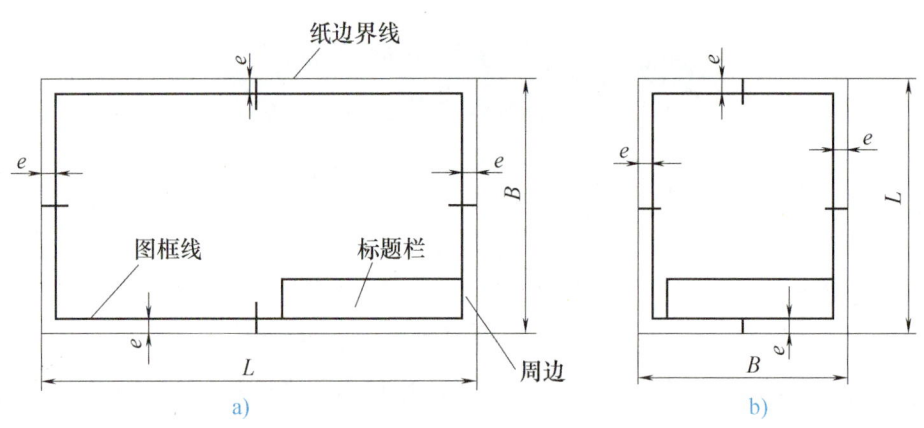

图 1-7 不留装订边的图框格式

3. 标题栏

标题栏是由名称及代号区、签字区、更改区和其他区组成的栏目，在机械图样中必须标出。标题栏一般标注在图纸的右下角。标题栏的内容、格式和尺寸应按 GB/T 10609.1—2008《技术制图 标题栏》的规定绘制，如图 1-8 所示。

在学校的制图作业中，可采用图 1-9 所示的简化标题栏。

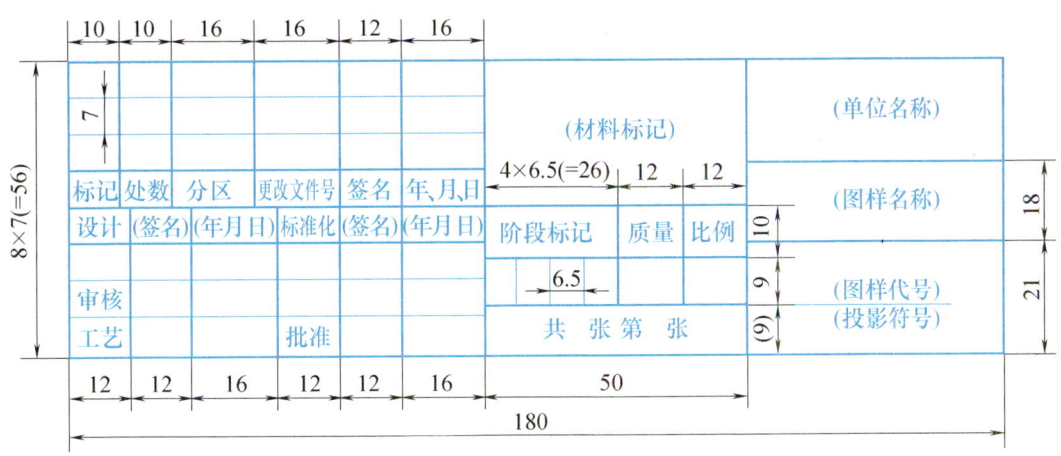

图1-8 国家标准规定的标题栏格式

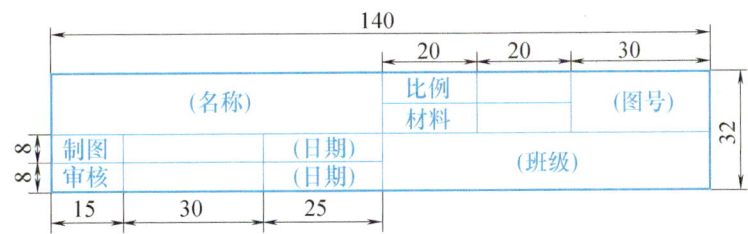

图1-9 A4横向图纸标题栏（教学用）

1.2.2 比例（GB/T 14690—1993）

比例是指图样中图形与其实物相应要素的线性尺寸之比。

绘制图样时，应由表1-2所列"优先选择系列"中选取适当的绘图比例。

为了识图方便，应尽量选用原值比例，以便于空间想象机件的实际大小。绘图比例一般应填写在标题栏中的"比例"栏中。另外，在图样中标注的尺寸均为机件设计要求的尺寸，而与比例无关。图1-10所示为使用不同比例绘制的同一图形。

表1-2 比例系列

种类	定义	优先选择系列	允许选择系列
原值比例	比值为1的比例	1:1	—
放大比例	比值大于1的比例	5:1　2:1 $5\times10^n:1$　$2\times10^n:1$　$1\times10^n:1$	4:1　2.5:1 $4\times10^n:1$　$2.5\times10^n:1$
缩小比例	比值小于1的比例	1:2　1:5　1:10 $1:2\times10^n$　$1:5\times10^n$　$1:1\times10^n$	1:1.5　1:2.5　1:3　1:4 1:6　$1:1.5\times10^n$　$1:2.5\times10^n$ $1:3\times10^n$　$1:4\times10^n$　$1:6\times10^n$

注：n为正整数。

1.2.3 字体（GB/T 14691—1993）

字体是指图中文字、字母、数字的书写形式。

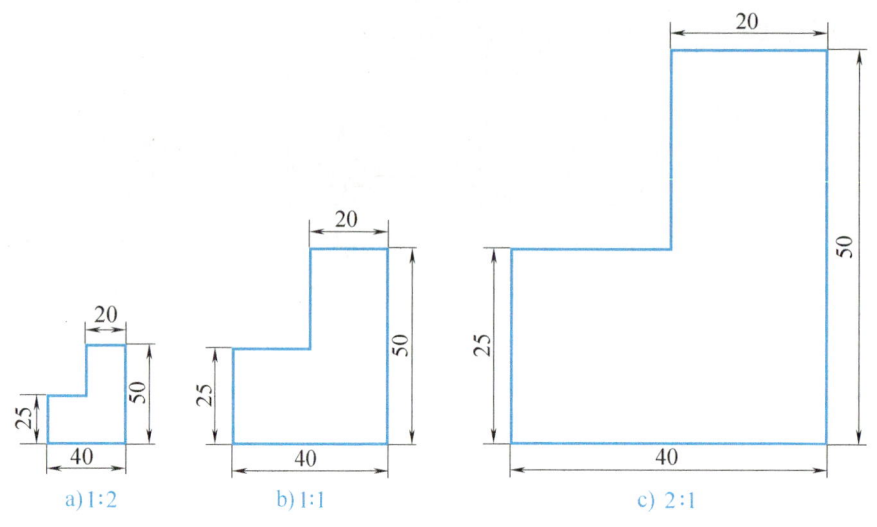

图 1-10　不同比例绘制的同一图形

图样中的字体要求是：字体工整、笔画清楚、间隔均匀、排列整齐。字号即字高（用 h 表示），常用的尺寸系列有：1.8mm、2.5mm、3.5mm、5mm、7mm、10mm、14mm、20mm。

图样上的汉字应写成长仿宋体，并采用国家正式公布推行的简化字。汉字的高度应不小于 3.5mm，其字宽一般为 $h/\sqrt{2}$，如图 1-11 所示。

字体工整　笔画清楚　排列整齐　间隔均匀

图 1-11　汉字示例

图样中的字母和数字可分为 A 型和 B 型。A 型字体的笔画宽度为字高的 1/14，B 型字体的笔画宽度为字高的 1/10。字母和数字可以写成斜体和直体，常用的是斜体。斜体字字头向右倾斜，与水平基准线成 75°，如图 1-12 所示。

ABCDEFGHIJKMN
abcdefghijkmn
0123456789

图 1-12　A 型斜体字母和数字示例

1.2.4　图线（GB/T 4457.4—2002）

绘图时应采用国家标准规定的图线形式和画法。GB/T 4457.4—2002《机械制图　图样画法　图线》规定了在机械图样中使用的九种图线，其线型、线宽及应用见表 1-3。粗线的宽度 d 应按图形的大小及复杂程度确定，一般在 0.3～2mm 的范围选择，细线的宽度约为 $d/2$。图线应用示例如图 1-13 所示。

表 1-3 图线的线型、线宽及应用

名称	线型	线宽	一般应用
粗实线	———————— d	d	可见棱边线、可见轮廓线、相贯线、螺纹牙顶线、螺纹长度终止线、齿顶圆（线）、表格图和流程图中的主要表示线、系统结构线（金属结构工程）、模样分型线、剖切符号用线
细实线	————————	$d/2$	过渡线、尺寸线、尺寸界线、指引线和基准线、剖面线、重合断面的轮廓线、短中心线、螺纹牙底线、尺寸线的起止线、表示平面的对角线、零件成形前的弯折线、范围线及分界线、重复要素表示线、锥形结构的基面位置线、叠片结构位置线、辅助线、不连续同一表面连线、成规律分布的相同要素连线、投射线、网格线
细虚线	- - - - 12d - 3d - - -	$d/2$	不可见棱边线、不可见轮廓线
细点画线	— · — · 6d — 24d — · —	$d/2$	轴线、对称中心线、分度圆（线）、孔系分布的中心线、剖切线
波浪线	～～～～～	$d/2$	断裂处边界线、视图与剖视图的分界线
双折线	——⋀—— (7.5)d 14d 30°	$d/2$	断裂处边界线、视图与剖视图的分界线
粗虚线	━ ━ ━ ━ ━	d	允许表面处理的表示线
粗点画线	━ · ━ · ━	d	限定范围表示线
细双点画线	— ·· — ·· 9d — 24d	$d/2$	相邻辅助零件的轮廓线、可动零件的极限位置的轮廓线、重心线、成形前轮廓线、剖切面前的结构轮廓线、轨迹线、毛坯图中制成品的轮廓线、特定区域线、延伸公差带表示线、工艺用结构的轮廓线、中断线

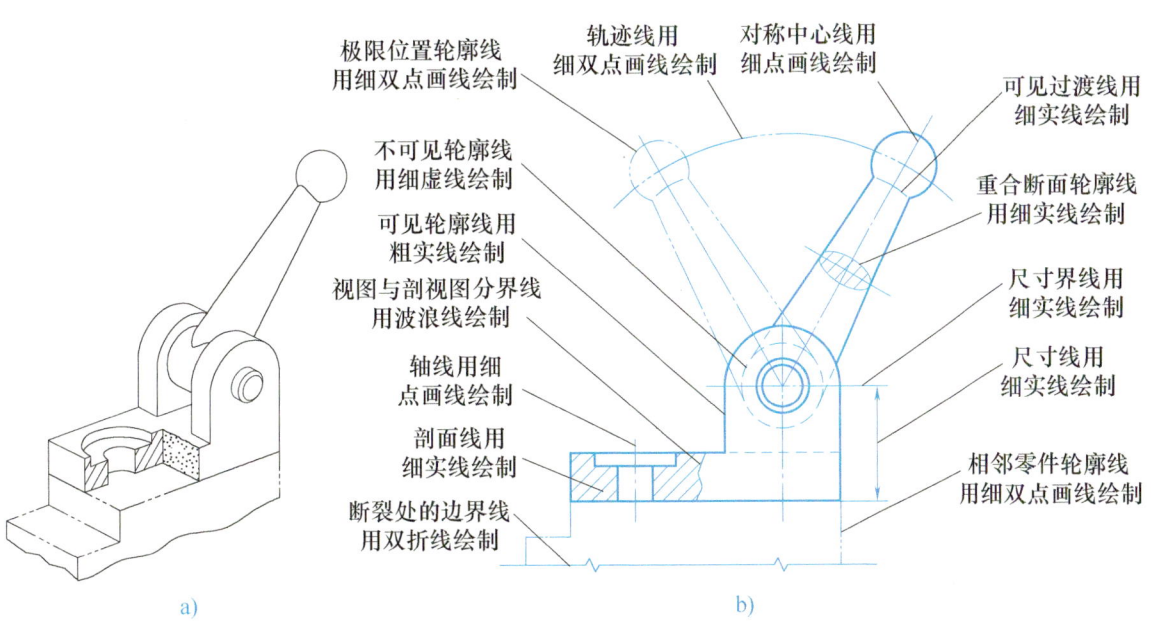

图 1-13 图线应用示例

> 注意：同一图样中，同类图线的宽度应保持一致。虚线、点画线及双点画线的线段长度和间隔应各自大致相等，线与线相交处应为线段相交，而不是点或间隔相交。当要绘制的点画线长度较短时，可用细实线代替。

1.2.5 尺寸标注（GB/T 16675.2—2012 和 GB/T 4458.4—2003）

在工程图样中，视图只能表达机件的形状，而机件的实际加工需要具体的、表示形体大小的尺寸。尺寸注法是工程图样中重要的组成部分，标注时必须严格遵循国家技术标准的有关规定和要求。

1. 尺寸标注的基本要求

1）图样中的尺寸为该图样所表示机件的最后完工尺寸，否则应另行说明。

2）机件的真实大小以图样标注的尺寸为依据，与图形的大小和绘图的准确性无关。

3）机件上的每一个尺寸一般只标注一次，并应标注在反映该结构最清晰的图形上。

4）图样中的尺寸（包括技术要求和其他说明），一般以毫米（mm）为计量单位，可省略标注。若采用其他计量单位，则必须在技术要求中标明相应的单位符号。

2. 尺寸标注的基本组成

尺寸标注的基本组成见表1-4。

表1-4 尺寸标注的基本组成

组成	表示含义	标注线型	标注实例	注意事项
尺寸界线	所标注尺寸的标注范围	细实线	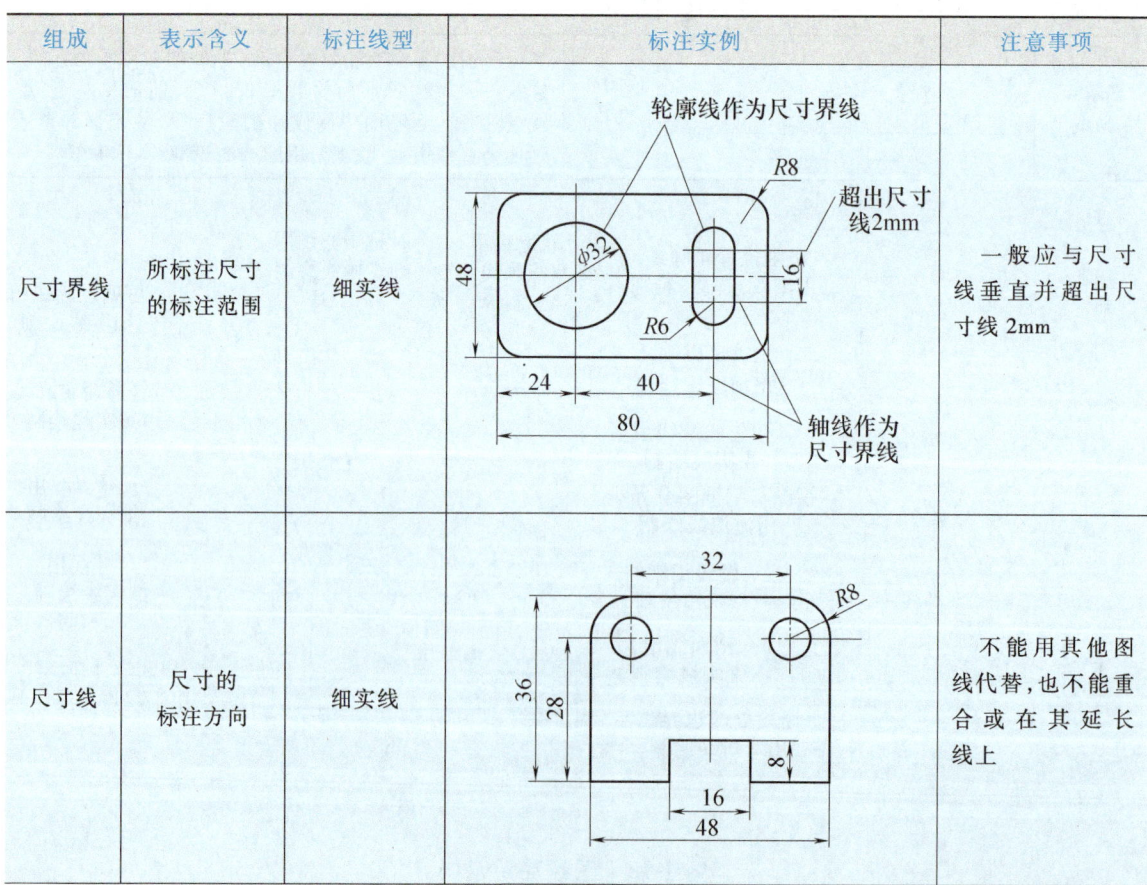	一般应与尺寸线垂直并超出尺寸线2mm
尺寸线	尺寸的标注方向	细实线		不能用其他图线代替，也不能重合或在其延长线上

(续)

组成	表示含义	标注线型	标注实例	注意事项
尺寸终端	起始位置和终止位置	箭头;细斜线	≥6d d为图中粗实线的宽度 a) 5 3 5 b)	箭头尖端必须与尺寸界线接触,不能超出或分离
尺寸数字	机件的实际大小	基本尺寸的数字高度要一致,一般用3.5号或5号字	见上图	不能被任何图线通过

3. 常用尺寸标注

(1) 线性尺寸　线性尺寸数字应按图 1-14a 所示的方向标注。应尽量避免在图 1-14a 所示 30°范围内标注尺寸,若必须在此范围标注,应采用图 1-14b 所示引出标注方式。水平尺寸数字应注写在尺寸线上方。竖直方向时应注写在尺寸线左方,如图 1-14c 所示。

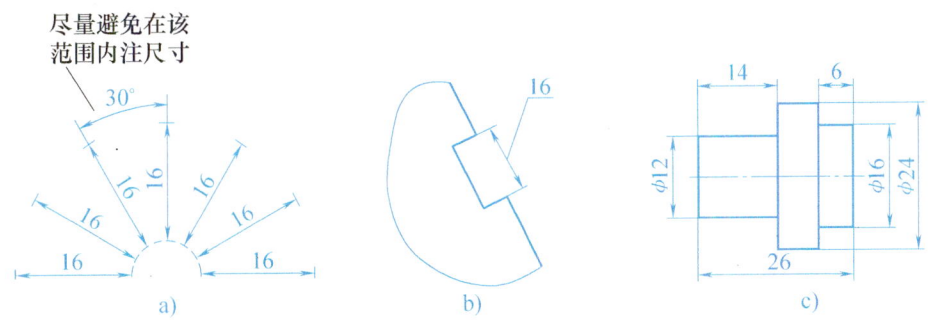

图 1-14　线性尺寸标注示例

(2) 径向尺寸　径向尺寸由直径和半径组成。圆心角>180°的整圆或圆弧必须在尺寸数字前加注直径符号"ϕ",圆心角≤180°的圆弧加注半径符号"R"。标注直径时一般需绘制尺寸界线,必要时也可将轮廓线作为尺寸界线,尺寸线或其延长线要通过圆心。径向尺寸标注示例如图 1-15 所示。

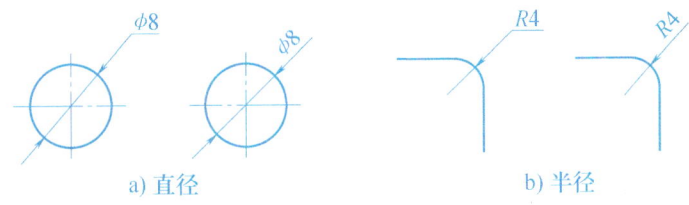

图 1-15　径向尺寸标注示例

(3) 角度尺寸　角度尺寸的尺寸界线应从径向引出,尺寸线是以角的顶点为圆心绘出的圆弧线。角度数字一律水平书写,一般应注写在尺寸线的中断处,必要时也可写在尺寸线的上方或外侧。角度较小时可用指引线引出标注。角度尺寸的标注必须注明单位,如图 1-16 所示。

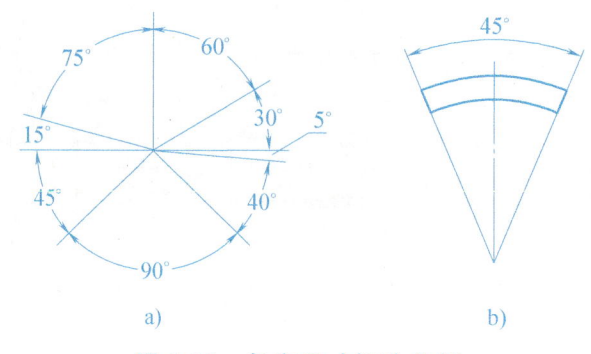

图 1-16 角度尺寸标注示例

1.3 AutoCAD 2022 绘图基础设置实例

1.3.1 AutoCAD 2022 基本介绍

计算机辅助设计（computer aided design，CAD）绘图程序软件包，是世界上著名的绘图程序软件包之一。经过近 30 年的不断完善和发展，AutoCAD 已具有强大的绘图功能，广泛应用于机械、建筑、航空、冶金等领域。

AutoCAD 2022 中文版是该公司专门针对中国市场开发的，是目前为止在我国影响较大的平面设计软件。该软件从使用和设计思路上都是按照工程制图人员的绘图习惯，使其能够非常轻松地绘制出平面视图和带有三维渲染效果的工程图，是绘图人员的理想绘图工具。

AutoCAD 软件的主要功能包括二维绘图与编辑、创建表格、文字标注、尺寸注法、参数化绘图、三维绘图与编辑、视图显示控制、各种绘图实用工具、数据库管理、Internet 功能、图形的输入输出、图纸管理。

1.3.2 AutoCAD 2022 基本操作

1. 安装 AutoCAD 2022

登录 Autodesk 官方网站，购买并下载 AutoCAD 2022 软件安装文件。执行 SETUP.EXE 文件，根据弹出的窗口选择、操作即可。

2. 启动 AutoCAD 2022

安装 AutoCAD 2022 后，系统会自动在 Windows 桌面上生成对应的快捷方式，如图 1-17 所示。双击该快捷方式图标，即可启动 AutoCAD 2022。与启动其他应用程序一样，也可以通过 Windows 文件资源管理器、单击 Windows 任务栏按钮等方式启动 AutoCAD 2022。

3. AutoCAD 2022 工作界面

AutoCAD 2022 的经典工作界面由标题栏、菜单栏、工具栏、绘图窗口、光标、坐标系图标、命令窗口、状态栏、模型/布局选项卡、滚动条和菜单浏览器等组成，如图 1-18 所示。

图 1-17 AutoCAD 2022 快捷方式图标

图 1-18 AutoCAD 2022 工作界面

（1）**标题栏** 标题栏与其他 Windows 应用程序类似，用于显示 AutoCAD 2022 的程序图标以及当前所操作图形文件的名称。

（2）**菜单栏** 菜单栏是主菜单，可利用其执行 AutoCAD 的大部分命令。单击菜单栏中的某一项，会弹出相应的下拉菜单。图 1-19 所示为"视图"下拉菜单。下拉菜单中，右侧有">"的菜单项，表示它还有子菜单；右侧有三个小点的菜单项，表示单击该菜单项后会弹出一个对话框；右侧没有内容的菜单项，单击后会执行对应的命令。

（3）**工具栏** AutoCAD 2022 提供了 40 多个工具栏，每一个工具栏上均有一些形象化的按钮。单击某一按钮，可以启动对应命令。

用户可以根据需要打开或关闭任一工具栏。方法是：在已有工具栏上右击，弹出工具栏快捷菜单，通过其可实现工具栏的打开与关闭。

此外，通过选择菜单中"工具"→"工具栏"→"AutoCAD"对应的子菜单命令，也可以打开各工具栏。

图 1-19 "视图"下拉菜单

（4）**绘图窗口（绘图区域）** 绘图窗口类似于手工绘图时的图纸，是用户使用 AutoCAD 2022 绘图并显示所绘图形的区域。

（5）**光标** 当光标位于 AutoCAD 的绘图窗口时为十字形状，因此又称十字光标。十字线的交点为光标的当前位置。光标用于绘图、选择对象等操作。

（6）**坐标系图标** 坐标系图标通常位于绘图窗口的左下角，表示当前绘图所使用的坐标系的形式以及坐标方向等。AutoCAD 提供世界坐标系（World Coordinate System，WCS）和用户坐标系（User Coordinate System，UCS）两种坐标系。世界坐标系为默认坐标系。

（7）**命令窗口（命令行）** 命令窗口是 AutoCAD 显示用户从键盘输入的命令和显示提示信息的地方。默认情况下，AutoCAD 在命令窗口保留最后三行所执行的命令或提示信息。用户可以通过拖动窗口边框的方式改变命令窗口的大小，使其显示多于三行或少于三行的信息。

（8）状态栏　状态栏用于显示或设置当前的绘图状态。状态栏上位于左侧的一组数字反映当前光标的坐标，其余按钮从左到右分别表示当前是否启用了捕捉模式、栅格显示、正交模式、极轴追踪、对象捕捉、对象捕捉追踪、动态 UCS、动态输入等功能以及是否显示线宽、当前的绘图空间等信息。

（9）模型/布局选项卡　模型/布局选项卡用于实现模型空间与图纸空间的切换。

（10）滚动条　利用水平和竖直滚动条，可以使图纸沿水平或竖直方向移动，即平移绘图窗口中显示的内容。

（11）菜单浏览器　单击左上角图标，AutoCAD 会将浏览器展开，用户可通过菜单浏览器执行相应的操作。

1.3.3　AutoCAD 2022 命令操作

AutoCAD 交互绘图必须输入必要的指令和参数。AutoCAD 命令输入方式有多种（此处以画直线为例）。

1. 命令的输入

（1）通过键盘输入命令　在命令行输入命令名（命令字符可以不区分大小写），如命令"LINE"。执行命令时，在命令行提示中经常会出现命令选项。如输入绘制直线命令"LINE"后，命令行提示如图 1-20 所示。

> 命令:LINE✓
> 指定第一个点:(在屏幕上指定一点或输入一个点的坐标)
> 指定下一点或[放弃(U)]:

图 1-20　命令行提示

> 注意：选项中不带括号的提示为默认选项，因此可以直接输入直线段的起点坐标或在屏幕上指定一点。如果要选择其他选项，则应该首先输入该选项的标识字符，如"放弃"选项的标识字符为"U"。在命令选项的后面有时还带有尖括号，尖括号内的数值为默认数值。

（2）在命令行输入命令缩写字母　命令缩写字母包括 L（LINE）、C（CIRCLE）、A（ARC）、Z（ZOOM）、R（REDRAW）、M（MOVE）、CO（COPY）、PL（PLINE）、E（ERASE）等。

（3）选择"绘图"菜单中的"直线"命令　选择该命令后，在命令行中可以看到对应的命令说明及命令名。

（4）选取工具栏中的对应图标　单击该图标后，在命令行中可以看到对应的命令说明及命令名。

（5）在绘图区域右击　如果用户要重复使用上次使用的命令，可以直接在绘图区域右击，系统立即重复执行上次使用的命令，这种方法适用于重复执行某个命令。

2. 命令的执行

命令有两种执行方式，一是通过功能按钮，二是通过命令行输入。如果在命令行中输入"LAYER"，系统会自动打开"图层"对话框。有些命令同时存在命令行、菜单栏、工具栏和功能区4种执行方式，这时如果选择菜单或工具栏方式，命令行会显示该命令名称，并在名称前面加"_"，例如通过菜单或工具栏方式执行"直线"命令时，命令行会显示"_LINE"，命令的执行过程和结果与通过命令行输入方式相同。

(1) 命令的重复、撤销与重做

1) 命令的重复。在命令行窗口中按<Enter>键可重复调用上一个命令，不管上一个命令是完成了，还是被取消了。

2) 命令的撤销。在命令执行的任何时刻都可以取消和终止命令的执行。执行方式如下。

命令行：输入"UNDO"。

工具栏：单击"放弃"按钮。

快捷键：按<Esc>键。

3) 已被撤销的命令还可以恢复重做，执行方式如下。

命令行：输入"REDO"。

工具栏：单击"重做"按钮。

工具栏命令可以一次执行多重放弃或重做操作。单击"放弃"或"重做"旁的下拉按钮▼，可以选择要放弃或重做的操作，如图1-21所示。

(2) 透明命令　透明命令是指在执行AutoCAD的命令过程中可以执行的某些命令。

当在绘图过程中需要透明执行某一命令时，可直接选择对应的菜单命令或单击工具栏上的对应按钮，而后根据提示执行对应的操作。透明命令执行完毕后，AutoCAD会回到执行透明命令之前的提示，即继续执行对应的操作。

通过键盘执行透明命令的方法为：在当前提示信息后输入"'"符号，再输入对应的透明命令后按<Enter>键或<Space>键，就可以根据提示执行该命令的对应操作，执行后AutoCAD会回到执行透明命令之前的提示。

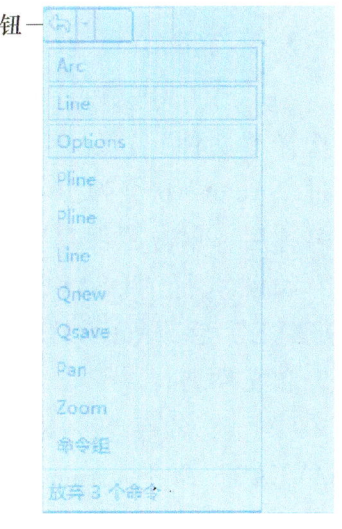

图 1-21　多重放弃或重做

1.3.4　AutoCAD 2022 图形文件管理操作

1. 创建新图形

单击"新建"按钮或选择"文件"→"新建"命令，即执行"NEW"命令，AutoCAD弹出"选择样板"对话框，如图1-22所示。

通过此对话框选择对应的样板后（初学者一般选择样板文件"acadiso.dwt"即

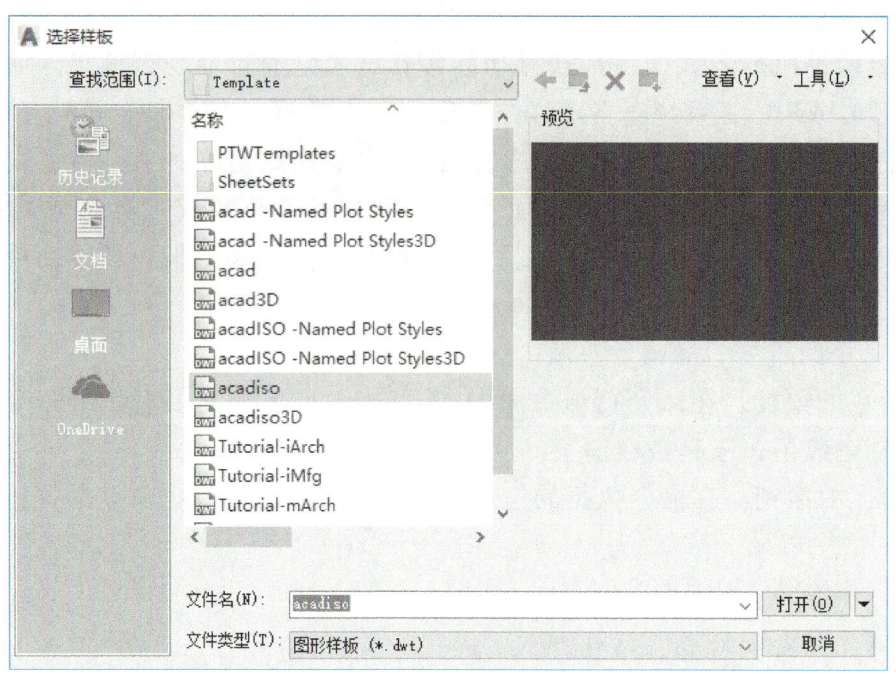

图 1-22 "选择样板"对话框

可),单击"打开"按钮,就会以对应的样板为模板建立一新图形。

2. 打开图形

单击快速访问工具栏上的"打开"按钮 或选择"文件"→"打开"命令,即执行"OPEN"命令,AutoCAD 弹出与图 1-22 类似的"选择文件"对话框,可通过此对话框确定要打开的文件并打开它。

3. 保存图形

(1) 用"QSAVE"命令保存图形　单击快速访问工具栏上的"保存"按钮 或选择"文件"→"保存"命令,即执行"QSAVE"命令,如果当前图形没有命名保存过,AutoCAD 会弹出"图形另存为"对话框。通过该对话框指定文件的保存位置及名称后,单击"保存"按钮,即可实现保存。

如果执行"QSAVE"命令前已对当前绘制的图形命名保存过,那么执行"QSAVE"后,AutoCAD 直接以原文件名保存图形,不再要求用户指定文件的保存位置和文件名。

(2) 换名保存　换名保存指将当前绘制的图形以新文件名保存。执行"SAVEAS"命令,AutoCAD 弹出"图形另存为"对话框,要求用户确定文件的保存位置及文件名,用户输入即可。

4. 绘图基本设置

(1) 设置图形界限　根据创建零件的尺寸选择合适的作图区域,设置图形界限。在命令行输入"LIMITS",命令行提示如下:

```
命令:LIMITS
LIMITS 指定左下角点或[开(ON)/关(OFF)]<0.0000,0.0000>:0,0
LIMITS 指定右上角点<0.0000,0.0000>:297,210
```

LIMITS 指定左下角点或[开(ON)/关(OFF)]<0.0000,0.0000>:OFF（注：不需要图形界限时，可以输入"LIMITS"命令后，执行如上操作。）

（2）设置图层　绘图之前，根据需要设置相应的图层，还可以进行名称、线型、线宽、颜色等图层特性的设置。

功能区：单击"默认"选项卡下的"图层特性"按钮，如图1-23所示。

图1-23　图层特性功能

命令行：输入"LAYER"。

执行命令后，弹出"图层特性管理器"对话框，单击"新建"按钮，新建粗实线、中心线、剖面线、尺寸线、细实线、虚线六个图层，设置粗实线线宽为0.5mm，加载中心线线型为"CENTER2"，虚线线型为"DASHED"，设置细实线线宽为0.25mm。为了更便于查看与区分，可以将不同图层设置为不同颜色，如图1-24所示。

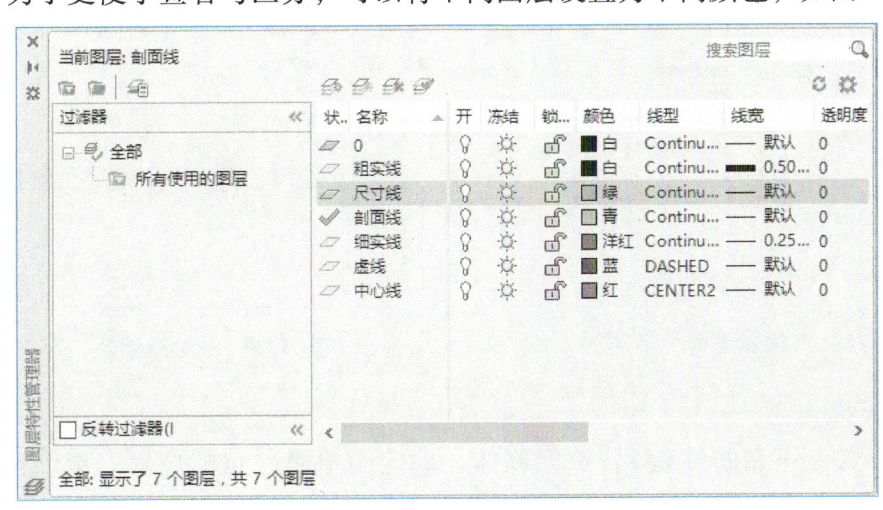

图1-24　图层设置

（3）设置捕捉和栅格　捕捉和栅格必须配合使用。捕捉用于确定光标每次在X、Y方向移动的距离。栅格仅用于辅助定位，单击屏幕底部的"显示图形栅格"按钮，屏幕上将布满栅格，如图1-25所示。

注意：右击"捕捉模式"或"显示图形栅格"按钮，选择"捕捉设置"或"网格设置"命令，弹出"草图设置"对话框，在"捕捉和栅格"选项卡中设置捕捉间距和栅格间距，如图1-26所示。

图1-25　"显示图形栅格"按钮

（4）设置极轴追踪　正交用于控制绘制直线的种类，打开此命令后只可以绘制竖直和水平直线。极轴可以捕捉并显示直线的角度和长度，有利于作一些有角度的直线。

右击"极轴追踪"按钮，选择"正在追踪设置"，在"极轴追踪"选项卡中自定增量角，选中"附加角"复选按钮后可新建第二个捕捉角度，如图1-27所示。

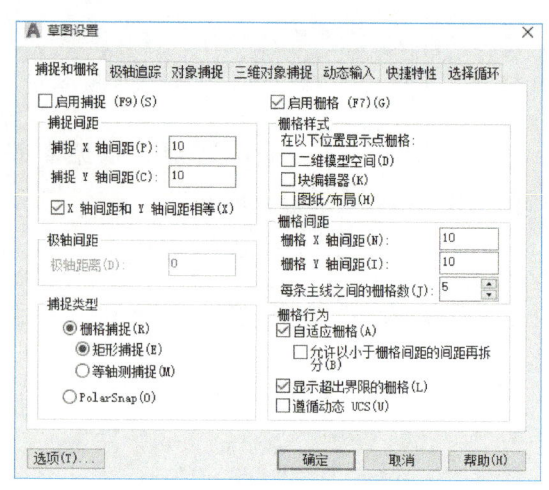

图1-26　"捕捉和栅格"选项卡

（5）设置对象捕捉　对象捕捉是在绘制图形时可随时捕捉已绘图形上的关键点。右击"对象捕捉"按钮，选择"对象捕捉设置"命令，在"对象捕捉"选项卡中勾选捕捉点的类型，如图1-28所示。

对象追踪配合对象捕捉使用，在光标下方显示捕捉点的提示。

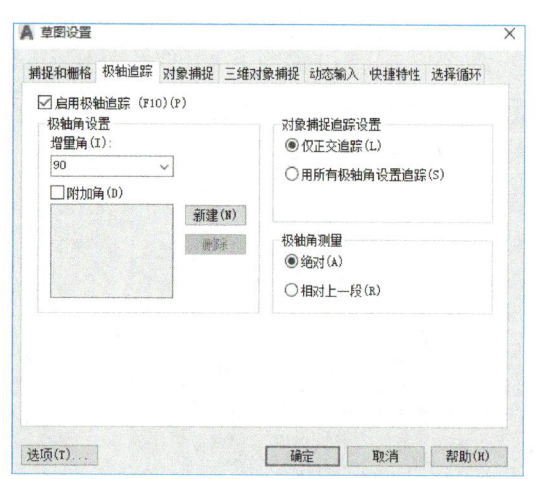

图1-27　"极轴追踪"选项卡

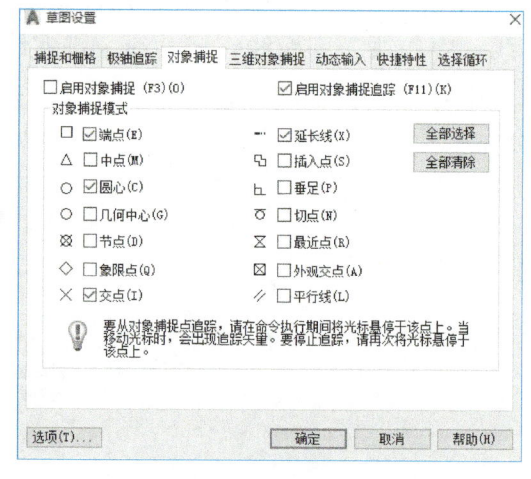

图1-28　"对象捕捉"选项卡

5. 鼠标操作

单击（按一下鼠标左键）：选择物体、确定图形第一点的位置；滚轴：滚动滚轴放大或缩小图形（界面放大或缩小）、双击可全屏显示所有图形、如按住滚轴可平移界面；右击（按一下鼠标右键）：确定操作、重复上一次操作（重复上一次操作快捷键还可按<Space>键和<Enter>键）。

第2章　平面图形的绘制

 教学目标

1. 能使用绘图工具等分线段，绘制圆、正多边形、斜度和锥度。
2. 掌握圆弧连接的基本方法。
3. 能运用 AutoCAD 绘制直线、圆、圆弧、多段线、样条曲线。
4. 能运用 AutoCAD 绘制点、矩形、正多边形。

 素养目标

培养学生分析问题和解决问题能力，树立大局观念，增加责任心。

2.1　使用绘图工具几何作图

2.1.1　等分作图

1. 等分直线段

1）过端点 A 作任意射线 AN。

2）用分规以任意长度截取射线 AN 为 n 等份。

3）将射线上的等分终点与已知线段另一端点连线，并过各等分点作该连线的平行线与已知直线段相交。

4）交点即为所求等分点，如图 2-1 所示。

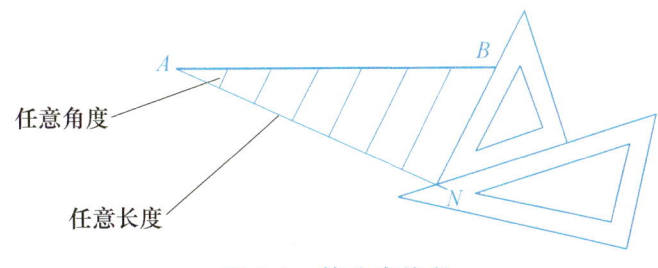

图 2-1　等分直线段

2. 等分圆

（1）圆的内接正五边形作图

1）作 OA 的中点 M。

2）以点 M 为圆心，MB 为半径作弧，交水平中心线于点 K。

3）以 BK 为边长将圆周五等分，与圆周产生 C、D、E、F 四个交点。

4）顺次连接点 B、C、D、E、F，得圆的内接正五边形，如图 2-2 所示。

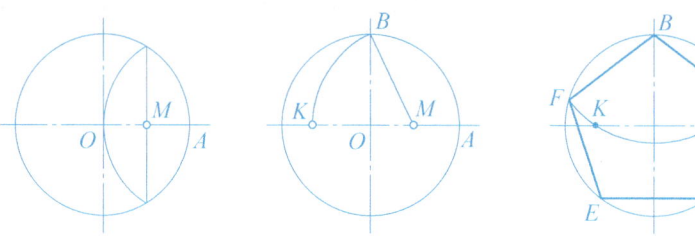

图 2-2　圆的内接正五边形的画法

（2）圆的内接正三边形、正六边形作图

方法一：圆规作图。

1）以圆的直径端点 F 为圆心，R 为半径作弧，与圆相交于点 B、C，如图 2-3a 所示。

2）依次连接点 A、B、C，即得到圆的内接正三边形，如图 2-3b 所示。

3）以圆的另一直径端点 A 为圆心，R 为半径作弧，与圆相交于点 D、E，如图 2-3c 所示。

4）依次连接点 A、E、B、F、C、D、A，即得圆的内接正六边形，如图 2-3d 所示。

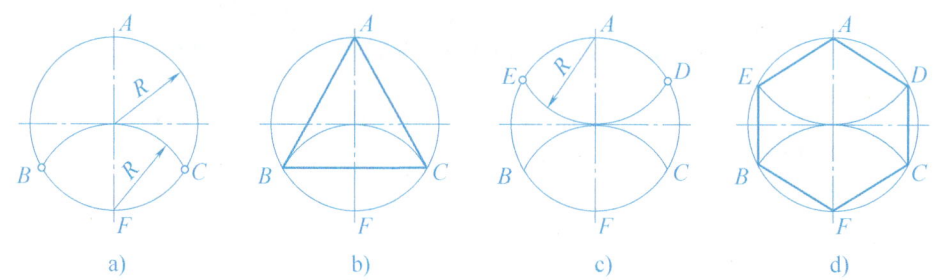

图 2-3　用圆规作圆的内接正三边形和正六边形

方法二：三角板与丁字尺作图。

1）三角板与丁字尺配合作圆内接三边形。

① 过点 B，用 30°（60°）三角板绘出斜边 AB，如图 2-4a 所示。

② 翻转三角板，过点 B 作出斜边 BC，如图 2-4b 所示。

③ 用丁字尺连接点 A、C，即得圆的内接正三边形，如图 2-4c、d 所示。

2）三角板与丁字尺配合作圆内接正六边形。

① 过点 A，用 30°（60°）三角板作出斜边 AB，向右平移三角板，过点 D 作出斜边 DE，如图 2-5a 所示。

② 翻转三角板，过点 D 作出斜边 CD，向左平移三角板，过点 A 作出斜边 AF，

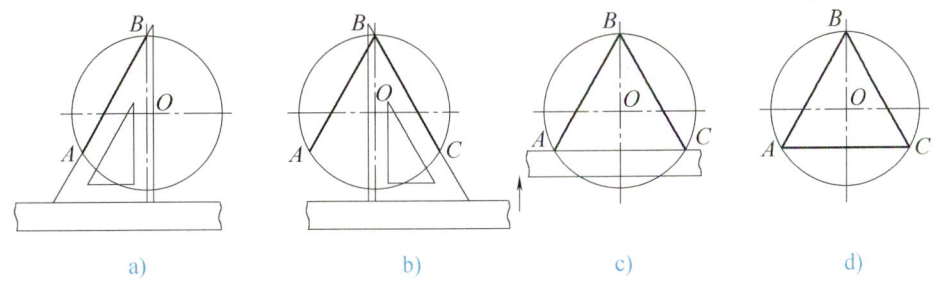

图 2-4 圆的内接正三边形的画法

如图 2-5b 所示。

③ 用丁字尺连接点 B、C，点 F、E，即得圆的内接正六边形，如图 2-5c、d 所示。

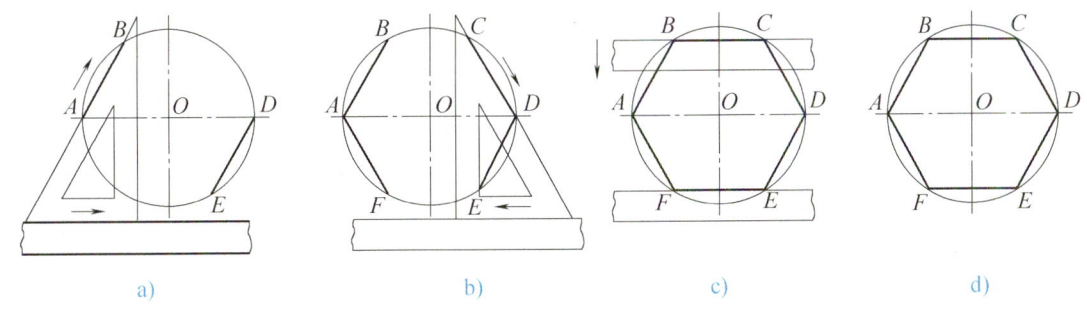

图 2-5 圆的内接正六边形的画法

2.1.2 斜度和锥度

1. 斜度（GB/T 4096.1—2022、GB/T 4458.4—2003）

斜度是指一直线（或平面）相对于另一直线（或平面）的倾斜程度。在图样中以 1∶n 的形式标注。

图 2-6a 所示为斜度是 1∶3 直线的画法。由点 A 起在垂直线段上取一个单位长度，得点 B；过点 B 作 AB 的垂线 BC；取 BC 为三个单位长度，连接点 A、C，即得斜度为 1∶3 的直线。

斜度的标注方法如图 2-6b 所示，斜度符号应与斜度方向一致。斜度符号画法如图 2-6c 所示。

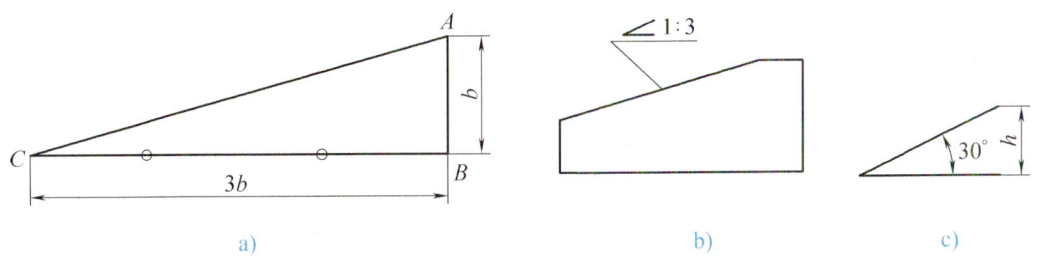

图 2-6 斜度的画法

2. 锥度（GB/T 157—2001、GB/T 4458.4—2003）

正圆锥底圆直径与圆锥高度之比称为锥度。在图样中一般以 1∶n 的形式标注。

图 2-7a 所示为锥度是 1∶1.5 的画法。由点 C 起在水平线段上取三个单位长度得点 O；过点 O 作 CO 的垂线，分别向上和向下截取一个单位长度，得点 A、B；分别将点 A、B 与点 C 相连，即得 1∶1.5 的锥度。

锥度的标注方法如图 2-7b 所示，锥度符号应与锥度方向一致。锥度符号画法如图 2-7c 所示。

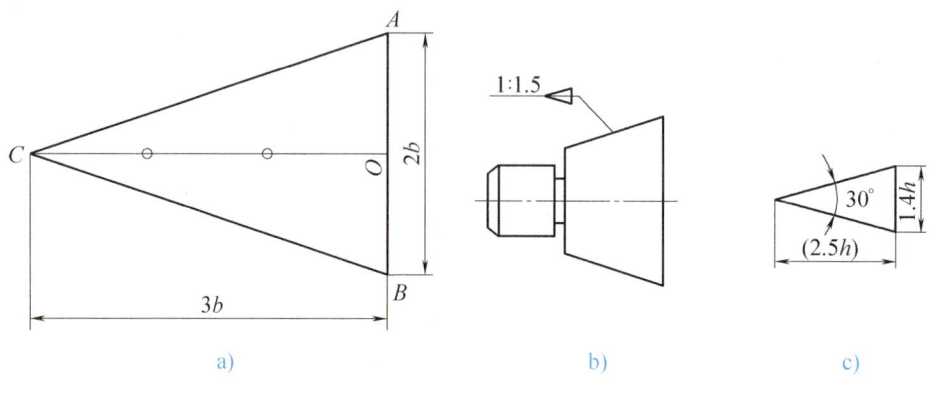

图 2-7 锥度的画法

2.1.3 圆弧连接

用一段圆弧光滑连接两条已知线段（直线或圆弧）的作图方法称为圆弧连接。要保证圆弧连接光滑，就必须使圆弧与线段在连接处相切。圆弧连接的实质就是圆弧与直线、圆弧与圆弧相切。因此，作图时必须先求出连接弧的圆心，确定连接点（切点）的位置。具体作法见表 2-1。

表 2-1 直线与直线、直线与圆弧之间的圆弧连接

已知条件	作图方法和步骤		
	求连接圆弧的圆心	求切点	画连接弧
圆弧连接（已知两直线）			
圆弧外接（已知两圆弧）			
圆弧内接（已知两圆弧）			

(续)

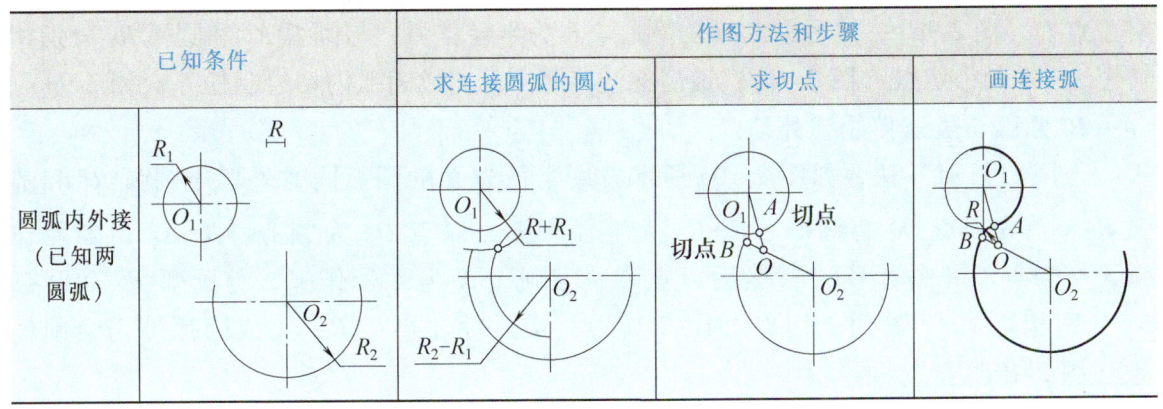

根据表 2-1 所列圆弧连接的方法，绘制图 2-8 所示的直线与圆的圆弧连接，具体绘图步骤如图 2-8b、c 所示。

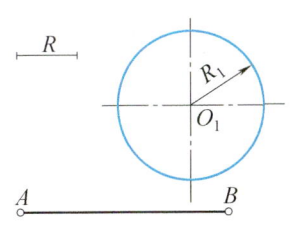
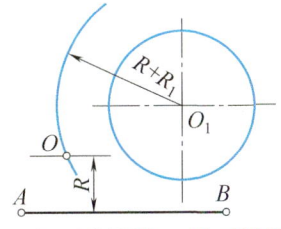
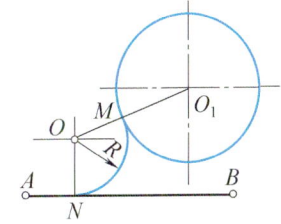

a) 已知直线AB，半径为R_1的圆O_1及连接弧半径R

b) 以R为间距作AB的平行线与以O_1为圆心、$R+R_1$为半径作的弧交于点O，点O即为所求连接弧的圆心

c) 连接OO_1交圆O_1于点M，过点O作ON垂直于AB，点N为垂足，以点O为圆心、R为半径过点M、N作弧，即得所求弧线

图 2-8 直线与圆的圆弧连接画法

手工绘制相切圆弧的关键与难点是先找出圆弧所在的圆心，再绘制相应的圆弧。结合几何关系，圆弧相切无非为内切与外切两种情况，针对这两种情况的几何关系可采取"内减外加"的方法求相切圆弧的圆心。

1. 圆弧与被连接圆弧内切

采用"内减"法，如图 2-9a 所示，用半径为 R 的圆弧同时与圆弧 R_1 和圆弧 R_2

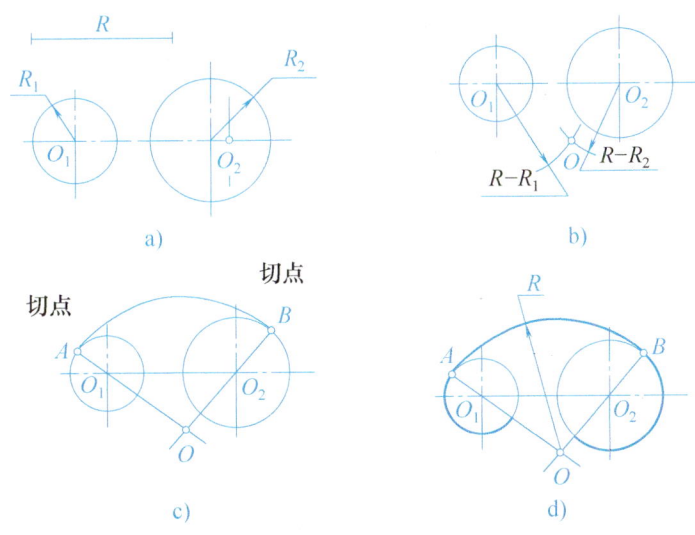

图 2-9 内切圆弧的画法

内切。首先以点 O_1 为圆心、$R-R_1$ 为半径作弧，以点 O_2 为圆心、$R-R_2$ 为半径作弧，交于点 O（图 2-9b）；然后以点 O 为圆心、R 为半径作弧，与圆弧 R_1 和圆弧 R_2 分别相切于 A、B 两个切点（图 2-9c）；最后标注半径 R，完成圆弧内切绘制任务（图 2-9d）。

2. 圆弧与被连接圆弧外切

采用"外加"法，如图 2-10a 所示，用半径为 R 的圆弧同时外切于圆弧 R_1 和圆弧 R_2。首先以点 O_1 为圆心、$R+R_1$ 为半径作弧，以点 O_2 为圆心、$R+R_2$ 为半径作弧，交于点 O（图 2-10b）；然后以点 O 为圆心、R 为半径作弧，与圆弧 R_1 和圆弧 R_2 分别相切于 A、B 两个切点（图 2-10c）；最后标注半径 R，完成圆弧外切绘制任务（图 2-10d）。

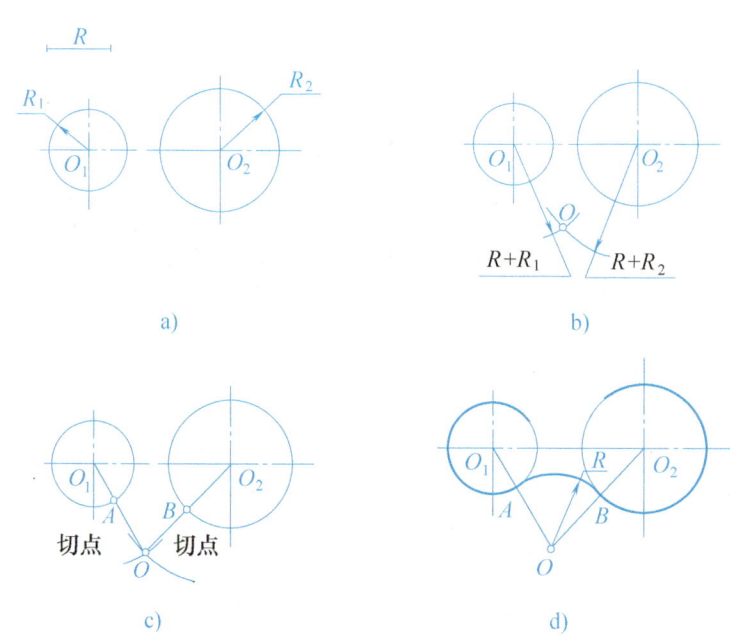

图 2-10　外切圆弧的画法

【例 2-1】　图 2-11 所示为吊钩零件图，采取"内减外加"法求相切圆弧圆心。

图形分析：图 2-11 所示的吊钩零件是手工绘图中的经典图形，也是徒手绘图中的复杂图形，该图将圆弧与直线相切以及与其他圆弧内外相切的特点都集中在一起。

面对如此复杂的图形，首先应进行整体分析，然后结合细节分别找出各图素间的几何关系。从整体上分析可知该图主要由直线与圆弧构成，其中与其他部件连接的部分由直线构成，工作部分由各个相切的圆弧组成，最大的特点是弧与弧相切的情况多。圆弧相切无非是两种情况，分别为内切与外切。绘制时可先从简单的线框图形开始。

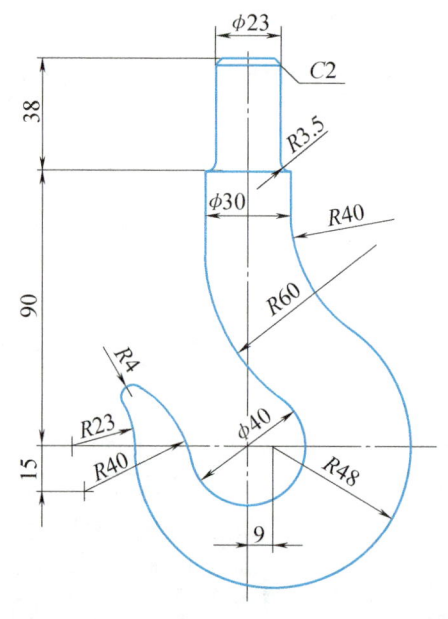

图 2-11　吊钩零件图

首先绘制图 2-11 所示的基本线框圆弧与直线，如直径为 23mm、高度为 38mm 和直径为 30mm、高度为 90mm 的圆柱以及直径为 40mm、半径为 48mm 的圆。

然后绘制圆弧与直线相切：根据图 2-11 可知，图形上半部分的 R40mm、R60mm 圆弧都处于同时与直线相切、与圆弧外切的状态。以与直线和 R48mm 圆弧相切且半径为 40mm 的圆弧为例，该圆弧与 φ30mm 圆柱形成的右侧直线相切，且与 R48mm 圆弧外切。根据"内减外加"的算法，可先将直线向右偏移一个圆弧半径 40mm，同时在 R48mm 圆弧的圆心上绘制一半径为 88mm（即 48mm+40mm）的圆弧，此时 R88mm 圆弧与偏移直线的上侧交点则为 R40mm 圆弧的圆心点，在该圆心上绘制 R40mm 圆弧即可。R60mm 圆弧的绘制方法与 R40mm 圆弧的绘制方法一致。

最后绘制圆弧与圆弧相切：吊钩部位中的 R23mm、R40mm 与 R4mm 圆弧都属于圆弧与圆弧相切，包含了内切与外切。根据图形分析应先绘制 R23mm 圆弧与 R40mm 圆弧，因为这两条圆弧与 R48mm 圆弧、φ40mm 圆弧外切，且圆弧半径已经确定，所以比较容易确定圆心位置。其中 R4mm 圆弧与 R40mm 圆弧、R23mm 圆弧分别内切、外切。根据"内减外加"的算法，在 R40mm 圆弧的圆心上绘制 R36mm 圆弧，并在 R23mm 圆弧的圆心上绘制 R27mm 圆弧，则 R36mm 圆弧与 R27mm 圆弧的交点即为 R4mm 圆弧的圆心，接着绘制 R4mm 圆弧，最后将多余的线去掉即可。

2.2 绘制平面图形

2.2.1 使用绘图工具绘图

【例 2-2】 绘制图 2-12 所示手柄零件图。

1. 准备工作

1）准备好必需的制图工具和仪器，确定绘图比例和图纸幅面大小。

2）将图纸固定在图板靠左下位置，确保丁字尺、三角板位置正确。

3）按图纸标准要求画出图框、标题栏，确定图纸中心，初步确定图形在图纸中的位置。

4）分析平面图形，进行线段分析，确定已知线段、中间线段和连接线段。

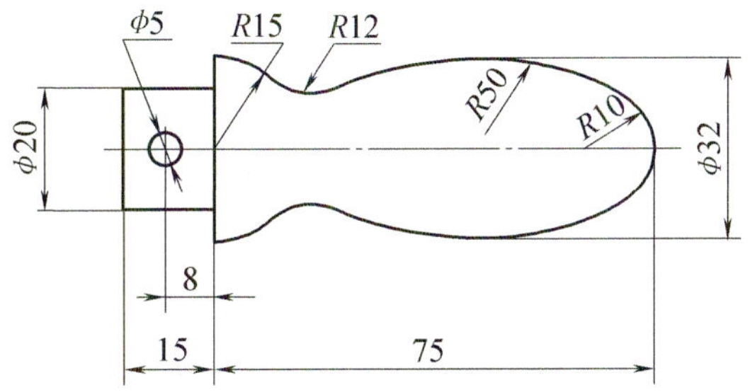

图 2-12 手柄零件图

2. 绘制底稿

1）合理、匀称地布置图形，绘出中心线、底线和基准线，如图 2-13a 所示。

2）按先画已知线段，然后画中间线段，最后是连接线段的顺序进行平面图形的绘制，如图 2-13b、c 所示。

绘制底稿时，均采用 2H 或 H 铅笔，图线尽量清淡、准确，保持图纸整体清洁。

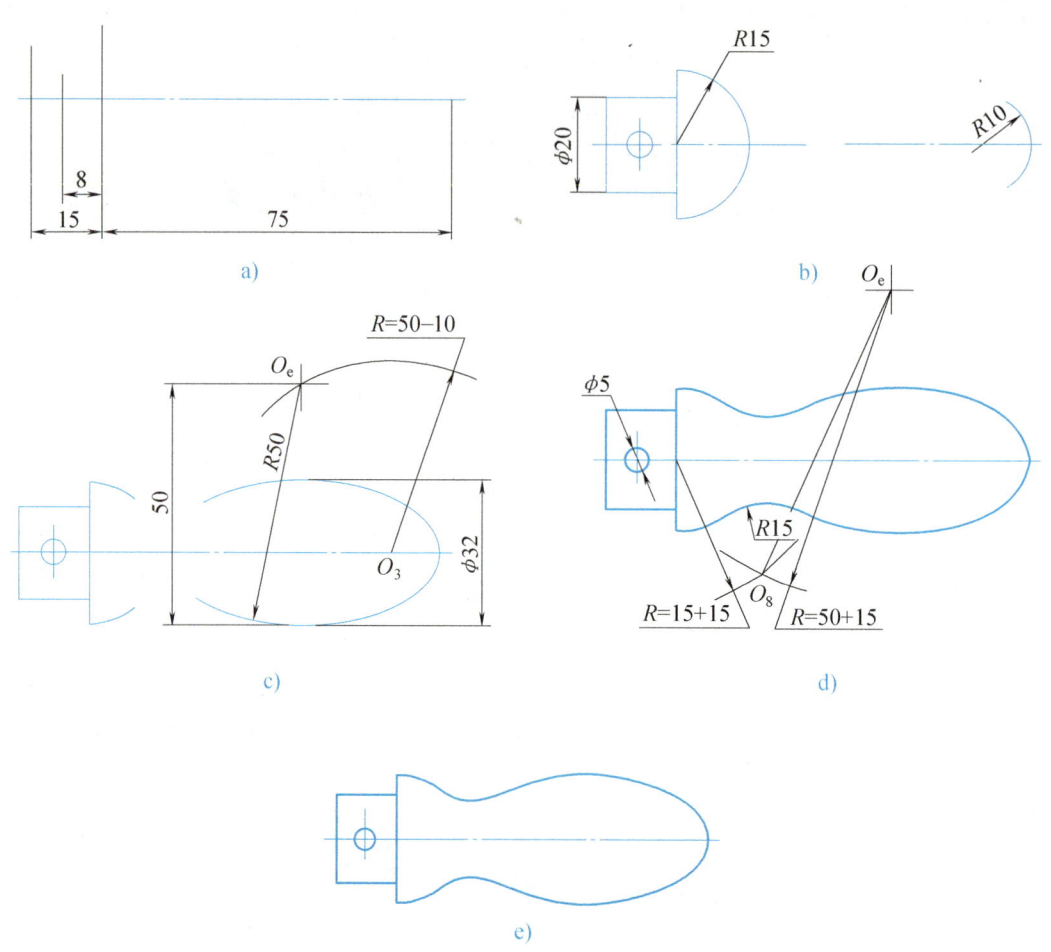

图 2-13 平面图形画图步骤

3. 加深描粗

加深描粗前，要进行底稿全面检查，修正错误，擦去多余的作图线，并按各种图线所要求的线宽进行加深描粗，如图 2-13d、e 所示。

> 需要注意以下几点：
> （1）先粗后细　先用 2B 铅笔加深所有粗实线，再用 HB 铅笔描深所有细实线、点画线、细虚线等。
> （2）先曲后直　在加深同一种线时，应先画圆弧和圆，后画直线。
> （3）先水平，后垂斜　先用丁字尺自上而下画出水平线，然后用三角板和丁字尺自左向右画出垂直线，最后画斜线。

平面图形由若干直线和曲线封闭连接组合而成。绘制平面图形时，只有通过线段分析，确定线段性质，明确作图顺序，才能正确地绘出平面图形。

4. 尺寸分析

平面图形中所注尺寸按其作用的不同可分为定形尺寸和定位尺寸。

（1）定形尺寸　定形尺寸是指确定几何要素形状大小的尺寸。例如，线段长度，圆及圆弧直径或半径，角度大小等。在图 2-14 中，ϕ5mm、R15mm 以及 R12mm、

R50mm、R10mm 都是属于定形尺寸。

（2）**定位尺寸** 定位尺寸是指确定各几何要素间相对位置的尺寸，在图 2-14 中，8mm、75mm 都属于定位尺寸。另外，有些定形尺寸也可以是定位尺寸。在图 2-14 中，尺寸 15mm 既是定形尺寸，又是定位尺寸。

（3）**尺寸基准** 标注尺寸的起点称为尺寸基准。平面图形有长和高两个方向，每个方向至少应有一个尺寸基准。平面图形的尺寸基准分别是点或线，常用的点基准有圆心、球心、端点等，线基准一般是图形的对称中心线或图形的边线。在图 2-14 中，最左边线是图形水平方向的尺寸基准，中心线为竖直方向的尺寸基准。

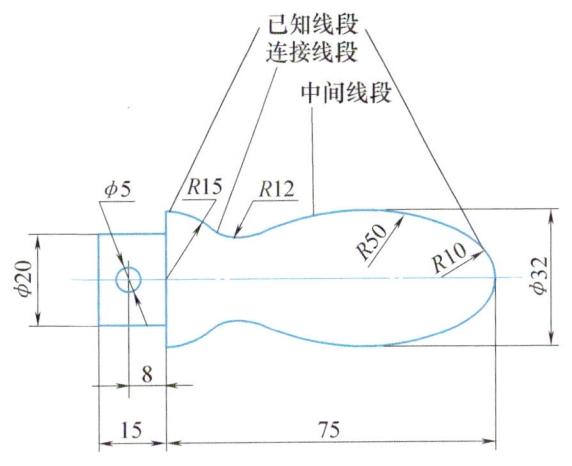

图 2-14 平面图形尺寸分析

5. 线段分析

平面图形中的各线段，有的尺寸齐全，可以根据其定形尺寸、定位尺寸直接作图绘出；有的尺寸不齐全，必须根据其连接关系通过几何作图方法绘出。

（1）**已知线段** 已知定形尺寸和两个定位尺寸的线段称为已知线段。在图 2-14 中，ϕ5mm 圆、R15mm 圆弧、ϕ20mm 圆、15mm 两条线段均为已知线段。

（2）**中间线段** 已知定形尺寸和一个定位尺寸的线段称为中间线段。在图 2-14 中，R50mm 圆弧为中间线段。作图时，另一个定位尺寸必须根据线段间的几何关系，通过几何作图确定。

（3）**连接线段** 已知定形尺寸，"没有"定位尺寸的线段称为连接线段。作图时，两个定位尺寸都需要通过几何作图方式加以确定，如图 2-14 中的 R12mm 圆弧。

2.2.2 使用 AutoCAD 2022 绘图命令实例

1. 坐标系

在 CAD 中使用的是世界坐标，X 为水平方向，Y 为竖直方向，Z 为垂直于 X 和 Y 所在平面满足右手定则的轴向，这些都是固定不变的，因此称为世界坐标。世界坐标分为绝对坐标和相对坐标。

（1）**绝对坐标（针对原点）**

1）绝对直角坐标。绝对直角坐标是指输入的坐标是相对坐标系原点而言的。坐标的正负根据坐标轴方向确定。输入时用键盘输入"X，Y"（二维时）或"X，Y，Z"（三维时）即可。

2）绝对极坐标。点到坐标原点之间的距离是极径，该连线与 X 轴正向之间的夹角度数为极角度数，以 X 轴正方向为 0°，逆时针方向为正值，顺时针方向为负值，输入方法为"极径<极角度数"，输入时一定要在英文输入状态下。

（2）相对坐标（针对参照点） 相对直角坐标是指某一点相对于参照点的 X 轴、Y 轴和 Z 轴三个方向上的坐标差，其表示为"@X,Y,Z"。在输入相对坐标点时，需要在坐标前加上"@"符号，表示"相对于"。在实际绘图中，用户经常把上一点看成参考点，后续的绘图操作都是相对于上一点进行的，这样有利于点的定位。

2. 直线的绘制实例

直线的绘制实例

【例 2-3】 完成图 2-15 所示直线的绘制。

命令:LINE↙

指定第一点:(确定直线段的起始点)

指定下一点或 [放弃(U)]:（确定直线段的另一端点位置，或执行"放弃(U)"选项重新确定起始点。光标在屏幕左下角任意取一点，即点 A。）

指定下一点或 [放弃(U)]:@100,0（点 B，可直接按<Enter>键或<Space>键结束命令，或确定直线段的另一端点位置，或执行"放弃(U)"选项取消前一次操作。）

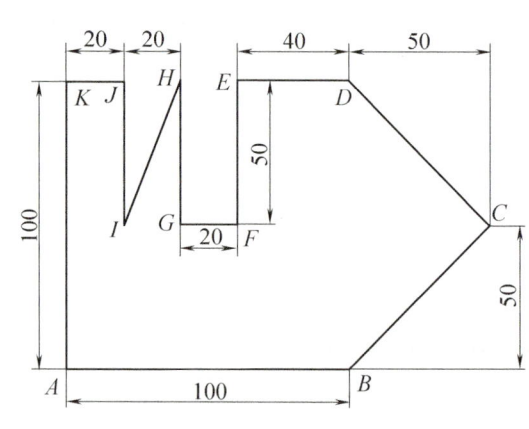

图 2-15 直线的绘制

指定下一点或 [闭合(C)/放弃(U)]:@50,50（点 C，可直接按<Enter>键或按<Space>键结束命令，或确定直线段的另一端点位置，或执行"放弃(U)"选项取消前一次操作，或执行"闭合(C)"选项创建封闭多边形。）

……

指定下一点或 [闭合(C)/放弃(U)]:@-20,0（点 K，可直接按<Enter>键或按<Space>键结束命令，或确定直线段的另一端点位置，或执行"放弃(U)"选项取消前一次操作，或执行"闭合(C)"选项创建封闭多边形。）

指定下一点或 [闭合(C)/放弃(U)]:C↙（也可以继续确定端点位置，或执行"放弃(U)"选项取消前一次操作，或执行"闭合(C)"选项创建封闭多边形。）

3. 点的绘制实例

点的绘制实例

【例 2-4】 使用定数等分命令将任意直线等分成七段。

1）首先绘制一条任意直线。

2）设置点的样式。在"格式"菜单中选择"点样式"命令，弹出图 2-16 所示"点样式"对话框。在对话框中单击按钮"⊠"，设定"点大小"。此外，"相对于屏幕设置大小"单选按钮：当滚动滚轴时，点大小随屏幕分辨率大小而改变；"按绝对单位设置大小"单选按钮：点大小不会改变。

需要注意的是，在同一图层中，点的样式必须是统

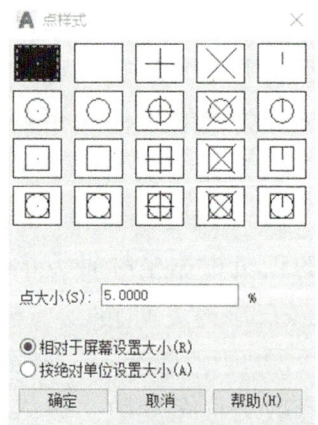

图 2-16 "点样式"对话框

一的，不能出现不同的点。

3）等分点。在"绘图"菜单选择"点"→"定数等分"命令，如图 2-17 所示。选择对象（图 2-18）后，设置数目为"7"（图 2-19），最后得到七等分后的线段如图 2-20 所示。

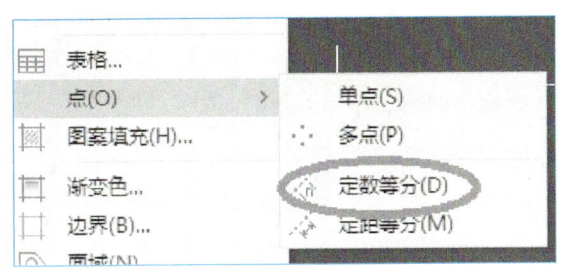

图 2-17　定数等分菜单操作

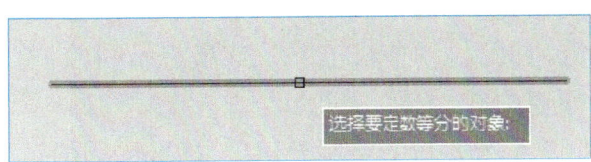

图 2-18　选择需要等分的线段

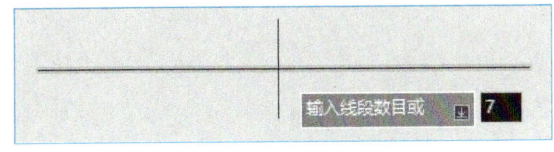

图 2-19　输入等分线段数目

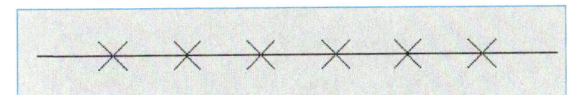

图 2-20　七等分后的线段

点的绘制还有其他功能。"单点"：一次只能画一个点；"多点"：一次可画多个点，单击加点，按<ESC>键停止；"定距等分"：选择对象后，指定线段长度。

4. 矩形的绘制实例

【例 2-5】　绘制尺寸为 150mm×100mm 的矩形。

单击"绘图"工具栏中的"矩形"按钮或选择"绘图"→"矩形"命令，即执行"RECTANG"命令，或在命令行输入"RECTANG"，命令行提示如下：

命令:RECTANG

指定第一个角点或［倒角(C)/标高(E)/圆角(F)/厚度(T)/宽度(W)］:100,100

指定另一个角点或［面积(A)/尺寸(D)/旋转(R)］:@150,100

结果如图 2-21 所示。

5. 正多边形的绘制实例

【例 2-6】　绘制内接于 R50mm 圆的正五边形。

单击"绘图"工具栏中的"多边形"按钮  或选择"绘图"→"多边形"命令，即执行"POLYGON"命令，或在命令行输入"POLYGON"，命令行提示如下：

命令:POLYGON

输入侧面数<4>:5

指定正多边形的中心点或［边(E)］:

输入选项［内接于圆(I)/外切于圆(C)］<I>:I

指定圆的半径:50

结果如图 2-22 所示。

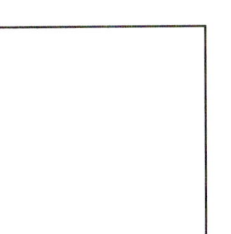

图 2-21　尺寸为 150mm×100mm 的矩形

其中,"边"是根据多边形某一条边的两个端点绘制多边形。"指定正多边形的中心点"选项要求用户确定正多边形的中心点,指定后将利用多边形的假想外接圆或内切圆绘制等边多边形。执行该选项即确定多边形的中心点后,命令行提示:

输入选项[内接于圆(I)/外切于圆(C)]:

其中,"内接于圆"选项表示所绘制多边形将内接于假想的圆;"外切于圆"选项表示所绘制多边形将外切于假想的圆。

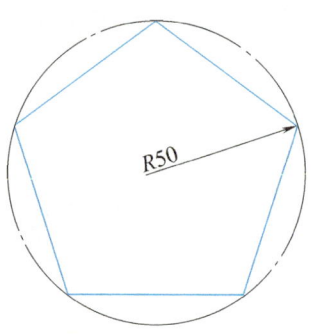

图 2-22　内接于 R50mm 圆的正五边形

【例 2-7】　绘制外切于 R50mm 圆的正五边形。

单击"绘图"工具栏中的"多边形"按钮 ⬠ 或选择"绘图"→"多边形"命令,即执行"POLYGON"命令,或在命令行输入"POLYGON",命令行提示如下:

命令:POLYGON

输入侧面数<5>:5

指定正多边形的中心点或[边(E)]:

输入选项[内接于圆(I)/外切于圆(C)]<I>:C

指定圆的半径:50

结果如图 2-23 所示。

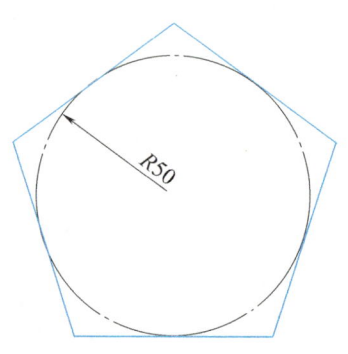

图 2-23　外切于 R50mm 圆的正五边形

6. 圆的绘制实例

圆的绘制实例

【例 2-8】　绘制 R50mm 的圆。

单击"绘图"工具栏中的"圆"按钮(或单击"绘图"组中的"圆"按钮),在绘图窗口任意位置单击确定圆心位置,如图 2-24a 所示;按提示指定圆心半径"50"完成圆的绘制,结果如图 2-24b 所示。

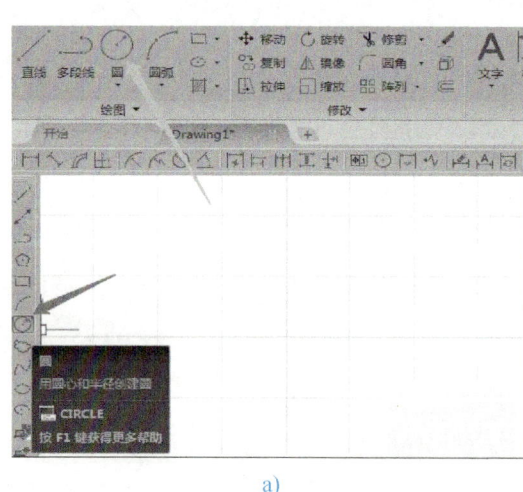
a)

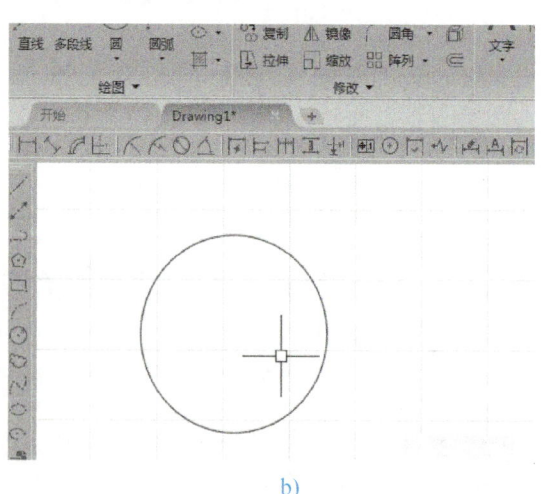
b)

图 2-24　用绘图工具栏画圆

也可以在命令行输入"C"后,按<Enter>键;在屏幕上确定圆心位置,按提示指定圆心半径绘制出圆;还可以通过菜单栏选择"绘图"→"圆"→"圆心、半径"命令进行圆的绘制,如图2-25所示。

在命令行输入"CIRCLE",命令行提示如下:

命令:CIRCLE

指定圆的圆心或[三点(3P)/两点(2P)/切点、切点、半径(T)]:

其中,"指定圆的圆心"选项用于根据指定的圆心以及半径或直径绘制圆弧。"三点"选项根据指定的三点绘制圆。"两点"选项根据指定两点绘制圆。"相切、相切、半径"选项用于绘制与已有两对象相切,且半径为给定值的圆。

在"绘图"菜单中提供了六种画圆方法,如图2-26所示。

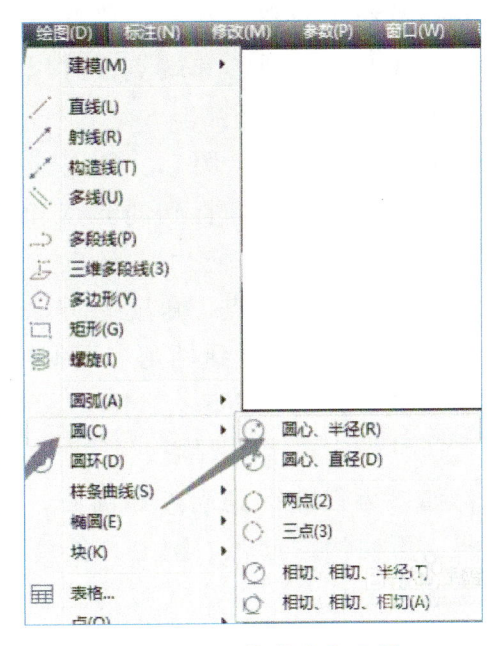

图2-25 用菜单方式画圆

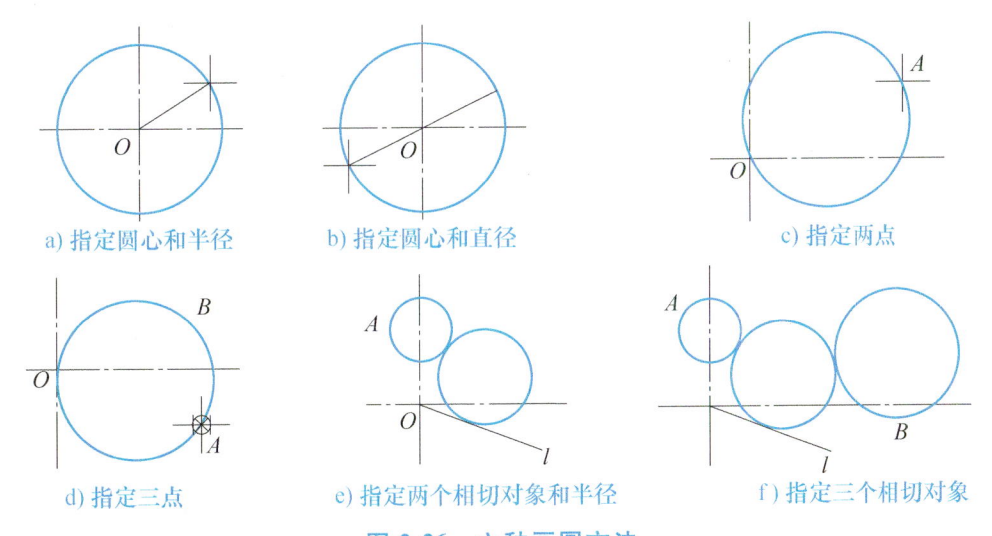

图2-26 六种画圆方法

7. 圆弧的绘制实例

【例2-9】 绘制图2-27所示连接 A、B 两点 R50mm 的圆弧。

选择"绘图"工具栏中的"圆弧"→"起点、端点、半径"命令(或在命令行输入"ARC"),如图2-28所示。先选择圆弧的起点 A,再选择圆弧的端点 B,然后指定圆弧的半径为 50mm,执行结果如图2-27所示。

注意:圆弧沿逆时针方向绘制。

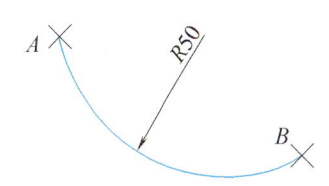

图2-27 连接 A、B 两点 R50mm 的圆弧

圆弧的绘制实例

在 AutoCAD 2022 的"绘图"菜单中提供了11种绘制圆弧的方式,如图2-28所示。

通过指定三点的绘制圆弧方法:确定弧的起点位置,确定第二点的位置,确定第三点的位置。

通过指定起点、圆心、端点绘制圆弧方法：已知起点、圆心和端点，可以通过指定起点或圆心来绘制圆弧。

通过指定起点、圆心、角度绘制圆弧方法：如果存在可以捕捉到的起点和圆心，并且已知包含角度，使用"起点、圆心、角度"或"圆心、起点、角度"方法；如果已知两点但不能捕捉到圆心，可以使用"起点、端点、角度"方法。

通过指定起点、圆心、长度绘制圆弧方法：如果可以捕捉到起点和圆心，并且已知弦长，可使用"起点、圆心、长度"或"圆心、起点、长度"方法（弧的弦长决定包含角度）。

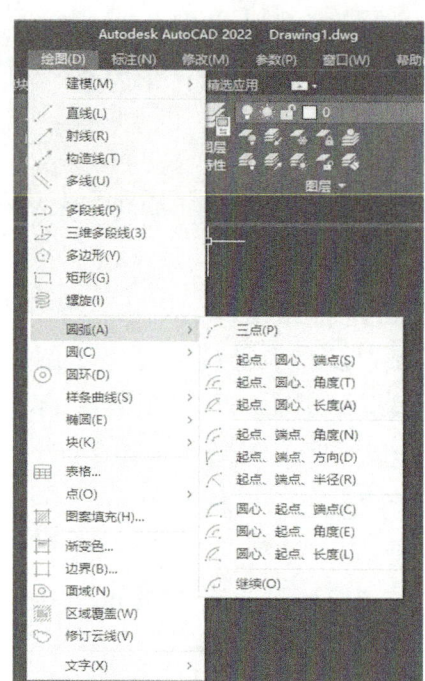

图 2-28　起点、端点、半径法画圆弧

椭圆的绘制实例

8. 椭圆的绘制实例

【例 2-10】　绘制图 2-29 所示长轴为 200mm、短轴为 120mm 的椭圆。

1）在"绘图"菜单中选择"椭圆"→"圆心"命令，如图 2-30 所示。

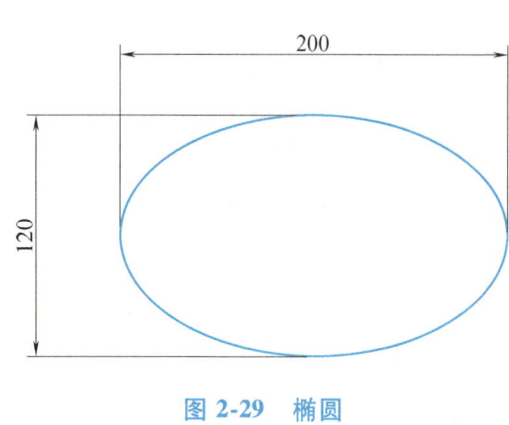

图 2-29　椭圆　　　　　　　　图 2-30　椭圆绘制菜单

2）在绘图区任意位置选择一点作为圆心，沿水平方向移动光标，在极轴方式下输入：100，如图 2-31 所示。

3）沿竖直方向移动光标，在极轴方式下输入：60，如图 2-32 所示。

也可以单击"绘图"工具栏中的"椭圆"按钮，或在命令行输入"ELLIPSE"，命令行提示如下：

命令:ELLIPSE

指定椭圆的轴端点或［圆弧(A)/中心点(C)］:

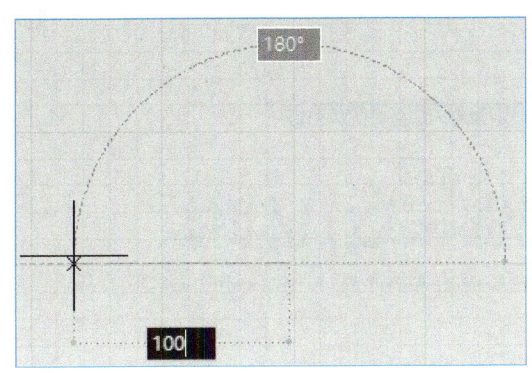 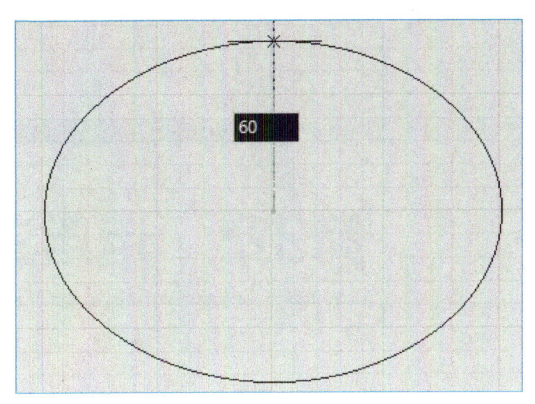

图 2-31　椭圆的圆心及长轴绘制　　　　图 2-32　椭圆的短轴绘制

其中，"指定椭圆的轴端点"选项用于根据一轴上的两个端点位置绘制椭圆。"中心点"选项用于根据指定的椭圆中心点绘制椭圆。"圆弧"选项用于绘制椭圆弧。

第3章　运用三视图表达几何体

教学目标

1. 掌握正投影法的基本原理和投影特性，熟悉三视图投影规律。
2. 掌握点、直线、平面和基本体的投影特性。
3. 熟悉截交线和相贯线的画法。
4. 掌握 AutoCAD 2022 编辑命令的用法。

素养目标

培养创新精神和实践能力。

3.1 投　影　法

3.1.1 投影法的基本概念

当太阳光照射物体时，在地面或墙壁上就会留下影子，这就是投影现象。投影法就是人们从物体和投影的对应关系中，经过反复观察和研究总结出的。投射线（光线）通过物体，向选定的面（地面或墙壁）进行投射，则在投影面上所留的投影就是物体在投影面上的投影，这就是投影法的概念。

根据投射线、投影物体和投影面之间关系的不同，可将投影法分为中心投影法和平行投影法两大类。

1. 中心投影法

如图 3-1 所示，投射线汇交于一点的投影法，称为中心投影法。用中心投影法所得物体投影，会随着投影面、物体、投射中心三者之间位置的变化而变化，并不能反映物体的真实形状和大小，在机械图样中很少采用。

2. 平行投影法

如图 3-2 所示，投射线互相平行，物体在投影面上的投影与物体的大小相等，这种投射线相互平行的投影法称为平行投影法。

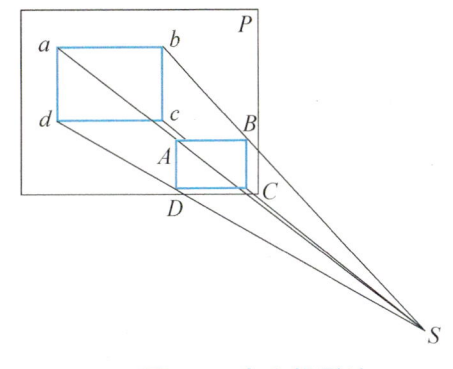

图 3-1　中心投影法

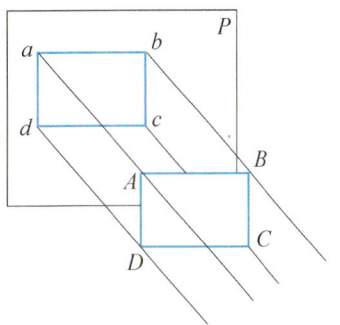

图 3-2　平行投影法

根据投射线与投影面是否垂直，可将平行投影法分为正投影法和斜投影法两种。

（1）**斜投影法**　投射线与投影面互相倾斜的平行投影法，称为斜投影法。根据斜投影法所得到的图形，称为斜投影，如图 3-3a 所示。

（2）**正投影法**　投射线与投影面互相垂直的平行投影法，称为正投影法。根据正投影法所得到的图形，称为正投影，如图 3-3b 所示。

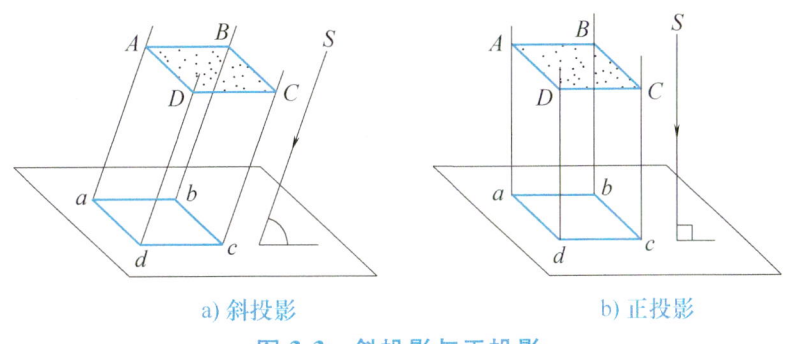

a）斜投影　　　　　　　b）正投影

图 3-3　斜投影与正投影

3.1.2　正投影的基本性质

1. 真实性

当直线、平面平行于投影面时，直线的投影反映直线实长，平面的投影反映平面真实形状，如图 3-4a 所示。

2. 积聚性

当直线、平面垂直于投影面时，直线、平面的投影将会积聚成点、直线，如图

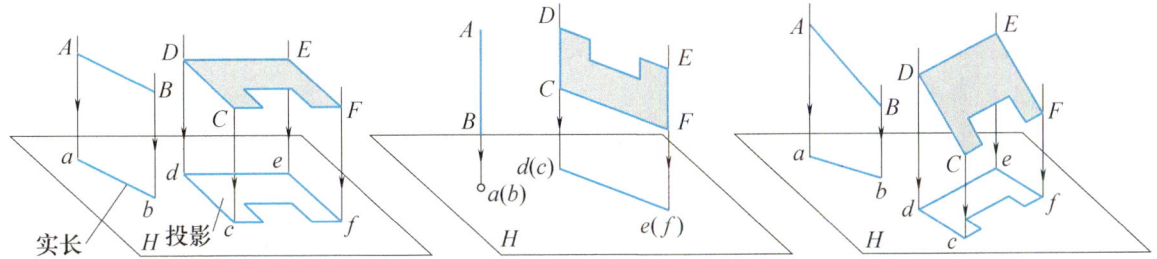

a）真实性：投影反映实长（或真实形状）　b）积聚性：投影积聚成点（或直线）　c）类似性：投影变短（或变小）

图 3-4　正投影的基本性质

3-4b 所示。

3. 类似性

当直线、平面倾斜于投影面时,直线的投影仍然会是直线,但小于实际长度;平面图形的投影小于真实图形的大小,并与真实图形类似,如图 3-4c 所示。

3.2 三视图

3.2.1 视图

用正投影法绘制物体的图形时,可把人的视线假想成相互平行且垂直于投影面的一组投影线。用正投影法所绘制出物体的图形称为视图,如图 3-5 所示。

一般情况下,一个视图不能完整地表达物体的形状。如图 3-6 所示,两个形状不同的物体,在一个投影面上的投影是相同的。因此,要反映物体的完整形状,常需要从几个不同的方向进行投射,获得多个方向的投影,才能反映物体的真实形状。

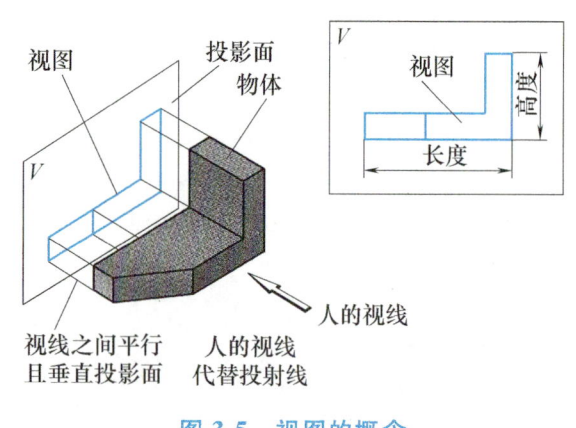

图 3-5 视图的概念

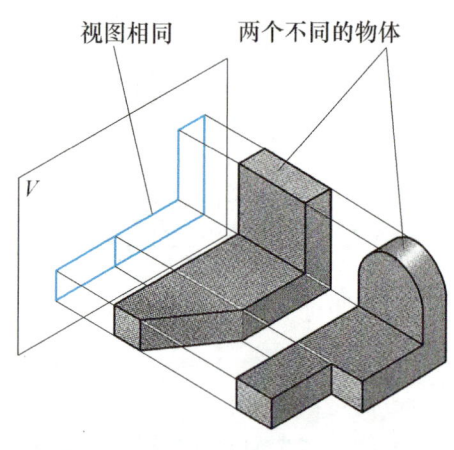

图 3-6 一个视图不能确定物体形状

3.2.2 三面投影体系

三面投影体系是由三个互相垂直的投影面组成。三个投影面名称为:正立投影面(简称正面),用字母 V 表示;水平投影面(简称水平面),用字母 H 表示;侧立投影面(简称侧面),用字母 W 表示,如图 3-7 所示。

投影法中,相互垂直的投影面之间的交线,称为投影轴。它们分别是:

OX 轴(简称 X 轴),是 V 面与 H 面之间的交线,代表长度方向。

OY 轴(简称 Y 轴),是 H 面与 W 面之间的交线,代表宽度方向。

OZ 轴(简称 Z 轴),是 V 面与 W 面之间的交线,代表高度方向。

3.2.3 三视图的形成

将物体置于三面投影体系中,然后从物体的三个方向进行观察,就可以在三个

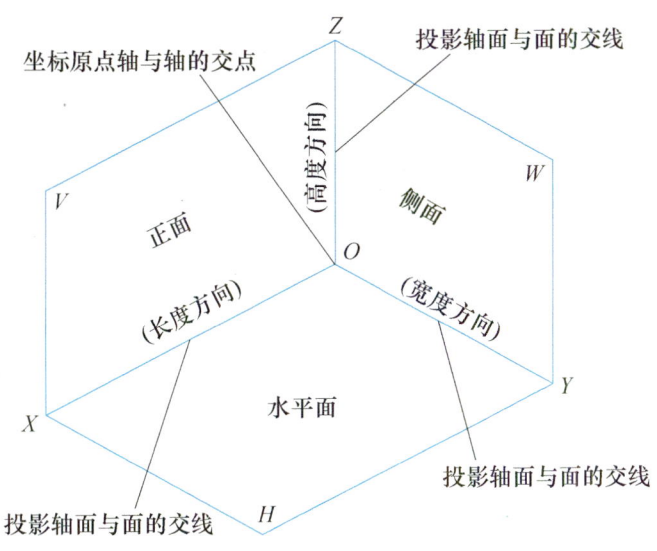

图 3-7 三面投影体系

投影方向上得到物体的三个投影（视图），如图 3-8 所示。三个视图的名称分别为：

主视图——由前向后投影所得的视图。

俯视图——由上向下投影所得的视图。

左视图——由左向右投影所得的视图。

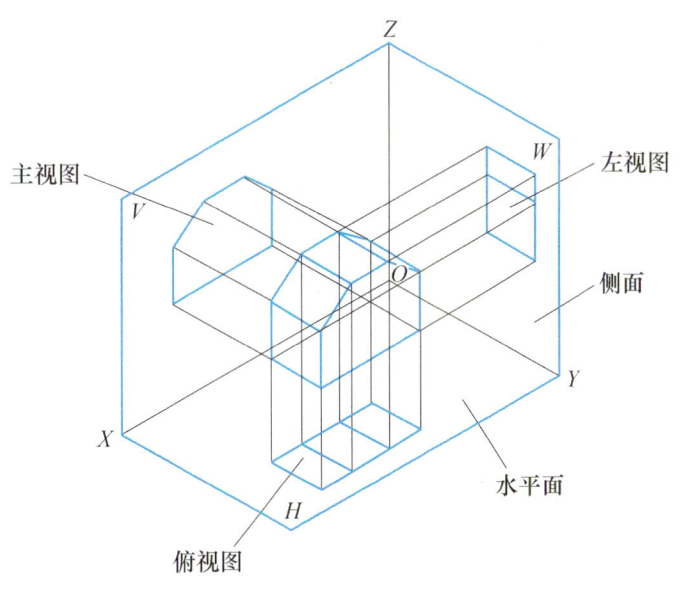

图 3-8 三视图的形成

如图 3-9a 所示，此时得到的三个视图不在同一平面上，不方便绘图，为了将三个视图放在一个绘图平面内，须将投影面连同视图一同展开。具体展开方法是：V 面保持不动，将 H 面绕 OX 轴向下旋转 90°，将 W 面绕 OZ 轴向右旋转 90°，就得到展开后的三视图，如图 3-9b、c 所示。实际绘图时，要去掉投影面的边框和投影轴，如图 3-9d 所示。

3.2.4 三视图之间的关系

由三视图的形成过程可以总结出三视图之间的位置关系、投影规律和方位关系。

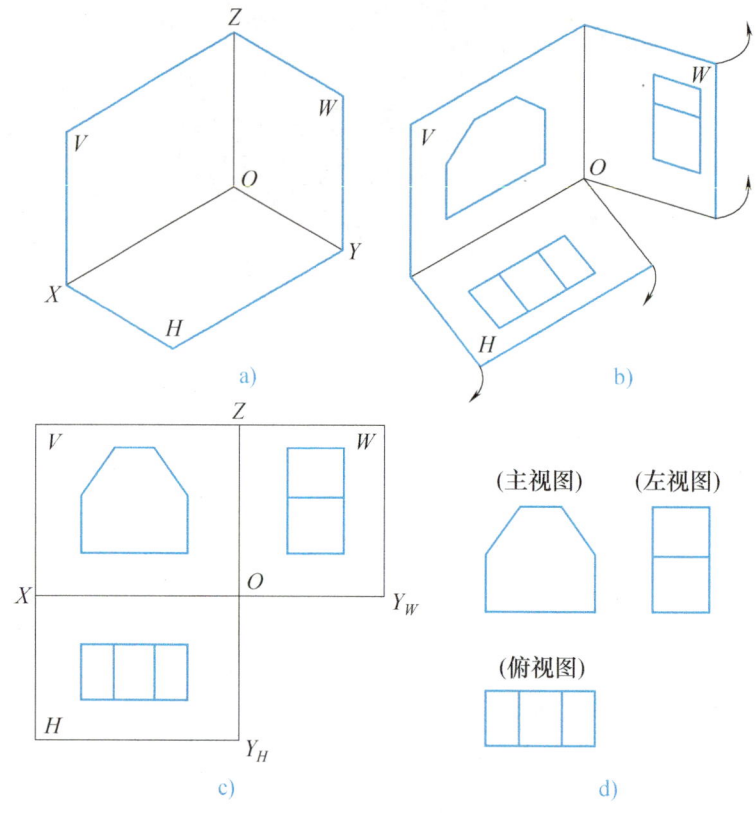

图 3-9 三视图的展开

1. 位置关系

由上述三个投影面展开过程可知，三视图之间的位置随着投影面展开而展开。即当主视图定位后，俯视图应位于主视图的正下方，与主视图等长；左视图位于主视图的右边，并与主视图处于等高的位置，如图 3-10a 所示。

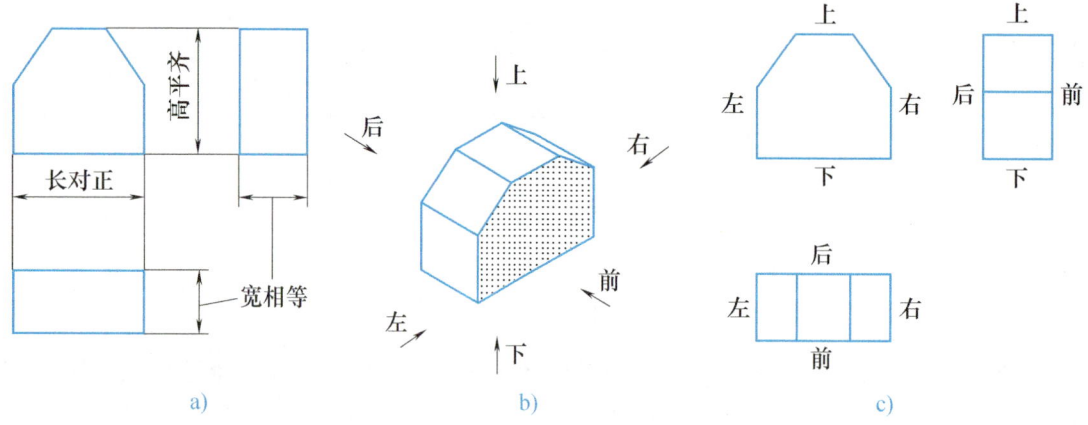

图 3-10 三视图的投影关系和方位关系

2. 投影规律

物体有长、宽、高三个方向的尺寸。通常规定物体左右之间的距离（X方向）为长度；物体前后之间的距离（Y方向）为宽度，物体上下之间的距离（Z方向）为高度。由图 3-10a 可看出，一个视图只能反映物体两个方向的尺寸，即

主视图反映物体的长度和高度。

俯视图反映物体的长度和宽度。

左视图反映物体的宽度和高度。

根据上述三视图之间的投影关系，可归纳为以下三条投影规律：

主视图与俯视图反映物体的长度（主俯长对正）。

主视图与左视图反映物体的高度（主左高平齐）。

俯视图与左视图反映物体的宽度（俯左宽相等）。

"长对正、高平齐、宽相等"是三视图的投影规律，也是绘图和识图的依据。

3. 方位关系

如图 3-10b 所示，物体有上、下、左、右、前、后六个方位。其中：

主视图反映物体的上下、左右的相对位置关系。

俯视图反映物体前后、左右的相对位置关系。

左视图反映物体前后、上下的相对位置关系。

绘图与识图时，要特别注意俯视图与左视图的前后对应关系。如图 3-10c 所示，在三个投影面展开时，水平面向下翻转，俯视图的下方实际上是物体的前方，俯视图的上方实际上是物体的后方。而侧面向右翻转，左视图的右方实际上是物体的前方，而左视图的左方实际上是物体的后方。即俯、左视图远离主视图的一方，为物体的前方，靠近主视图的一侧，为物体的后方。物体的俯、左视图不仅宽相等，还应保持前、后位置的对应关系。

3.2.5 三视图的绘制

根据物体（或轴侧图）绘制三视图，应选定主视图的投射方向，然后将物体摆正（使物体的主要表面平行于投影面）。

【例 3-1】 根据图 3-11a 所示物体，绘制其三视图。

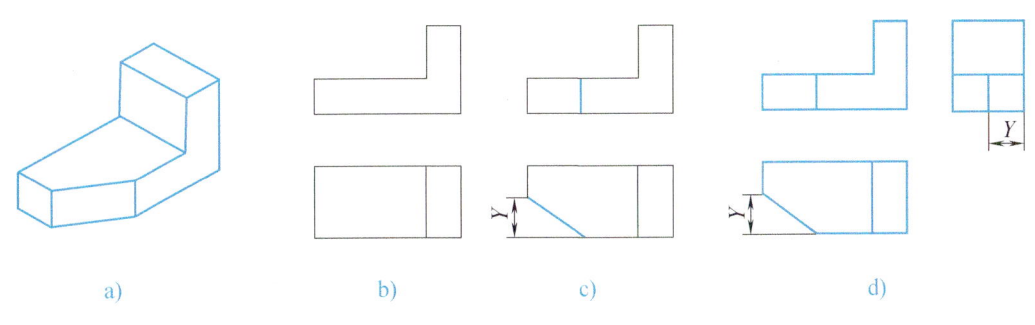

a)　　　　　b)　　　　　c)　　　　　d)

图 3-11 三视图的绘制

图中所示物体是底板左前方切角的直角弯板。为了便于作图，应使物体的主要表面尽可能地与投影面平行。绘制三视图时，应先绘制反映物体形状特征的视图，然后按投影规律作出其他视图。

作图步骤：

1) 量取弯板的长和高作出反映特征轮廓的主视图，按主、俯视图长对正的投影关系量取弯板的宽度，作出俯视图，如图 3-11b 所示。

2) 在俯视图上作出底板左前方切去的一角，再按长对正的投影关系在主视图上划出切角的图线,如图 3-11c 所示。

3)按主、左视图高平齐,俯、左视图宽相等的投影关系,作出左视图。必须注意俯、左视图上尺寸 Y 的前后对应关系。

4)检查无误后,擦去多余作图线,描深,完成弯板的三视图绘制,如图 3-11d 所示。

3.3 点、直线和平面的投影

3.3.1 点的投影

1. 点的三面投影

有一空间点 A,分别向 V 面、H 面、W 面作垂线,这些垂线和三个投影面的交点 a'、a、a'' 分别是点 A 的正面、水平和侧面投影,如图 3-12a 所示。

空间点的三面投影标记方法:空间点用大写英文字母表示,如 A、B、C…,点的水平投影用相应的小写字母表示,如 a、b、c…,正面投影用相应的小写字母加一撇表示,如 a'、b'、c'…,侧面投影用相应的小写字母加两撇表示,如 a''、b''、c''…。

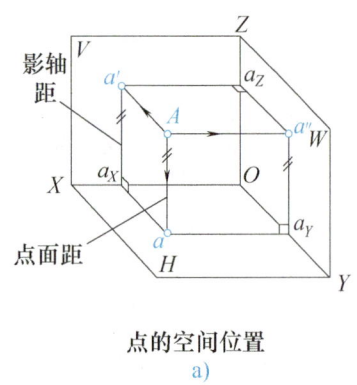
点的空间位置
a)

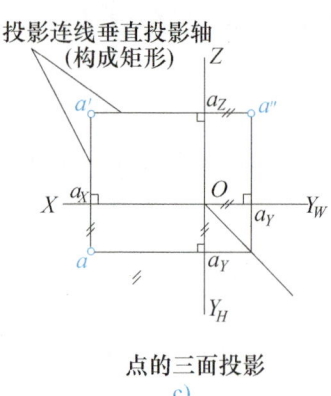
投影面的展开
b)

点的三面投影
c)

图 3-12 空间点的三面投影

2. 点的投影规律

根据三面投影图的形成规律将其展开并省略投影面的边框线,就可得到空间点 A 的三面投影,如图 3-12c 所示。图中点 a_X、a_Y、a_Z 为点 A 的投影连线与投影轴 X、Y、Z 的交点。由此可得点的三面投影规律:

1)点的两面投影连线,必定垂直于对应的投影轴,即

$aa' \perp OX$ 轴(长对正)。

$a'a'' \perp OZ$ 轴(高平齐)。

$aa_Y \perp OY_H$ 轴,$a''a_Y \perp OY_W$ 轴(宽相等)。

2)点的投影到投影轴的距离,等于空间点到相应的投影面的距离,即

$a'a_X = a''a_Y =$ 点 A 点 H 面的距离 Aa。

$aa_X = a''a_Z =$ 点 A 到 V 面的距离 Aa'。

$aa_Y = a'a_Z =$ 点 A 到 W 面的距离 Aa''。

根据点的投影规律，在点的三面投影中，只要知道其中任意两个面的投影，即可求出点的第三个面投影。

【例 3-2】 已知点 A 的正面和水平面投影图（图 3-13a），求作侧面投影。

分析：根据点的投影规律可知，$a'a'' \perp Z$ 轴，a'' 必在 $a'a_Z$ 延长线上；由 $a''a_Z = aa_X$ 可确定 a'' 的位置。

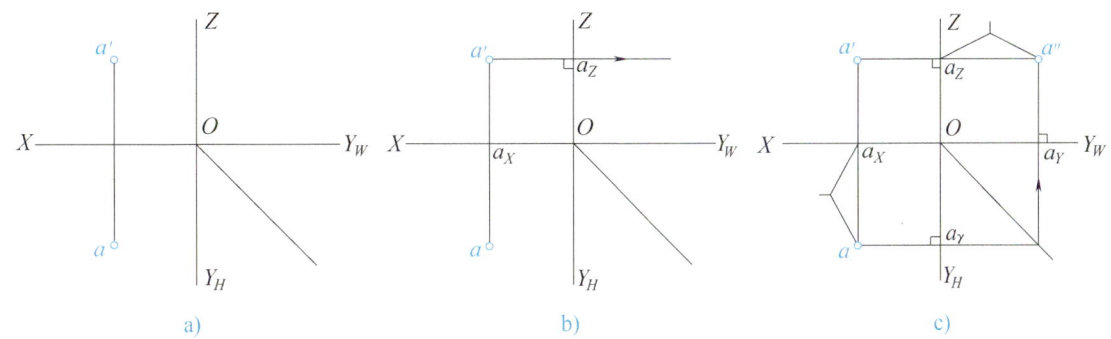

图 3-13 已知点的两面投影求作第三面投影

作图步骤：

1) 过点 a' 作 $a'a_Z \perp Z$ 轴并延长，如图 3-13b 所示。

2) 过点 a 作 $aa_Y \perp Y_H$ 轴并与 45°（等宽）线相交，向上作垂线得到点 a''，如图 3-13c 所示。

3. 点的投影与直角坐标的关系

三面投影体系可以看成是空间直角坐标系，即把投影面作为坐标面，投影轴作为坐标轴，三条轴的交点 O 为坐标原点。这样在投影面体系中的空间点的位置可由其与三个投影面的距离来确定，即点的三面投影与点的空间三个坐标存在以下对应关系：

点 A 的 x 坐标 = 点 A 到 W 面的距离（Aa''）。

点 A 的 y 坐标 = 点 A 到 V 面的距离（Aa'）。

点 A 的 z 坐标 = 点 A 到 H 面的距离（Aa）。

如图 3-14a 所示。

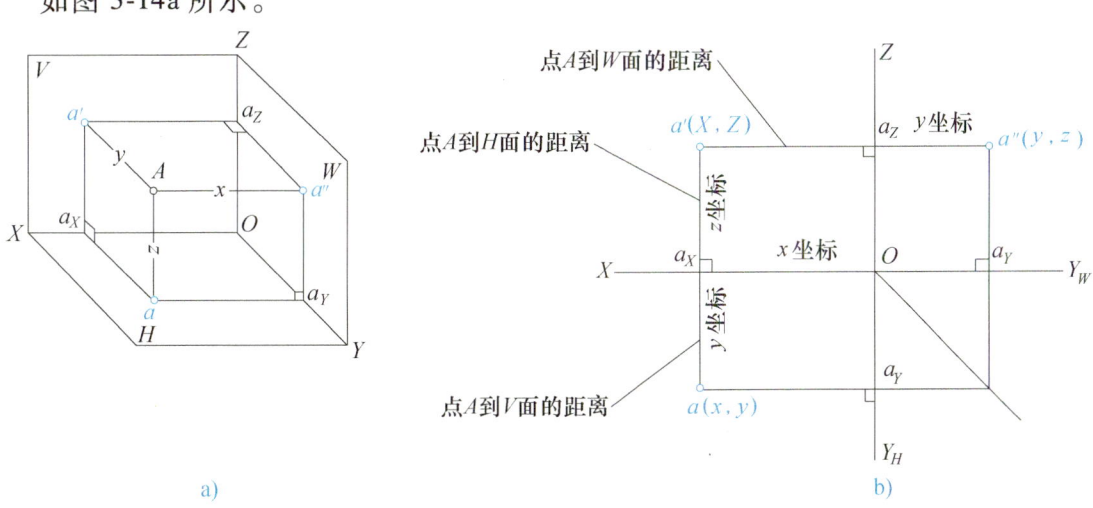

图 3-14 点的投影与直角坐标的关系

可见，点的三面投影与其坐标值是对应的，有了点的一组坐标，如 A（x，y，z）即可确定点的空间位置如图 3-14b 所示。就能唯一确定该点的三面投影（a'，a，a''）。

【例 3-3】 已知点 B（15，10，12），求作它的三面投影。

分析：已知空间点的三个坐标，便可作出点的两个投影，从而作出该点的另一个投影。

投影轴在 OX 轴上，从点 O 向左量取 x 坐标 15，得点 b_X，如图 3-15a 所示

过点 b_X 作 OX 垂线，自点 b_X 向下量取 y 坐标 10 得点 b，向上量取 z 坐标 12 得点 b'，如图 3-15b 所示。

根据点的投影规律，由点 b'、b 求出点 b''，如图 3-15c 所示。

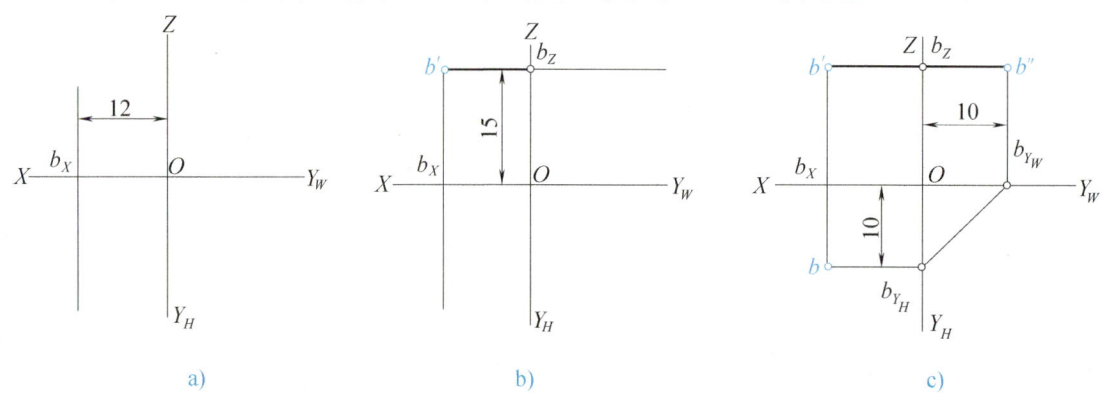

图 3-15 由点的坐标作出点的三面投影

4. 点的相对位置

两点的相对位置是指空间两个点的上下、左右、前后关系。两点在空间的相对位置，可以由两点的坐标来确定：

两点的左、右相对位置由 x 坐标值确定，x 坐标值大的在左。

两点的前、后相对位置由 y 坐标值确定，y 坐标值大的在前。

两点的上、下相对位置由 z 坐标值确定，z 坐标值大的在上。

如图 3-16 所示，空间点 A 的坐标是（25，10，10），空间点 B 的坐标是（20，

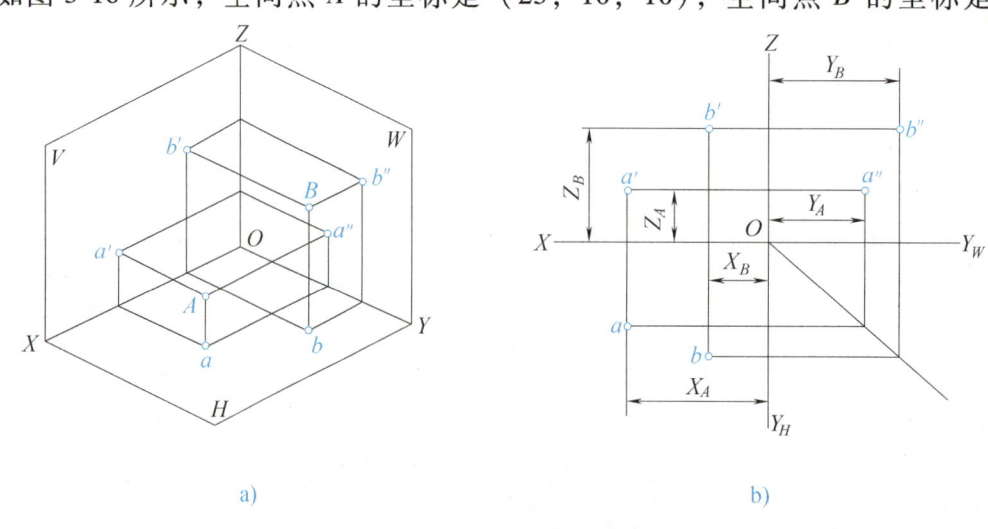

图 3-16 两点的相对位置

15，15），则点 A 在点 B 的左方（$x_A>x_B$），后方（$y_A<y_B$）下方（$z_A<z_B$）。

5. 点及其可见性

在实际应用中，当空间两点的某两个坐标相等时，则两点处于同一条投射线上，因此这两点对于某一投影面的投影是重合的，就称这两点为重影点。

如图 3-17 所示，A、B 两点的 x、z 坐标相同，则两点处于正对面的同一条投射线上，两点正面投影重合，则这两点为重影点。

重影点的可见性需要根据两点不重影的投影坐标大小来判断：

当两点在 v 面的投影重合时，则判断 W 和 H 面的投影，y 坐标值大的在前，并且 y 坐标大的点可见。

当两点在 w 面的投影重合时，则判断 V 和 H 面的投影，x 坐标值大的在左，并且 x 坐标大的点可见。

当两点在 H 面的投影重合时，则判断 W 和 V 面的投影，z 坐标值大的在上，并且 z 坐标大的点可见。

同时，规定将不可见的重影用圆括号"（）"括起来，以便识读。

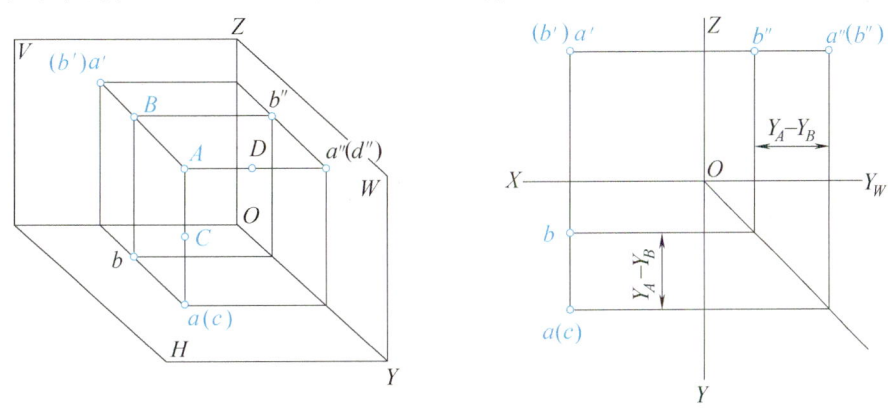

图 3-17 点及其可见性

3.3.2 直线的投影

根据直线对于三个投影面的位置不同，可将直线共分为三类：投影面平行线、投影面垂直线、一般位置直线。

1. 投影面平行线

投影面平行线是指与一个投影面平行，与另外两个投影面倾斜的直线。投影面平行线又分为三种：正平线、水平线、侧平线，见表 3-1。

表 3-1 投影面的平行线

名称	正平线	水平线	侧平线
立体图			

（续）

名称	正平线	水平线	侧平线
投影图	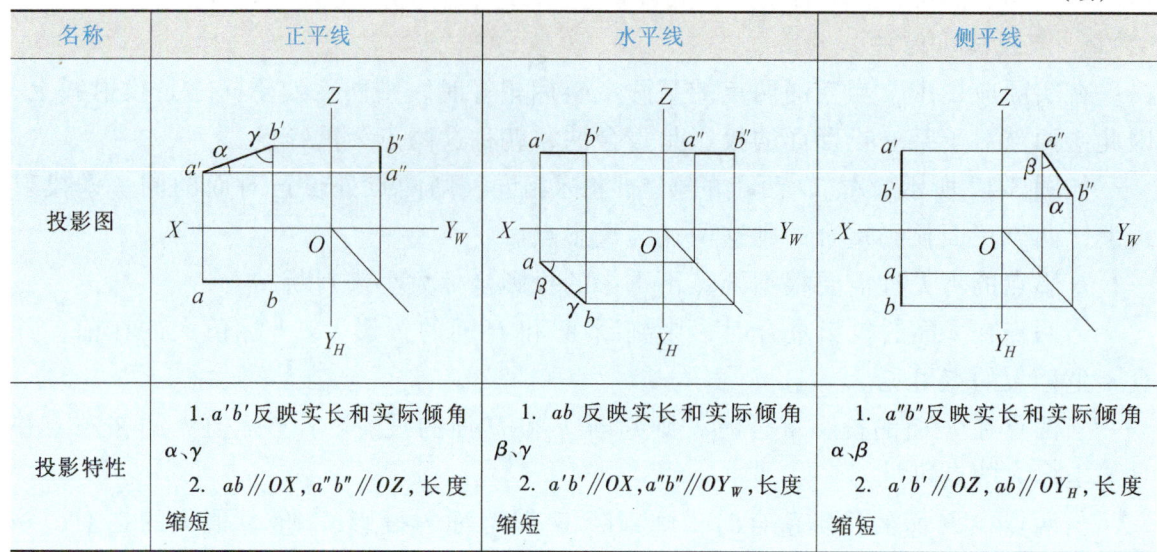		
投影特性	1. $a'b'$ 反映实长和实际倾角 α、γ 2. $ab // OX$, $a''b'' // OZ$, 长度缩短	1. ab 反映实长和实际倾角 β、γ 2. $a'b' // OX$, $a''b'' // OY_W$, 长度缩短	1. $a''b''$ 反映实长和实际倾角 α、β 2. $a'b' // OZ$, $ab // OY_H$, 长度缩短

2. 投影面垂直线

投影面垂直线是指垂直于一个投影面，与另外两个投影面平行的直线。投影面垂直线又分为三种：正垂线、铅垂线、侧垂线，见表3-2。

表3-2　投影面的垂直线

名称	正垂线	铅垂线	侧垂线
立体图			
投影图			
投影特性	1. $a'b'$ 积聚成一点 2. $ab \perp OX$, $a''b'' \perp OZ$ 3. $ab = a''b'' = AB$	1. ab 积聚成一点 2. $a'b' \perp OX$, $a''b'' \perp OY_W$ 3. $a'b' = a''b'' = AB$	1. $a''b''$ 积聚成一点 2. $ab \perp OY_H$, $a'b' \perp OZ$ 3. $ab = a'b' = AB$

3. 一般位置直线

与三个投影面都倾斜的直线称为一般位置直线，如图3-18所示。

一般位置直线投影特性：

1) 直线的三个投影都倾斜于投影轴且都小于直线的实长。

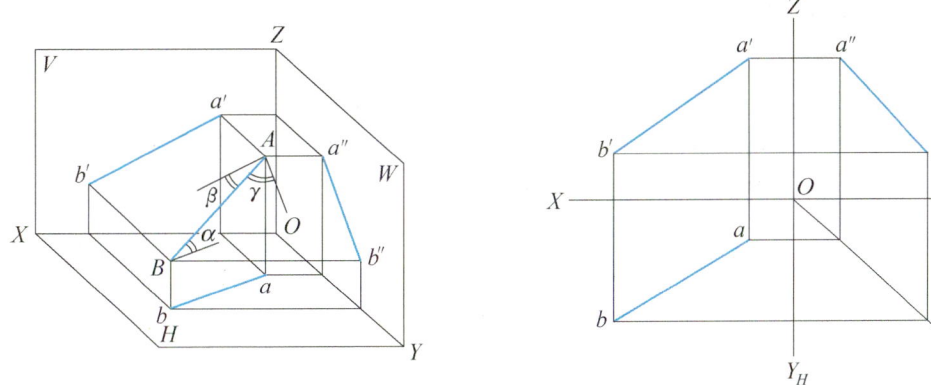

图 3-18 一般位置直线投影

2）直线的各投影与投影轴的夹角均不反映空间直线对各基本投影面的倾角。

3.3.3 平面的投影

根据平面对于三个投影面的位置不同，平面共分为三类：投影面平行面、投影面垂直面、一般位置平面。

1. 平面的投影特性

平面相对于一个投影面的位置有三种情况，即平行、垂直和倾斜。三种位置有三种投影特性：

1）真实性。当平面平行于投影面时，其投影反映了原平面的真实形状、大小。

2）积聚性。当平面垂直于投影面时，在另外两个投影面上的投影为直线段（有积聚性）且平行于相应的投影轴。

3）类似性。当平面倾斜于投影面时，倾斜于投影面的平面在该投影面上的正投影必定是这个平面图形的类似形。

2. 平面在三面投影体系中的位置分类

（1）一般位置平面——对于三个投影面都倾斜的平面　如图 3-19 所示，一般位置的三角形平面的投影情况，由于它对三个投影面都倾斜，因此三个投影仍为三角

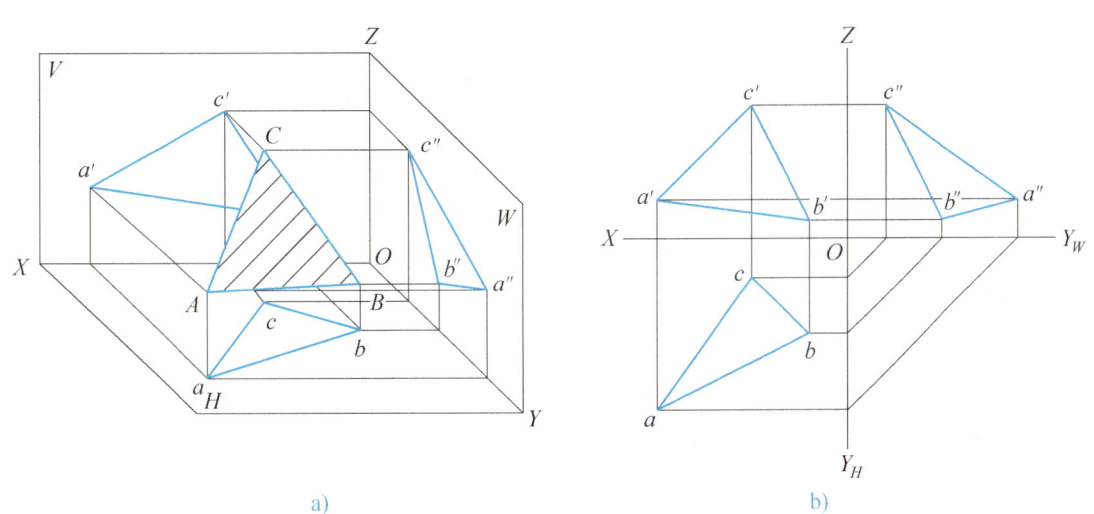

a)　　　　　　　　　　　　　　　b)

图 3-19 一般位置平面

形，且不反映实形，都比实形缩小了。

由此得到一般位置平面的投影特性：

1）类似性——在三个投影面上的投影均为相仿的平面图形，且形状缩小。

2）判断——平面的三面投影都是类似的几何图形，该平面一定是一般位置平面。

(2) 投影面平行面——平行于一个投影面的平面 见表3-3，投影面平行面有三种：水平面（//H面）、正平面（//V面）、侧平面（//W面）。

表 3-3 投影面平行面

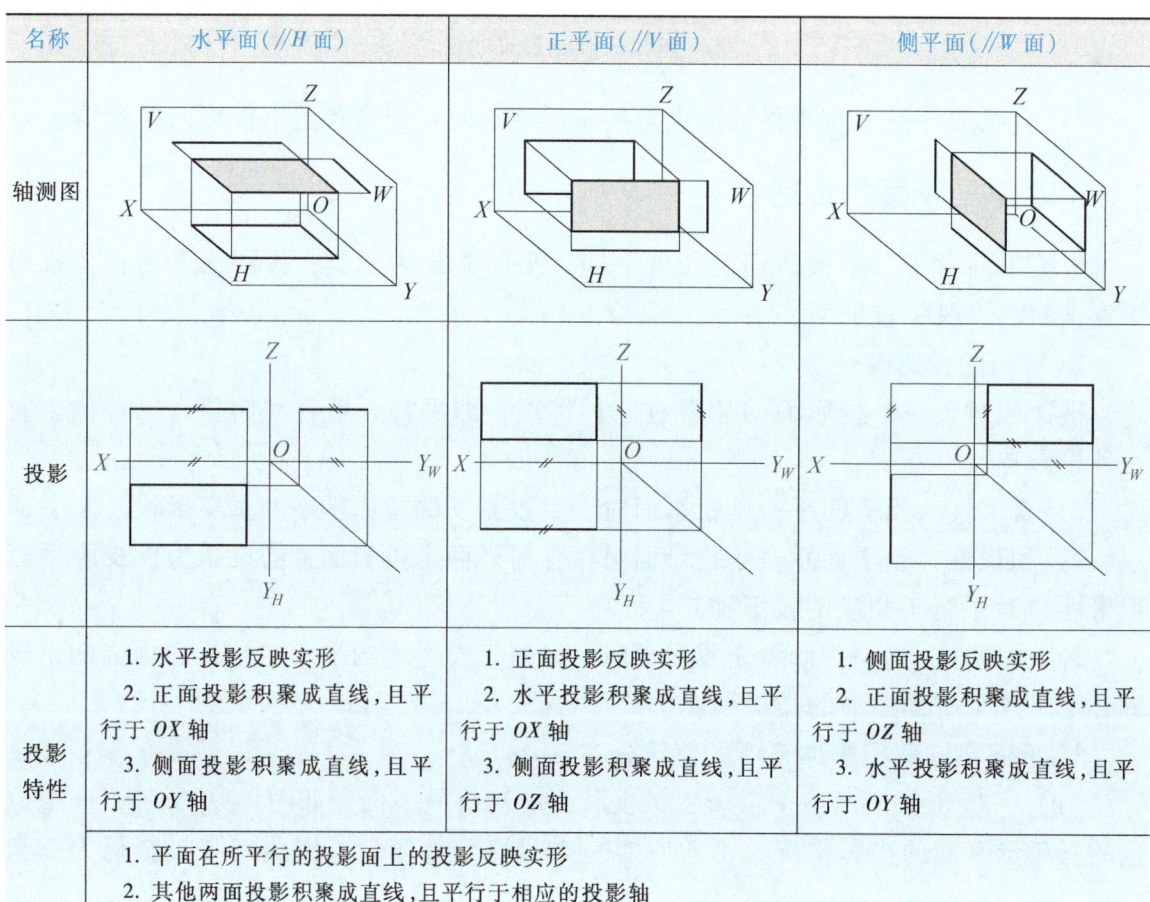

三种投影面平行面的投影特性：

1）真实性——平面在其所平行的投影面上的投影反映平面的实形。

2）积聚性——平面在另外两个投影面上的投影为直线段（有积聚性）且平行于相应的投影轴。

3）判断——若在平面的投影中，同时有两个投影分别积聚成平行于投影轴的直线，而只有一个投影为平面，则此平面平行于该投影所在的那个投影面。该平面形投影反映该空间平面的实形。

(3) 投影面垂直面——仅垂直于一个投影面，而与另外两个投影面倾斜的平面 见表3-4，投影面垂直面有三种：铅垂面（⊥H面）、正垂面（⊥V面）、侧垂面（⊥W面）。

表 3-4 投影面垂直面

名称	铅垂面(⊥H 面)	正垂面(⊥V 面)	侧垂面(⊥W 面)
轴测图			
投影			
投影特性	1. 水平投影积聚成直线，该直线与 OX、OY 轴的夹角 β、γ，等于平面对 V 面、W 面的倾角 2. 正面投影和侧面投影为原形的类似形	1. 正面投影积聚成直线，该直线与 OX、OZ 轴的夹角 α、γ，等于平面对 H 面、W 面的倾角 2. 水平投影和侧面投影为原形的类似形	1. 侧面投影积聚成直线，该直线与 OY、OZ 轴的夹角 α、β，等于平面对 H 面、V 面的倾角 2. 正面投影和水平投影为原形的类似形
	1. 平面在所垂直的投影面上的投影积聚成与投影轴倾斜的直线，该直线与投影轴的夹角等于平面对相应投影面的倾角 2. 其他两面投影均为原形的类似形		

三种投影面垂直面的投影特性：

1) 积聚性——平面在其所垂直的投影面上的投影为倾斜直线段，该倾斜直线段与投影轴的夹角，反映该平面对相应投影面的倾角。

2) 类似性——平面在另外两个投影面上的投影均为原形的类似形。

3) 判断——若平面在某一投影面上的投影积聚成一条倾斜于投影轴的直线段，则此平面垂直于积聚投影所在的投影面。

3.4 基 本 体

任何物体都可看成是由若干基本体组合而成的。基本几何体分为平面立体和曲面立体两大类。表面均为平面的立体，称为平面立体；表面由曲面或平面与曲面组成的立体，称为曲面立体。

3.4.1 平面立体

1. 平面立体的画法

表面全部为平面的立体称为平面立体，相邻平面的交线为棱线。平面立体主要分为棱柱和棱锥两类。棱柱由上下底面和几个侧面组成，侧面上的棱线相互平行；棱锥由下底面和几个侧面组成，侧面上的棱线交于一点。求平面体的投影实质上就是求组成立体的各表面及棱线的投影。

【例 3-4】 绘制图 3-20 所示正六棱柱的三视图。

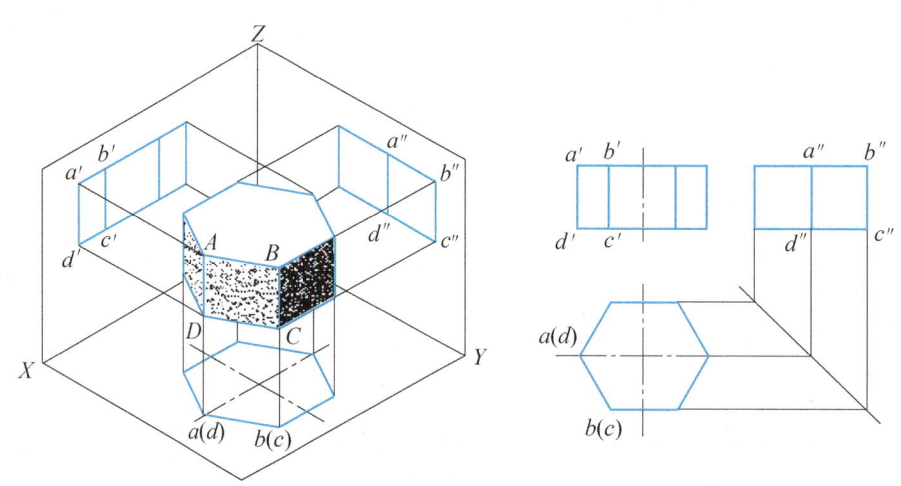

图 3-20 正六棱柱的投影

（1）投影分析 正六棱柱由正六边形的顶面、底面和六个矩形棱面组成。正六棱柱的顶面和底面为水平面，它们水平投影重合并反映实形，正面和侧面投影均为积聚的两条互相平行的直线。六个棱面中前、后两个是正平面，它们在正面的投影反映实形，水平和侧面投影均为积聚的直线。其他四个棱面为铅垂面，水平投影为积聚的直线，正面和侧面投影为类似的矩形。绘制三视图时，由于水平投影是实形，因此先从水平投影开始，三个视图结合起来绘制。

（2）绘制方法

1）作六棱柱的对称中心线和底面基线，确定各视图的位置。

2）先绘制顶面和底面的三面投影，其水平投影为反映实形的六边形，正面投影为两条平行于 OX 轴的直线，侧面投影为两条平行于 OY_W 的直线。侧面投影中的两平行线之间的距离为六棱柱的高度。线的长度要按"长对正"中俯视图中量取。

3）前后两个棱面是正平面，在水平投影中可找到它们的积聚线为六边形的两条与 OX 坐标轴平行的边，按"长对正"作 OX 轴垂线并与正面投影的两平行线产生交点，所形成的封闭矩形即为前后两棱面的正面投影。按"宽相等"在侧面投影中作出前后棱面的积聚线。

4）在俯视图中找到另外四个棱面的水平投影，为六边形的四条不与坐标轴平行的边，正面投影为过六边形最左和最右的两个顶点，按"长对正"作 OX 轴垂线并与正面投影的两平行线产生交点，连接该交点。按"宽相等"在侧面投影中作出另外四个棱面棱线的投影。

5）检查图面无误后擦去多余的辅助线和坐标轴线，并描深三个视图。

【例 3-5】 如图 3-21 所示，已知正六棱柱的 ABCD 棱面上点 M 的正面投影 m'，求出它的水平投影 m 和侧面投影 m''。

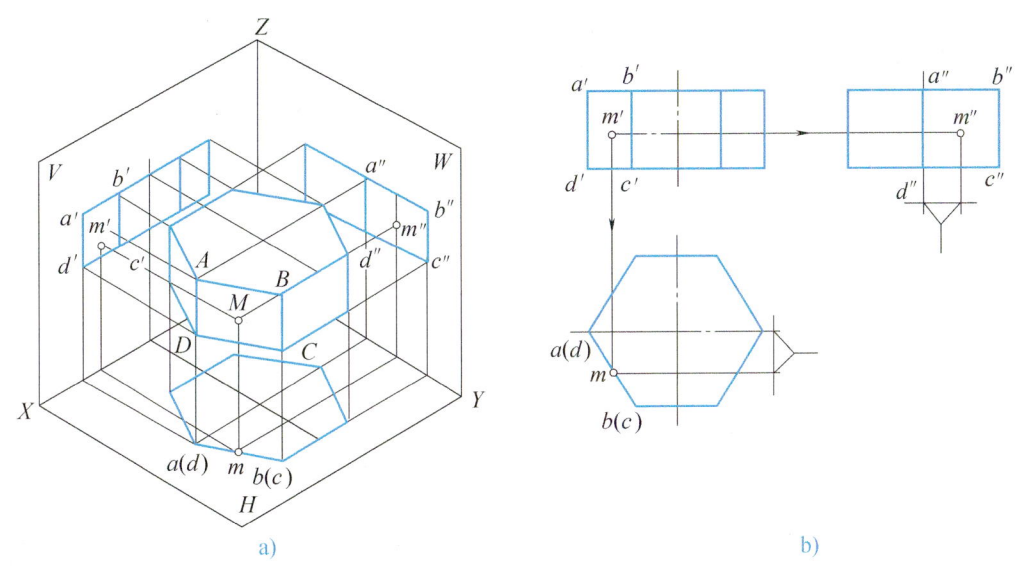

图 3-21 正六棱柱表面上点的投影

绘制方法：

1）棱面 ABCD 为铅垂面，其水平投影具有积聚性，点 M 的水平投影也一定在 $a(d)b(c)$ 直线上。

2）可根据 m' 即可求出 m。在已知 m' 和 m 点后即可求出 m''。

3）由于棱面 ABCD 的侧面投影为可见，因此 m'' 为可见（点与积聚成直线的平面重影时，可不加括号）。

【例 3-6】 绘制图 3-22 所示三棱锥的三视图。

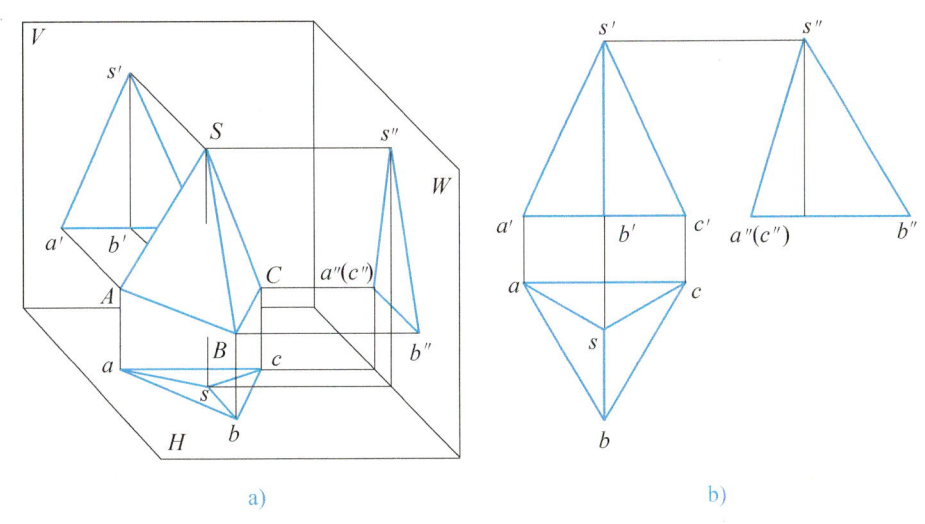

图 3-22 正三棱锥的三视图

（1）投影分析 三棱锥的底面为水平面，水平投影反映实形，为等边三角形，正面投影和侧面投影积聚为水平直线；后面为侧垂面，侧面投影积聚为直线，水平投影和正面投影为类似形；左右两侧面为一般位置平面，三面投影均为类似形。作图时，由于水平投影是实形，所以先从水平投影开始，三个视图结合绘制，如图 3-22a 所示。

（2）绘制方法

1）确定基准。分别选取左右对称面、底面的后边及底面的尺寸基准，作出三个视图的基准线。

2）先作正三棱锥底面的三面投影。

3）再作顶点的三面投影，顶点在水平面上的投影为等边三角形的中心。

4）最后作三条棱线的各面投影，形成正三棱锥三视图，如图 3-22b 所示。

2. 平面立体的尺寸注法

物体的三视图只能表达其形状，要确定物体的大小还需要标注尺寸。基本体的大小通常是由长、宽、高三个方向的尺寸确定的。

平面体的尺寸要根据形状进行标注。如图 3-23a、b 所示，只需注出其底面尺寸和高度尺寸。对于图 3-23b 所示六棱柱，底面尺寸有两种注法，一种是注出正六边形的对角线尺寸（外接圆直径），另一种是注出对边尺寸（扳手尺寸）。常用第二种注法，而将对角线尺寸作为参考尺寸。图 3-23c 所示正四棱台必须注出上、下底的长、宽尺寸和高度尺寸。

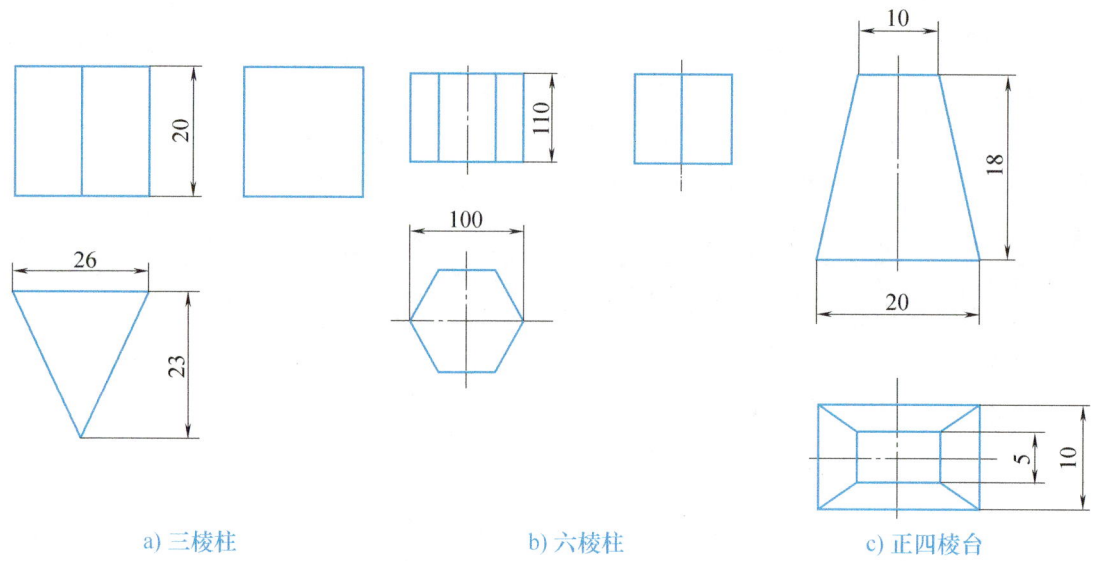

a) 三棱柱　　　　b) 六棱柱　　　　c) 正四棱台

图 3-23　平面立体的尺寸标注

【例 3-7】　运用 AutoCAD 绘制图 3-24 所示六棱柱三视图。

绘制方法：

1）定基准。先设置好图层，用"直线"命令绘出三个视图的基准线，如图 3-24a 所示。

2）用"多边形"命令画六边形形状的俯视图，如图 3-24b 所示。

3）根据六棱柱的高，按投影关系用"直线"命令画主视图，如图 3-24c 所示。

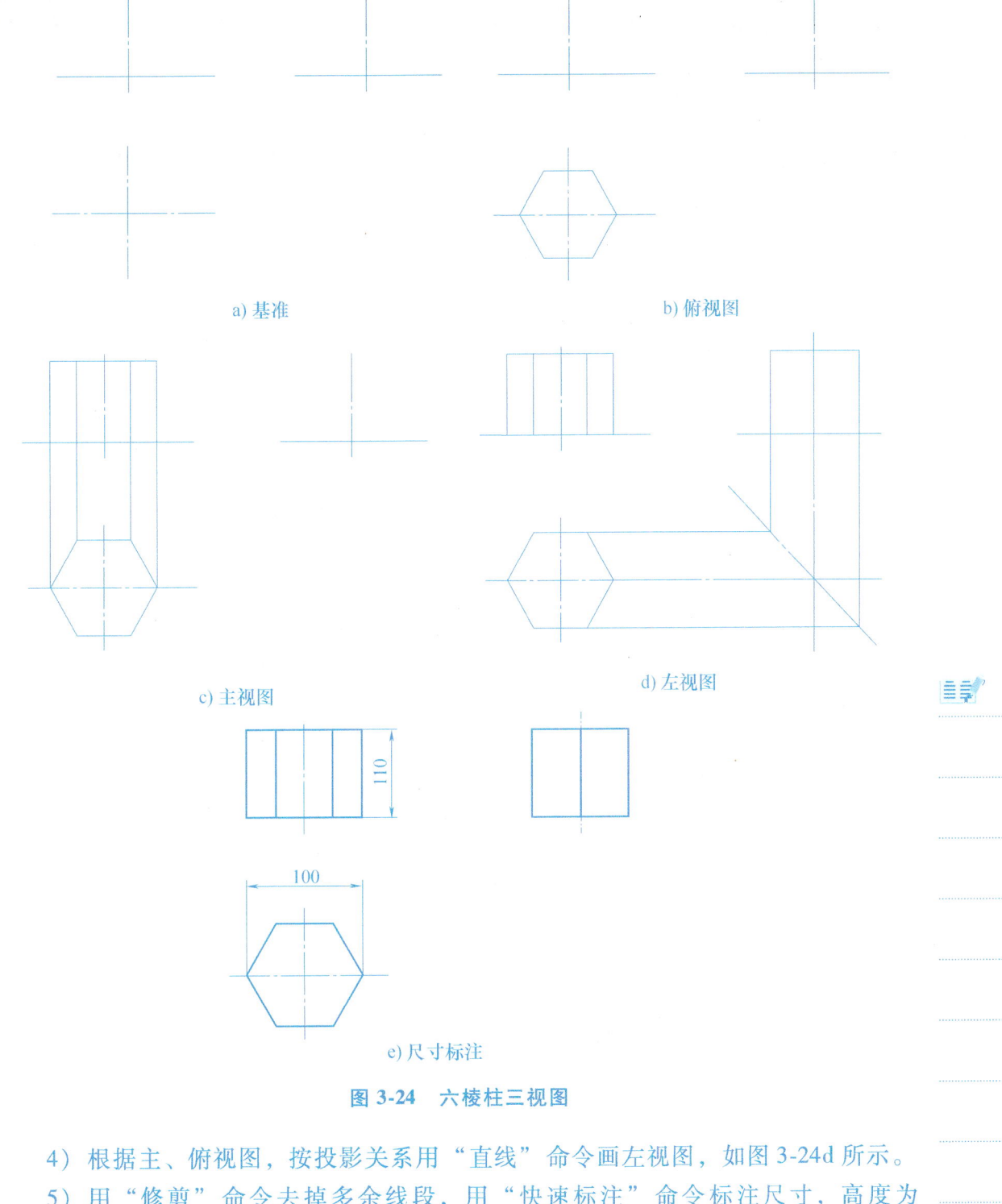

图 3-24 六棱柱三视图

4）根据主、俯视图，按投影关系用"直线"命令画左视图，如图 3-24d 所示。

5）用"修剪"命令去掉多余线段，用"快速标注"命令标注尺寸，高度为 110，内接圆直径为 100，如图 3-24e 所示。

3.4.2 曲面立体

1. 曲面立体的画法

由平面和曲面或完全由曲面构成的立体，称为曲面立体。常见的曲面立体有圆柱、圆锥、圆球等。

圆柱是由圆柱面和上、下两个底面围成的。圆柱面可看作一条直线 AB 绕与它平行的轴线 OO 回转而成。OO 称为回转轴，直线 AB 称为母线，圆柱上任意一条与轴线平行的直线称为素线。

【例 3-8】 绘制图 3-25 所示圆柱体的三视图。

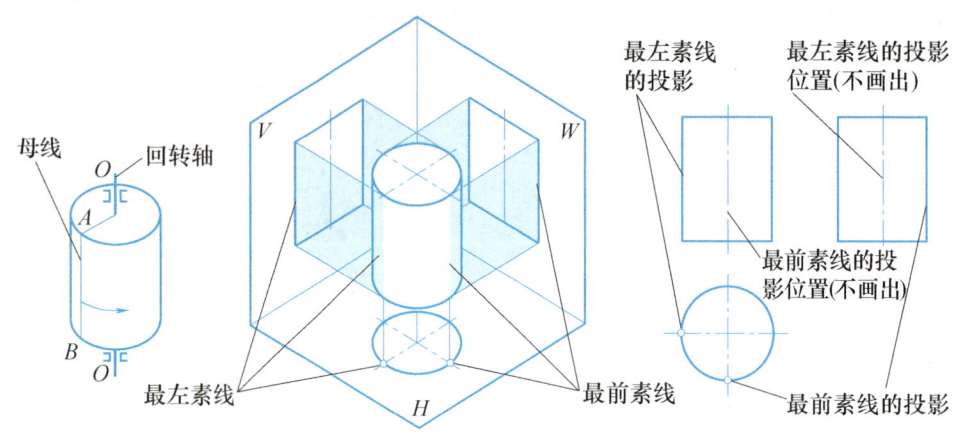

图 3-25 圆柱体的三视图

（1）投影分析 如图 3-25 所示圆柱的上、下底面是水平面，圆柱面为铅垂面。正面投影中，前、后两个半圆面的投影重合为一个矩形线框，其中上、下两条轮廓线是上、下圆形底面在主视图的积聚线，左、右两条轮廓线是圆柱面最左、最右两素线的投影，它们把圆柱面分为前面（可见部分）和后面（不可见部分）。因此，这两条素线也是圆柱可见与不可见的分界线。圆柱的水平投影为一圆。这是由于圆柱轴线是铅垂线，故圆柱表面所有素线都是铅垂线，因此圆柱面的水平投影积聚成一个圆。同时，圆柱上、下底面的投影反应实形，也与该圆重合。

（2）绘制方法 绘制圆柱三视图时，一般先画投影具有积聚性的圆，再根据投影规律和圆柱的高度完成其他两个视图。

【例 3-9】 如图 3-26 所示，已知圆柱面上点 A 的正面投影 a' 和 B 点的侧面投影 b''，求另两面投影。

根据给定的 a' 的位置，可判定点 A 在后半圆柱面的左半部分，因圆柱面的水平投影具有积聚性，故 a 必在后半周的左部，a'' 可根据 a' 和 a 直接求得。

b'' 在圆柱面的最前素线上，其正面投影 b' 在最前素线上，水平投影可根据 b' 和 b'' 求得，如图 3-26 所示。

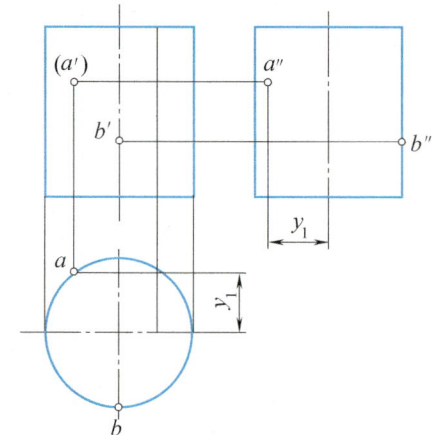

图 3-26 圆柱面上的点的投影

圆锥是由一条母线 SE 绕与它相交的轴线回转而成的，如图 3-27 所示。

【例 3-10】 绘制图 3-28 所示圆锥体的三视图。

（1）投影分析 圆锥体俯视图的圆形反映圆锥底面的形状，同时也表示圆锥面的投影。主、左视图的等腰三角形线框，其底边为圆锥底面的积聚投影。主视图中三角形的左、右两边，分别表示圆锥面最左、最右素线 SA、SB（反映实长）的投影，它们是圆锥面正面投影可见与不可见部分的分界线。左视图中三角形的两边分别表示圆锥面最前、最后素线 SC、SD 的投影（反映实长），它们是圆锥面投影可见与不可见部分的分界线。

（2）绘制方法　绘制圆锥体三视图时，先作出圆锥底面的投影，然后出圆锥顶点的投影，再分别作出最左、最右、最前、最后四个特殊位置素线的投影，即完成了圆锥体的三视图绘制。

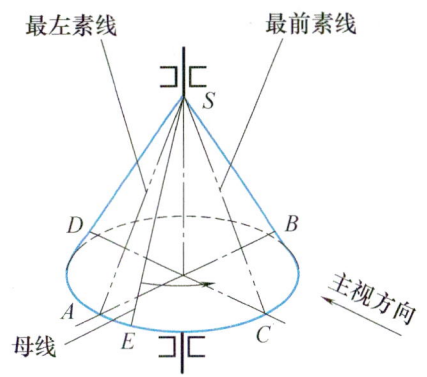

图 3-27　圆锥的形成

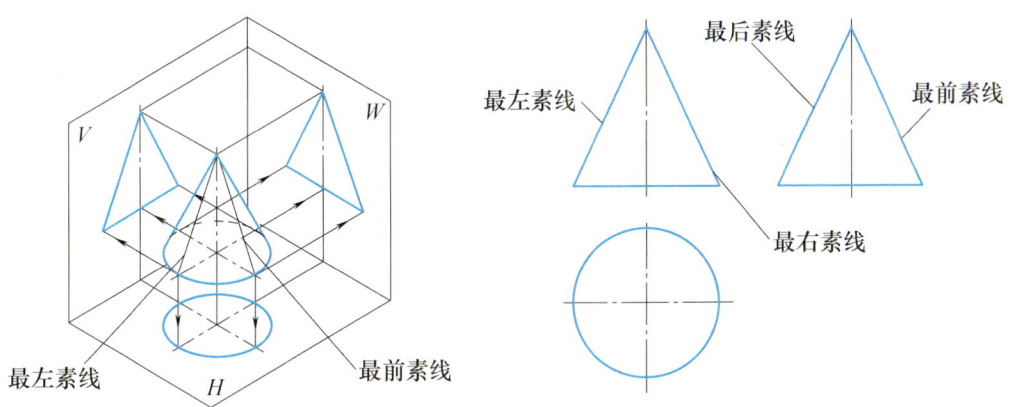

图 3-28　圆锥体的三视图

【例 3-11】　已知圆锥面上的点 M 的正面投影 m'，求 m 和 m"。

方法一：辅助素线法求圆锥表面点的投影，如图 3-29 所示。

在三投影面体系中，连接点 s'、m' 并延长与底边的交点为 a'。过点 a' 向下作垂线与底圆有两个交点，由于点 a' 可见，因此与前半个圆的交点为点 A 的水平投影 a，然后连接点 s、a，点 m 在直线 sa 上。过点 m' 向下作垂线，与直线 sa 的交点即为点 M 的水平投影 m，再根据点的投影规律求出 m"，且 m" 可见。

方法二：辅助圆法求圆锥表面上的点，如图 3-30 所示。

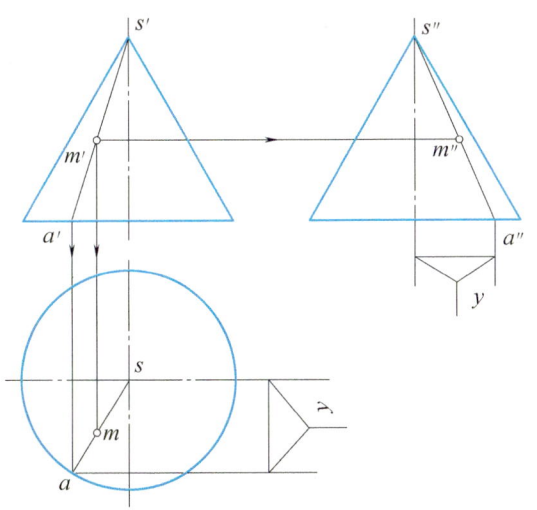

图 3-29　辅助素线法求圆锥表面的点的投影

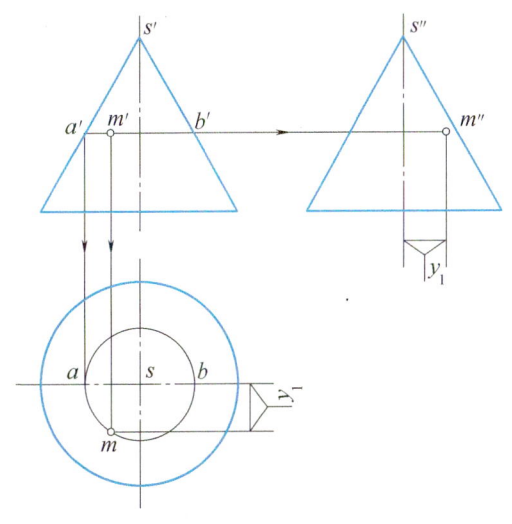

图 3-30　辅助圆法求圆锥表面上的点

过点 m' 作一条水平线与三角形的两条边交于点 a'、b'，线段 $a'b'$ 即为过点 M 的纬圆的正面投影。纬圆的水平投影为圆，圆的直径为线段 $a'b'$ 的长度。以点 s 为圆心，以 $a'b'$ 的长度的一半为半径作圆，然后过点 m' 向下作垂线，与前半个圆的交点即为点 M 的水平投影 m，根据点的投影规律即可求出 m''。

如图 3-31a 所示，圆球面可看作一圆（母线）围绕它的直径回转而成。

【例 3-12】 绘制图 3-31 所示圆球的三视图。

投影分析：图 3-31b 所示为圆球的三视图。它们都是与圆球直径相等的圆，均表示圆球面的投影。球的各个投影虽然都是圆形，但各个圆的意义不同。

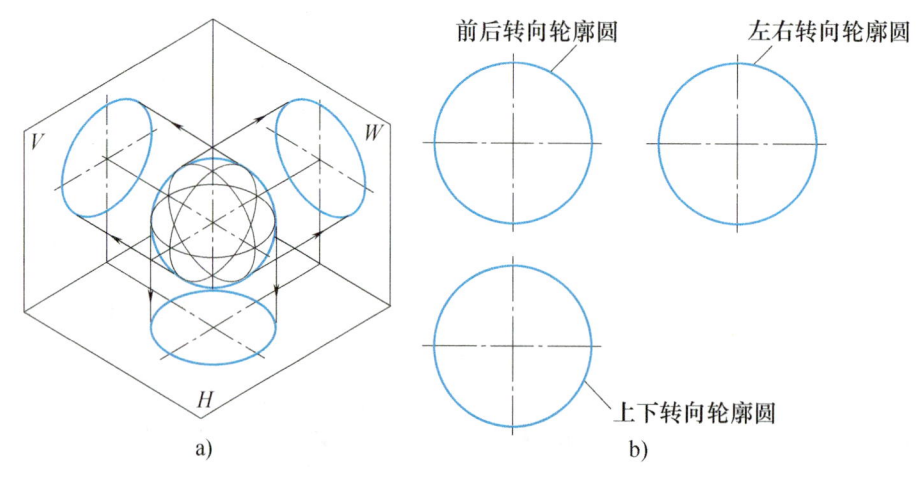

图 3-31 圆球的三视图

正面投影是平行于 V 面的圆素线的投影（前、后半球的分界线，圆球面在正面投影中可见与不可见的分界线）。

水平投影是平行于 H 面的圆素线的投影（上、下半球的分界线，圆球面在水平投影中可见与不可见的分界线）。

侧面投影是平行于 W 面的圆素线的投影（左、右半球的分界线，圆球面在侧面投影中可见与不可见的分界线）。

这三条圆素线的其他两面投影，都与圆的相应对称中心线重合。

【例 3-13】 如图 3-32 所示，已知圆球表面上的点 M 的水平投影 m 和点 N 的正面投影 n'，求点 M、N 的其他两面投影。

根据点的位置和可见性，可判定：

1）点 N 在前后两半球的分界线上，n 和 n' 可直接求出。因为点 N 在右半球，其侧面投影 n'' 不可见，需加圆括号，如图 3-32b 所示。

2）点 M 在前、左、上半球（点 M 的三面投影均为可见），需采用辅助圆法求 m' 和 m''。过点 m 在球面上作一平行于正面的辅助圆（也可作平行于水平面或侧面的圆）。因点在辅助圆上，故点的投影必在辅助圆的同面投影上。作图时，先在水平投影中过点 m 作 OX 轴的平行线 ef（ef 为辅助圆在水平投影面上的积聚性投影），其正面投影为直径等于 ef 的圆，过点 m 作 OX 轴的垂线，与辅助圆正面投影的交点即为 m'，再通过点的投影规律求得 m''，绘制结果如图 3-32c 所示。

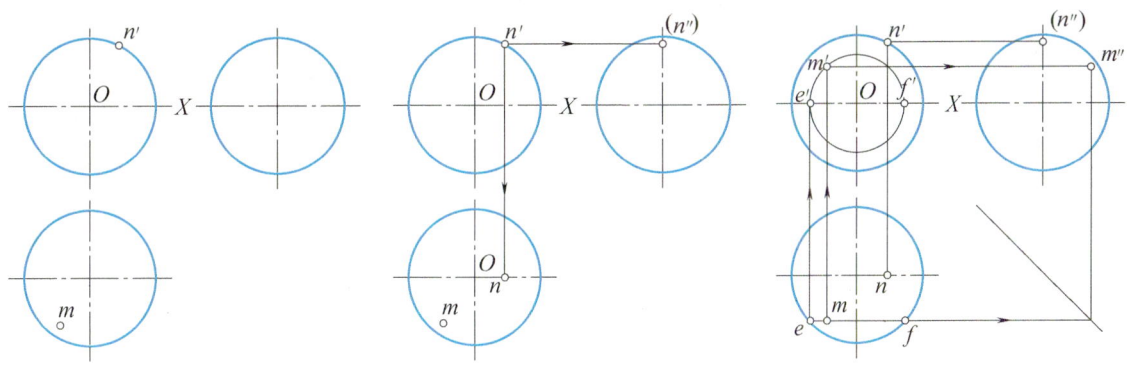

a) 已知题目　　　b) 直接求出点N的另两面投影　　　c) 作辅助圆,求点M的另两面投影

图 3-32　圆球表面上点的投影

2. 曲面立体的尺寸标注

图 3-33 所示是各种曲面立体的尺寸注法。其中圆柱、圆锥、圆台必须注出底圆直径和高度尺寸，如图 3-33a、b、c 所示。圆球须注出球面的直径，并在直径尺寸数字前加注"$S\phi$"，在半径尺寸数字前加注"SR"，如图 3-33d、e 所示。

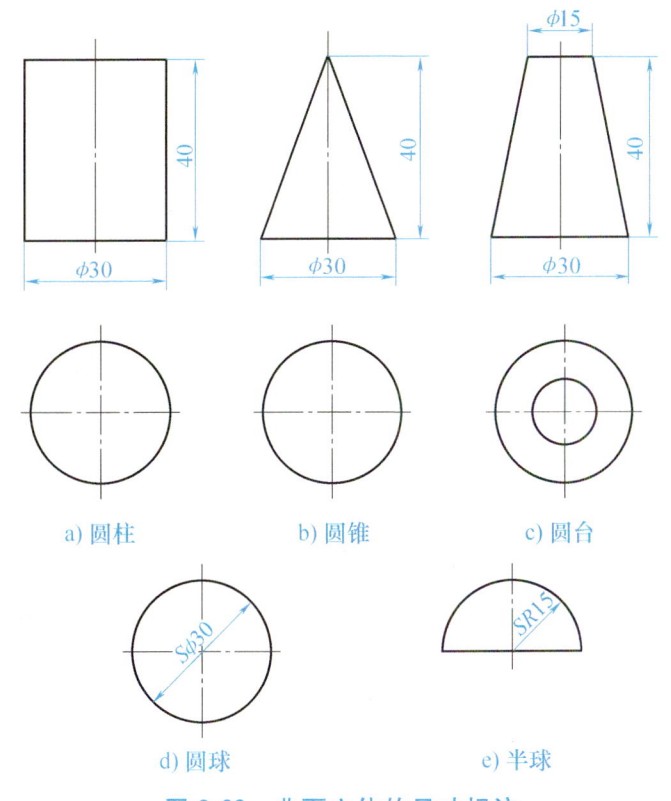

a) 圆柱　　　b) 圆锥　　　c) 圆台

d) 圆球　　　e) 半球

图 3-33　曲面立体的尺寸标注

【例 3-14】　利用 AutoCAD 标注图 3-34 所示圆柱三视图。

1) 因为俯视图反映形体主要特征，所以首先用"圆"命令绘出俯视图的投影 ϕ30mm 的圆，如图 3-34a 所示。

2) 根据长对正和已知高度（40mm），用"直线"命令绘出主视图的投影。

3) 根据高平齐、宽相等，用"直线"命令绘出左视图的投影，如图 3-34b 所示。

4）用"快速标注"命令标注尺寸，高度为40mm，圆直径为30mm。

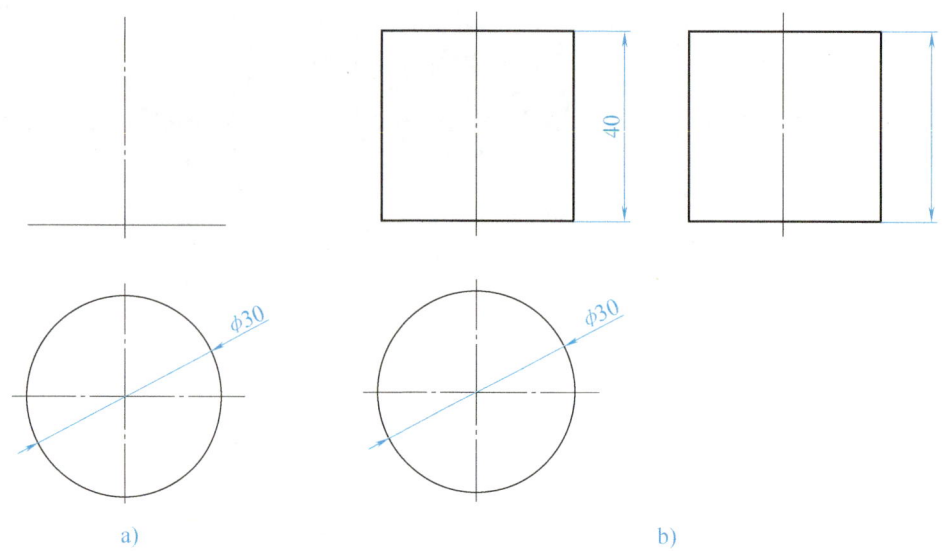

图 3-34 圆柱三视图

3.4.3 立体表面的交线

基本体的相邻表面相交时会产生不同形式的表面交线，在画组合体视图时这些表面交线必须绘出。

1. 截交线

（1）截交线的概念 当立体被平面截断成两部分时，其中任何一个部分均称为截断体，用来截切立体的平面称为截平面，截平面与立体表面的交线称为截交线。

截交线既在截平面上，又在立体表面上，截交线是截平面和立体表面的共有线，因此截交线上的点是截平面与立体表面上的共有点（共有性）。另外，由于任何形体的空间形状都是有限的，因此截交线一定是一个封闭的平面图形（封闭性）。

（2）截交线的画法 由于截交线具有共有性，因此求截交线可以转换为求两表面共有点的问题。

【例 3-15】 如图 3-35 所示，四棱锥被正垂面 P 截切，求切割后四棱锥截交线的俯视图与截交线。

分析：由图 3-35 可见，四棱锥被正垂面 P 截切，截交线应该是四边形，四个顶点分别是截平面与四条侧棱的交点。求平面立体的截交线，实质上就是求截平面与各条棱线交点的投影。

利用截平面的积聚性投影，先找到截交线各顶点的正面投影 $1'$、$2'$、$3'$、$4'$，再依据直线上点的投影特性，

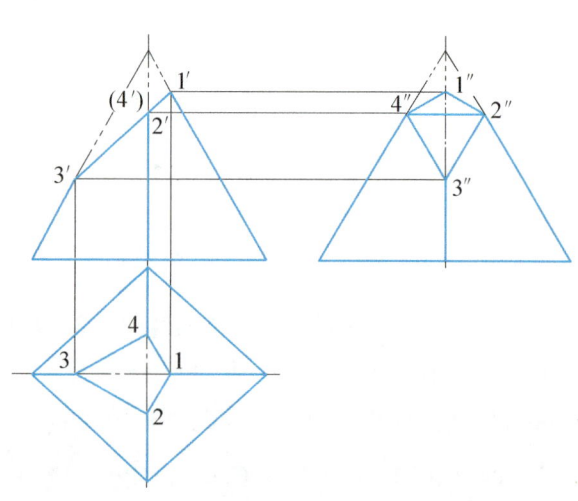

图 3-35 四棱锥被正垂面截切

求出各顶点的水平投影 1、2、3、4 及侧面投影 1″、2″、3″、4″，如图 3-35 所示。

平面截切曲面立体时，截交线的形状取决于曲面立体的表面形状，以及截平面与曲面立体的相对位置。平面截切圆柱截交线的形状因截平面相对于圆柱轴线的位置不同而有三种情况，见表 3-5。

表 3-5 平面截切圆柱截交线形状

平面的位置	与轴线垂直	与轴线平行	与轴线倾斜
轴测图			
投影图			
截交线	圆	两对平行直线	椭圆

【例 3-16】 求作圆柱被正垂面截切时截交线的投影。

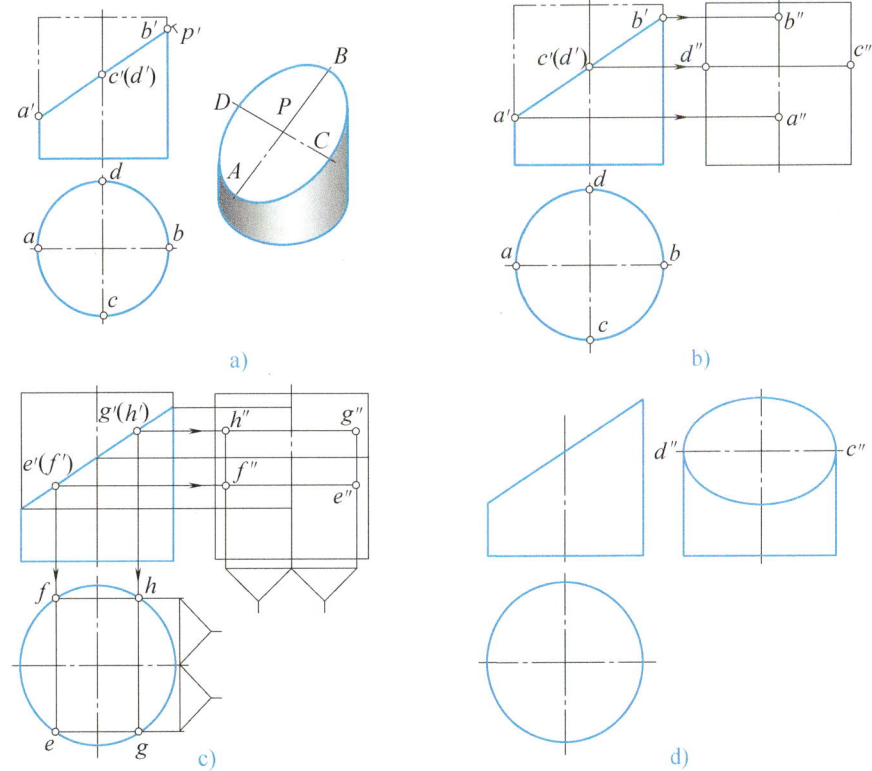

图 3-36 平面斜截圆柱时截交线的画法

分析：如图 3-36a 所示，圆柱被平面斜截，其截交线为椭圆。椭圆的正面投影积聚为一斜线，水平投影与圆柱面投影重合，椭圆的侧面投影是它的类似形，仍为椭圆，可根据投影规律由正面投影和水平投影绘出它的侧面投影。

作图步骤：

1) 求特殊点。由截交线的正面投影，直接作出截交线上的特殊点，即最高、最低、最前、最后点的其他两面投影，如图 3-36b 所示。

2) 求中间点。作图时，在投影为圆的视图上任意取四点 e、f、h、g。根据水平投影，利用投影关系求出正面投影和侧面投影，如图 3-36c 所示。

3) 将左视图中找到的全部点进行光滑连接，并描深，得到截交线的投影，如图 3-36d 所示。

【例 3-17】 绘制图 3-37 所示接头的三视图。

分析：如图 3-37 所示，接头上端的左右两侧各被截割了一个切口，呈对称分布。切口由侧平面和水平面组合而成。侧平面 P 与接头的轴线平行，截交线的形状为矩形，其在正面和水平面投影积聚为一直线段，在侧面投影为矩形。水平面 Q 与接头的轴线垂直，截交线形状为圆弧，该截交线在正面和侧面投影积聚为一直线，在水平面投影为一个反映真实性状的弧形。作图步骤见表 3-6。

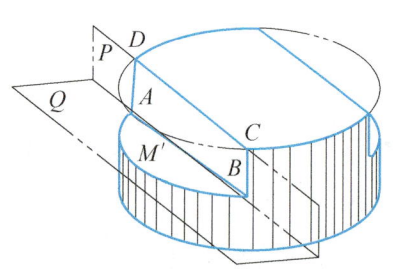

图 3-37 接头

表 3-6 绘制接头的三视图

步骤	绘图方法	说明
1		用细实线绘出接头没被截割前的三视图
2		根据截切要求，先绘出截交线的正面投影，然后绘出水平投影

（续）

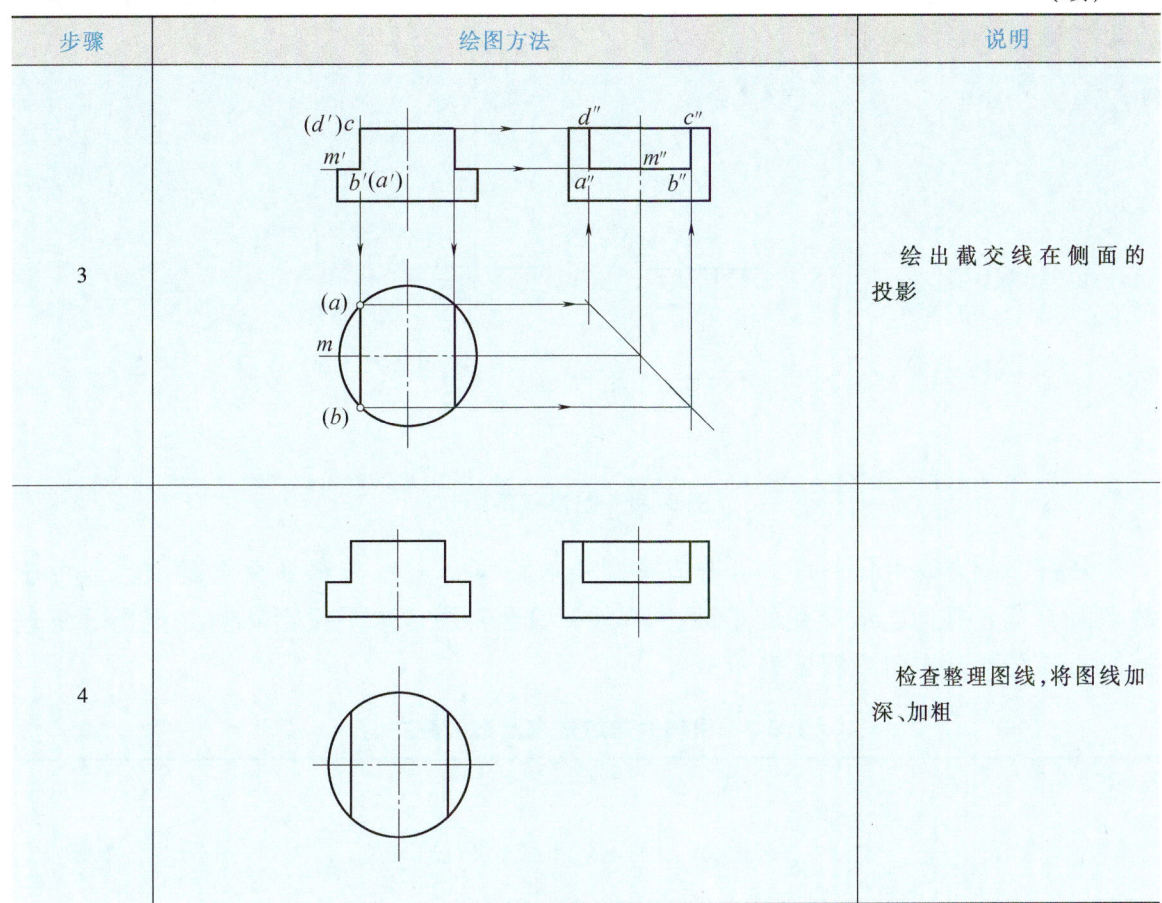

步骤	绘图方法	说明
3		绘出截交线在侧面的投影
4		检查整理图线，将图线加深、加粗

平面截切圆锥截交线的形状因截平面相对于圆锥轴线的位置不同而不同，见表3-7。

表3-7 圆锥的五种截交

相对位置	与轴线垂直	与轴线倾斜	与线线平行	与轴线平行	过圆锥顶点
截交线	圆	椭圆	抛物线+直线	曲线+直线	三角形
轴测图					
投影图					

【例 3-18】 如图 3-38 所示,圆锥被倾斜于轴线的平面截切,试完成圆锥的水平投影与侧面投影。

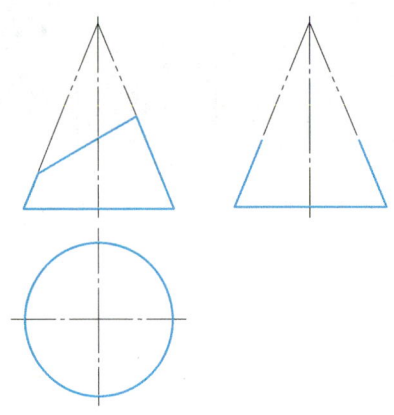

图 3-38 圆锥被斜切

分析：截交线上任一点,可看成是圆锥表面某一素线与截平面 P 的交点。由于截平面 P 为正垂面,截交线的正面投影为一积聚斜线,水平投影和侧面投影分别是类似的椭圆形,作图步骤见表 3-8。

表 3-8 用辅助素线法求圆锥的截交线

步骤	绘图方法	说明
1	求特殊点	求最高点 C、最低点 A、最前、最后点 B（点 B 为对称点）的水平投影和侧面投影
2	作辅助线求一般点	利用辅助线法求中间点的三面投影

（续）

步骤	绘图方法	说明
3		将各点依次连成光滑的曲线，即为截交线的投影

【例 3-19】 如图 3-39 所示，圆锥被平行于轴线的平面截切，试补全圆锥的正面投影。

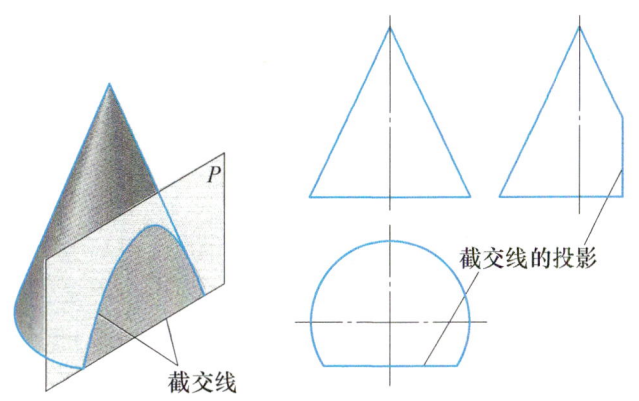

图 3-39　圆锥被平行于轴线的平面截切

分析：圆锥被侧平面截切，截平面在侧面和水平面投影均为积聚的一条线，只需作出其正面投影即可。作图步骤见表 3-9。

表 3-9　用辅助圆法作圆锥的截交线

步骤	绘图方法	说明
1		求特殊点（最高点 3，最低点 1、5）的三面投影

步骤	绘图方法	说明
2		利用辅助圆法求中间点 2、4 的三面投影
	作辅助平面求一般点	
3		连点成线。将 1'、2'、3'、4'、5' 连成光滑曲线，即为所求截交线的正面投影

圆球被任意方向的平面截切，其截交线都是圆。当截平面为投影面的平行面时，截交线在所平行的投影面上的投影为一圆，其余两面投影积聚为直线。该直线的长度等于切口圆的直径，直径的大小与截平面至球心的距离有关，如图 3-40 所示。

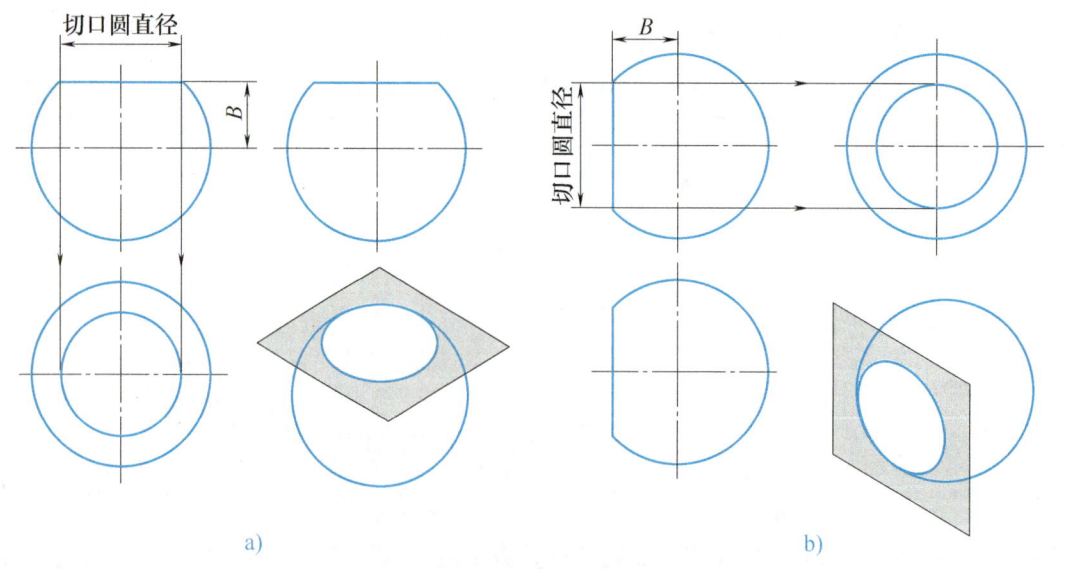

图 3-40 圆球被平面截切

【例 3-20】 完成图 3-41 所示开槽半圆球的水平投影和侧面投影。

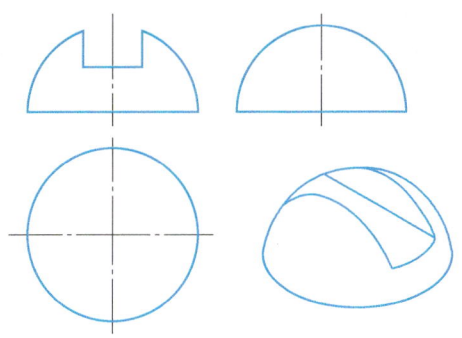

图 3-41 开槽半圆球

分析：如图 3-41 所示，由于半圆球被两个对称的侧平面和一个水平面截切，所以两个侧平面与球面的截交线各为一段平行于侧面的圆弧，而水平面与球面的截交线为两段水平圆弧，作图步骤见表 3-10。

表 3-10 圆球被截切截交线画法

步骤	绘图方法	说明
1		作出半球在水平面和侧面的投影
2		在正面投影中沿槽底作一辅助平面，确定辅助圆弧半径 R_1，画出辅助圆弧的水平投影，再根据槽底宽画出槽底的水平投影
3		在侧面投影上沿侧壁作一辅助平面，确定辅助圆弧半径 R_2，画出辅助圆弧的侧面投影

(续)

步骤	绘图方法	说明
4	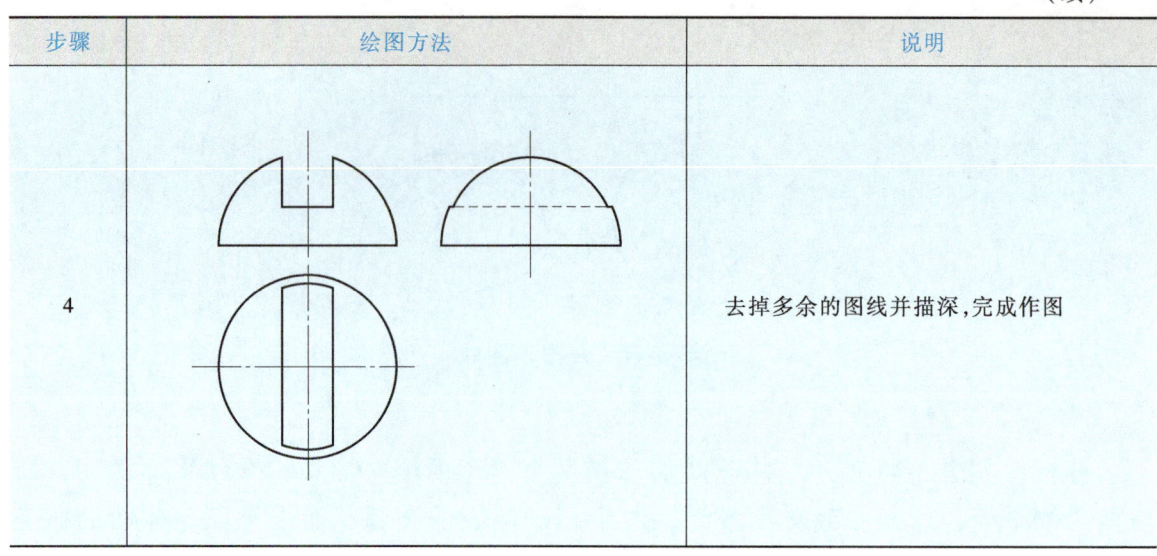	去掉多余的图线并描深,完成作图

2. 相贯线

（1）**相贯线的概念和性质**　两立体表面相交时产生的交线，称为相贯线。相贯线具有下列基本性质：

1）共有性：相贯线是两立体表面上的共有线，也是两立体表面的分界线，所以相贯线上的所有点都是两立体表面上的共有点。

2）封闭性：相贯线一般是封闭的空间曲线。

（2）圆柱的正交相贯

1）利用投影的积聚性求相贯线。

【例 3-21】　如图 3-42 所示，两不等径圆柱正交相贯，需补画相贯线的正面投影。

分析：如图 3-42 所示，小圆柱的轴线垂直于水平面，相贯线的水平投影为圆（与小圆柱面的积聚性投影重合），大圆柱的轴线垂直于侧面，相贯线的侧面投影为一段圆弧（与大圆柱面的部分积聚性投影重合），需要在主视图中补画相贯线正面投影，作图步骤见表 3-11。

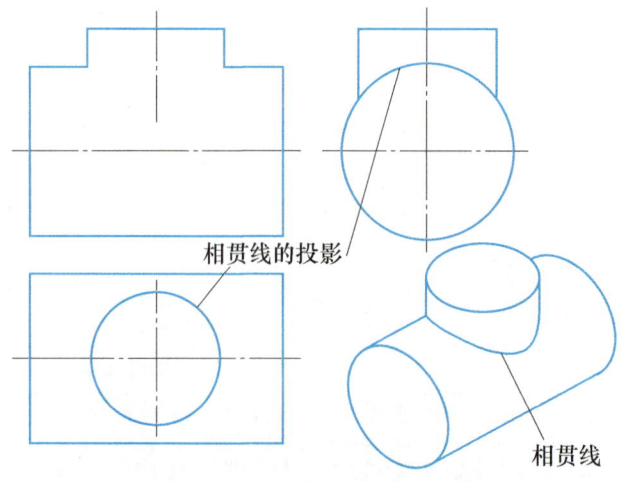

图 3-42　两不等径圆柱正交相贯

表 3-11　两不等径圆柱正交相贯时相贯线的画法

步骤	绘图方法	说明
1	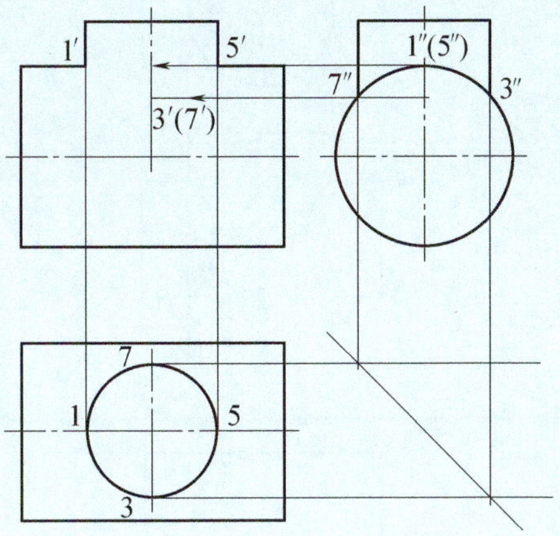	1. 在水平投影和侧面投影中找到具有积聚性投影的相贯线 2. 在相贯线上找到特殊点最左、最右同时也是最高点（1、5 两点）的水平投影和侧面投影 3. 在相贯线上找到最前、最后同时也是最低点（3、7 两点）的水平和侧面投影 4. 利用点的投影规律在主视图中画出点 1、3、5、7 的正面投影
2	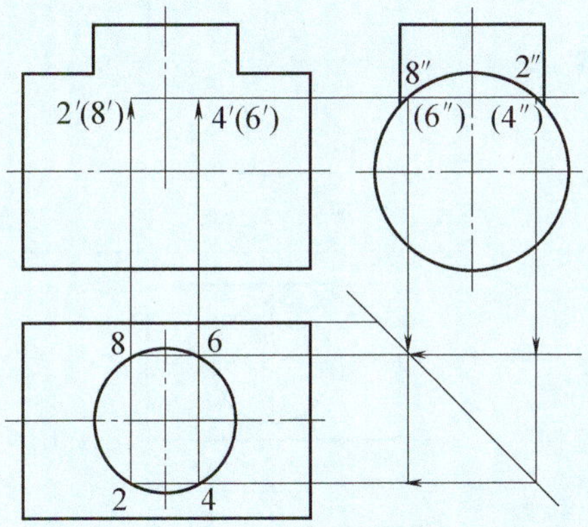	中间点决定曲线的趋势。在侧面投影中，任取对称点 2″、8″和 4″、6″，然后按点的投影规律，找到对称点的水平投影和正面投影
3	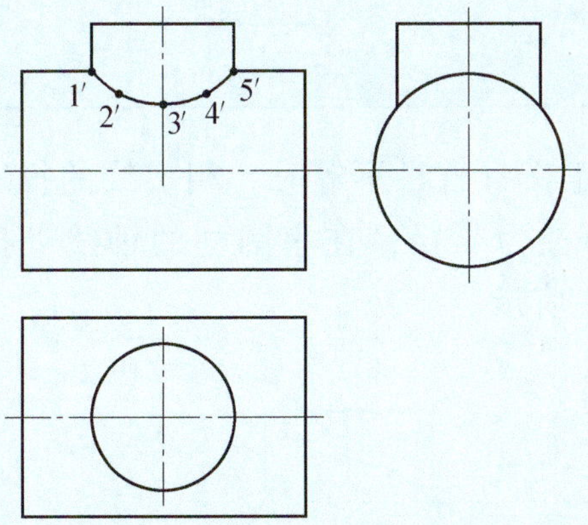	连点成线。按顺序将 1′、2′、3′、4′、5′光滑连接起来，即得到相贯线的正面投影

2）两圆柱正交时相贯线的变化。当两圆柱的相对位置不变，而两圆柱的直径发生变化时，相贯线的形状和位置也将发生变化，见表 3-12。

表 3-12 两圆柱直径发生变化时相贯线形状的变化

尺寸变化	投影图
$\phi < \phi_1$	
$\phi = \phi_1$	
$\phi > \phi_1$	

3) 相贯线的简化画法。当两圆柱正交且直径不等时，相贯线的投影可采用简化画法。相贯线的正面投影以大圆柱的半径为半径，在小圆柱的轴线上找圆心，向大圆柱的轴线方向弯曲画圆弧，如图 3-43 所示。

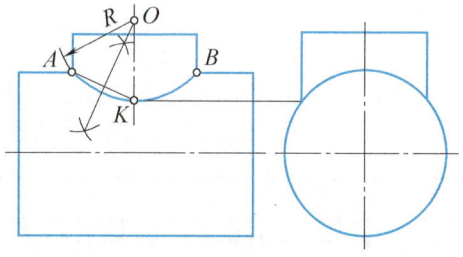

图 3-43 相贯线简化画法

4）内相贯线的画法。当圆筒上钻有圆孔时，则孔与圆筒外表面及内表面均有相贯线，如图 3-44a 所示。在内表面所产生的交线，称为内相贯线。内相贯线和外相贯线的画法相同，内相贯线的投影由于不可见而绘成虚线，如图 3-44b 所示。

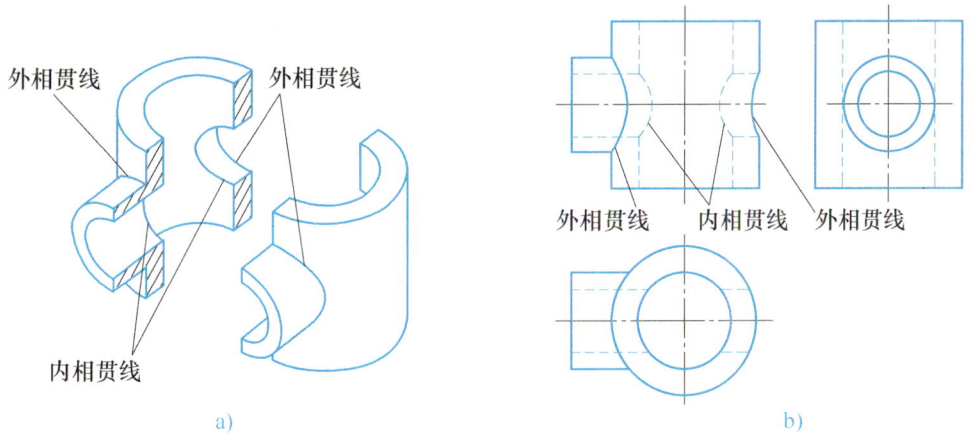

图 3-44　圆筒上钻有圆孔时相贯线画法

3.4.4　基本体的尺寸标注

平面立体一般只标注长、宽、高三个方向的尺寸。正方形可在尺寸数字前加小方框"□"表示。参考尺寸可加括号"（）"表示，如图 3-45 所示。

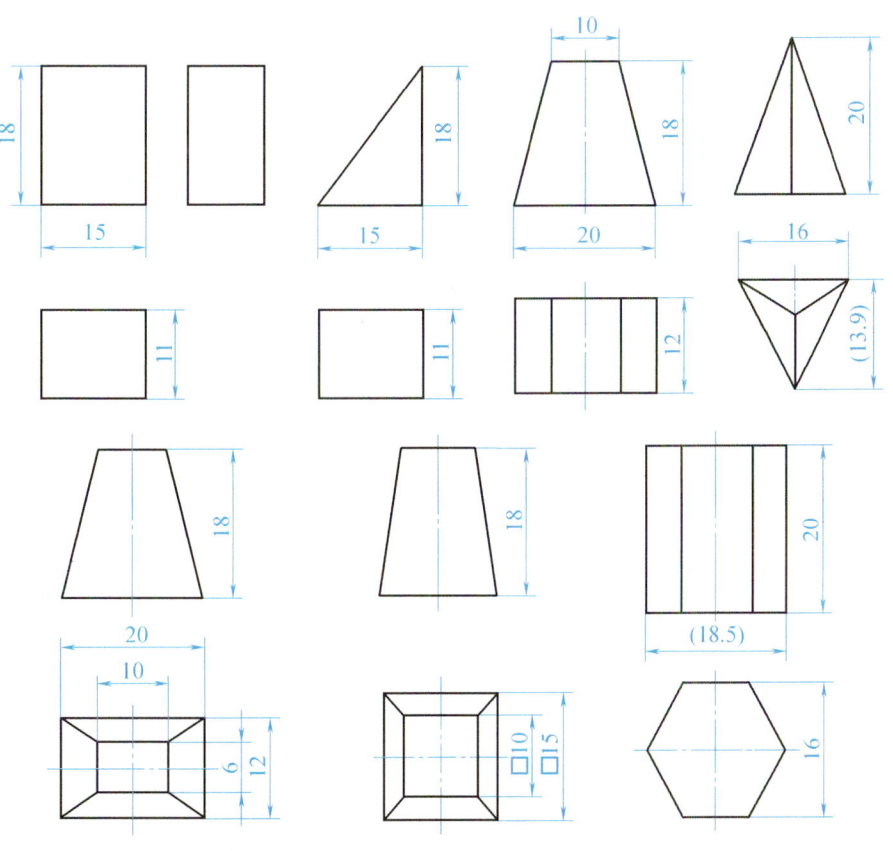

图 3-45　平面立体的注法

圆柱和圆锥应注出底圆直径和高度尺寸,圆台应加注顶圆直径。直径尺寸一般标注在非圆视图上。圆球的径向尺寸代号为"$S\phi$""SR",如图3-46所示。

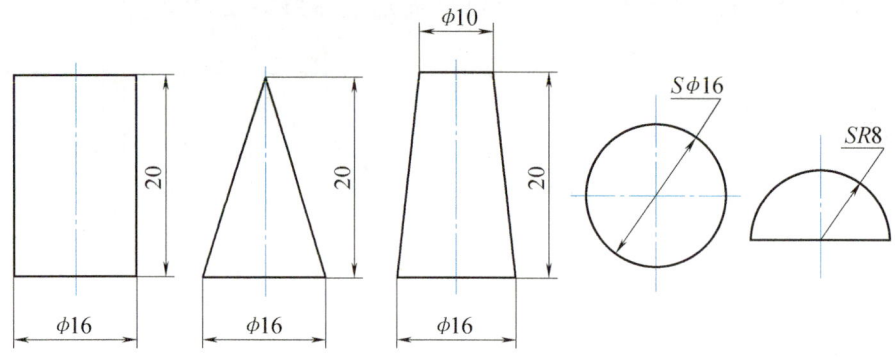

图 3-46　曲面立体的尺寸注法

3.4.5　AutoCAD 2022 编辑命令实例操作

1. 修剪命令（TR）实例操作

【例 3-22】　将图 3-47 所示图形,用 AutoCAD 2022 "修剪"命令绘制成图 3-48 所示图案。

操作方法：

1）在命令行输入"EXPLODE"或单击"修改"工具栏中"分解"按钮,框选整个图形分解。

2）在命令行输入"TR"或单击"修改"工具栏中的"修剪"按钮。命令行提示如下：

命令:EXPLODE

选择对象:✓(框选图 3-47 整个图形)

命令:TRIM

当前设置:投影=UCS,边=无,模式=快速

选择要修剪的对象,或按住<Shift>键选择要延伸的对象或[剪切边(T)/窗交(C)/模式(O)/投影(P)/删除(R)](选取图中多余的线段,结果如图3-48所示)。

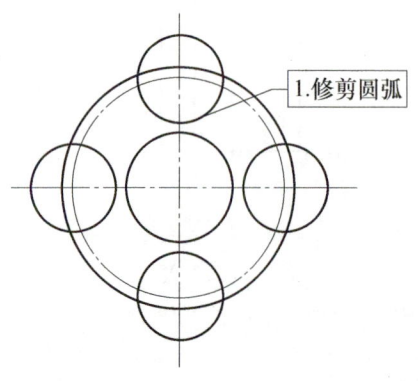

图 3-47　修剪操作（一）

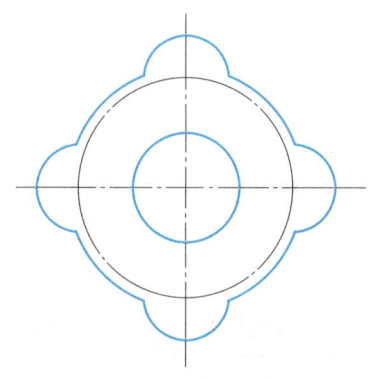

图 3-48　修剪操作（二）

2. 延伸命令（EX）实例操作

【例 3-23】 延伸图 3-49 所示弧 $\overset{\frown}{AB}$，使其与辅助线 OC 相交。

操作方法：

1）在命令行输入"EX"或单击"修改"工具栏中的"延伸"按钮。

2）选择作为边界的对象，选择图 3-49 中 C 的所有对象作为可能的边界边，按 <Enter> 键即可。

3）选择图 3-49 中的弧 $\overset{\frown}{AB}$ 作为要延伸的对象，结果如图 3-50 所示。

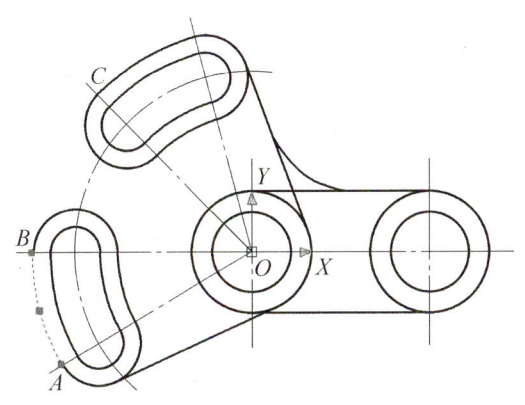 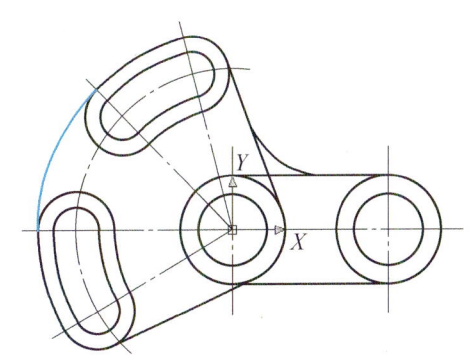

图 3-49 延伸操作（一）　　　　　　图 3-50 延伸操作（二）

3. 打断命令（BR）实例操作

【例 3-24】 将图 3-51 中的圆打断成弧 $\overset{\frown}{AB}$。

操作方法：

1）在命令行输入"BR"或单击"修改"工具栏中的"打断"按钮。

2）在绘图区单击第一个点，再单击第二个打断点，或者先选择要打断的对象，再单击"打断"按钮，然后指定第一个打断点和第二个打断点，如图 3-51 所示。

打断命令产生的效果是不同的。使用打断命令时，依次单击点 A 和点 B，打断结果如图 3-52 所示；依次单击点 B 和点 A，打断结果如图 3-53 所示。

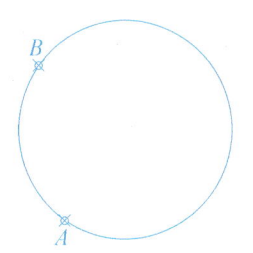 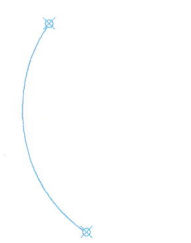 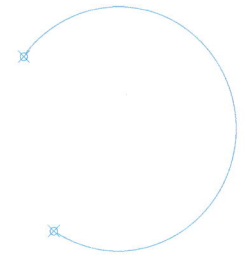

图 3-51 打断操作（一）　　图 3-52 打断操作（二）　　图 3-53 打断操作（三）

4. 倒角命令（CHA）实例操作

【例 3-25】 为图 3-54 所示轴类零件图形右端绘制 $C2$ 倒角。

操作方法：

单击工具栏中的"倒角"按钮，命令行提示如下：

命令：CHAMFER

选择第一条直线或[放弃(U)/多段线(P)/距离(D)/角度(A)/修剪(T)/方式(E)/多个(M)]:(选取图3-54最右边水平直线)

选择第二条直线,或按住<Shift>键选择直线以应用角点或[距离(D)/角度(A)/方法(M)]:D

指定第一个倒角距离:2

指定第二个倒角距离:2

选择第二条直线,或按住<Shift>键选择直线以应用角点或[距离(D)/角度(A)/方法(M)]:(选取图3-54最右边竖直线)

修剪掉多余线段,结果如图3-55所示。

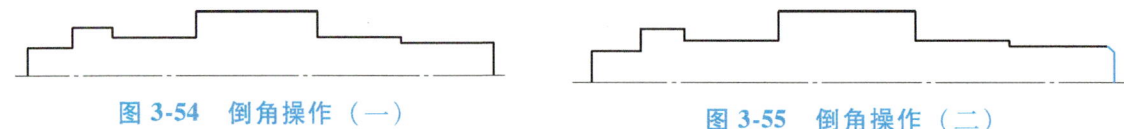

图3-54 倒角操作（一）　　　　图3-55 倒角操作（二）

5. 圆角命令（F）实例操作

【例3-26】 将图3-56所示零件的4个半圆与圆弧用 R10mm 圆角连接。

操作方法：

从"修改"菜单中选择"圆角"命令（快捷键<F>）或单击"修改"工具栏中的"圆角"按钮，命令行提示如下：

命令:FILLET

选择第一个对象或[放弃(U)/多线段(P)/半径(R)/修剪(T)/多个(M)]:R(输入"R")

指定圆角半径:10

选择第一个对象,或[放弃(U)/多线段(P)/半径(R)/修剪(T)/多个(M)]:(选择倒圆角的一段圆弧)

选择第二个对象,或按住<Shift>键选择对象以应用角点或[半径(R)]:(选择倒圆角的另一段圆弧)

重复使用"圆角"命令及"修剪"命令,绘制结果如图3-57所示。

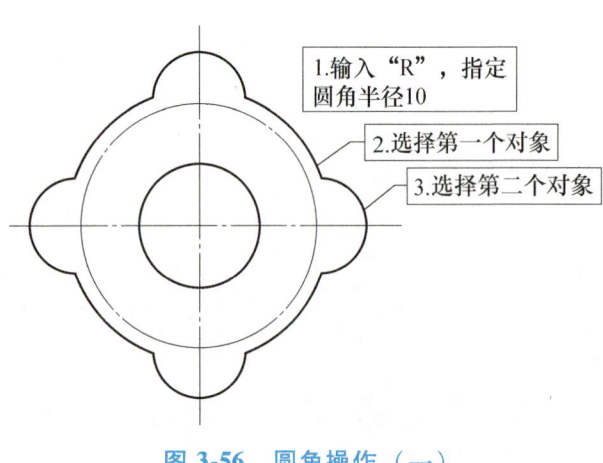

图3-56 圆角操作（一）　　　　图3-57 圆角操作（二）

第4章 组 合 体

 教学目标

1. 了解组合体的组合形式,熟悉组合体的连接关系。
2. 学会运用形体分析法分析组合体并绘制其三视图。
3. 掌握标准公差和基本偏差。
4. 掌握运用 AutoCAD 2022 软件进行尺寸标注。

 素养目标

保护学生的好奇心,激发其求知欲。

4.1 组合体的组合形式

任何机件都可看成是由若干基本体(如棱柱和圆柱)通过一定的组合形式,按照一定的空间位置组合而成的。由两个或两个以上的基本体组合构成的整体,称为组合体,例如图 4-1 所示的螺栓毛坯和支架。

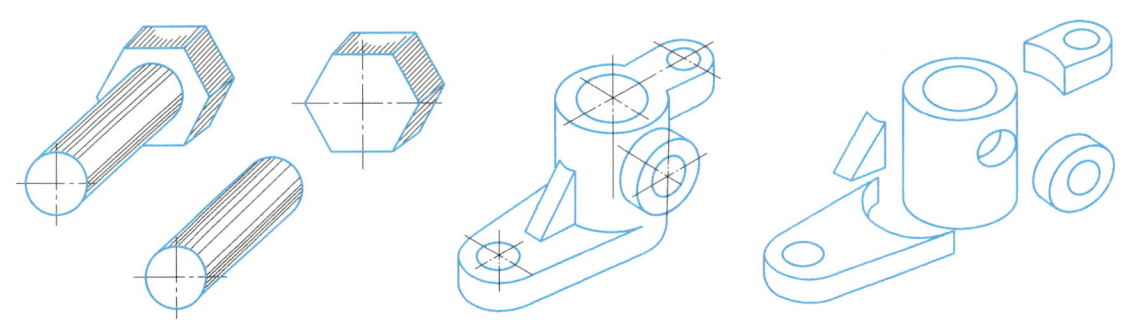

a) 螺栓毛坯　　　　　　　　　　　　b) 支架

图 4-1 组合体形成的零件

组合体的形状千差万别,按其构成的方式,可分为叠加和切割两种。叠加型组合体是由若干基本体叠加而成的，切割型组合体是由基本体经过切割或穿孔后形成的，如图 4-2a 所示。多数组合体则是既有叠加又有切割的综合型，如图 4-2b、c 所示。

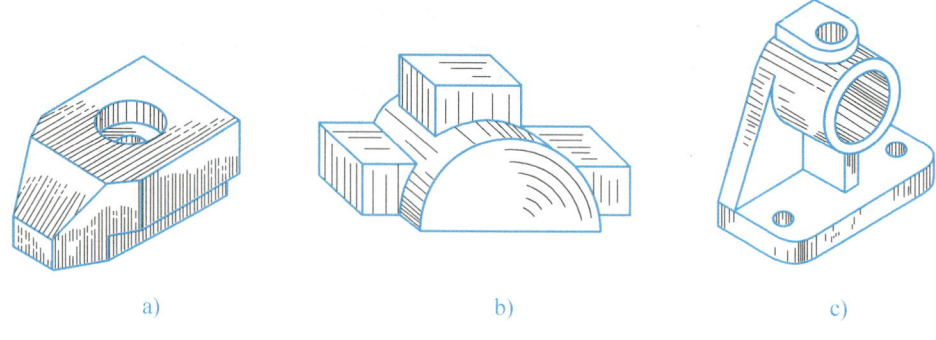

图 4-2　组合体的组合方式

组合体相邻表面之间存在一定的连接关系，其连接形式可分为共面、相切和相交等情况。

1. 共面与不共面

如图 4-3 所示，当两形体的邻接表面共面时，在共面处没有交线，视图上不能有所谓"分界线"的投影。

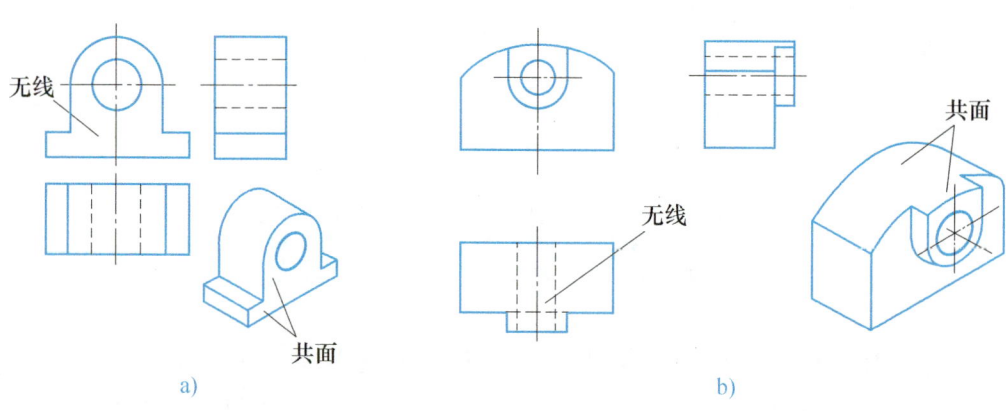

图 4-3　组合体相邻表面共面

如图 4-4a、b 所示，当两形体的邻接表面不共面时，在两形体的连接处应作出交线。图 4-4c 所示为漏作交线图例。

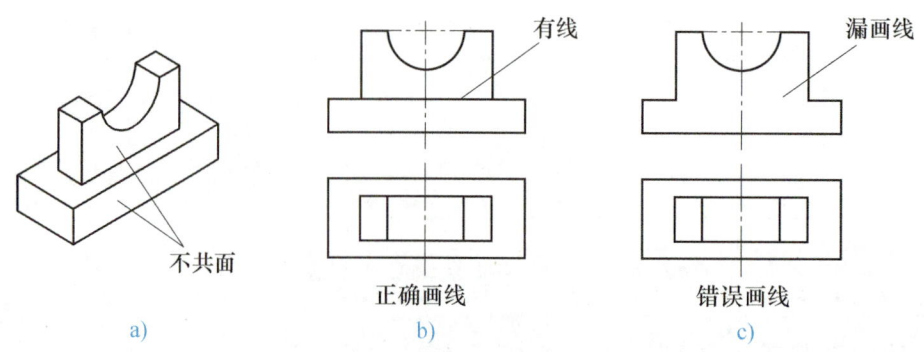

图 4-4　组合体相邻表面不共面的绘图方法

2. 相切

相切是指两个基本体的相邻表面相接时光滑过渡，不存在轮廓线。

组合体上相邻表面之间相切处是光滑过渡，不存在交线，因此在投影图中相切处一般不绘出切线，如图4-5所示。

3. 相交

相交是指基本体的相邻表面相交产生的不同形式的交线（截交线或相贯线），如图4-6所示。

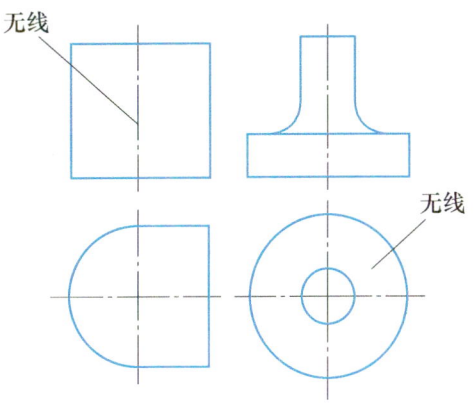

图4-5 组合体相邻表面相切

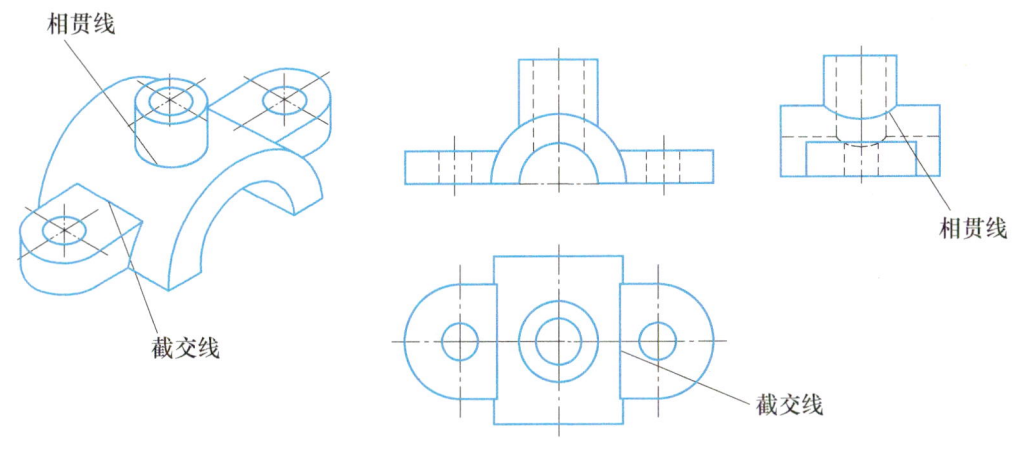

图4-6 组合体相邻表面相交

4.2 组合体三视图的绘制

4.2.1 形体分析

假想将组合体分解成若干基本形体，分析其形状、结构、组合形式、连接关系以及在空间的相对位置，最终确定组合体的形体特征，这种方法称为形体分析法。形体分析法有助于空间概念的形成以及想象能力的培养和提高，是识读和绘制组合体视图的基础。

绘图前，应对组合体进行形体分析，了解组合体各组成部分的类型和结构特点，分析它们之间的组合形式、连接关系、相对位置以及分界线的特点。

图4-7a所示为支座，按它的结构特点将其可分为直立圆筒、水平圆筒、底板和肋板四个部分，如图4-7b所示。水平圆筒和直立圆筒垂直相贯，且两孔贯通；底板的前后两侧面和直立圆筒外表面相切；肋板与底板叠加，与直立圆筒相贯。

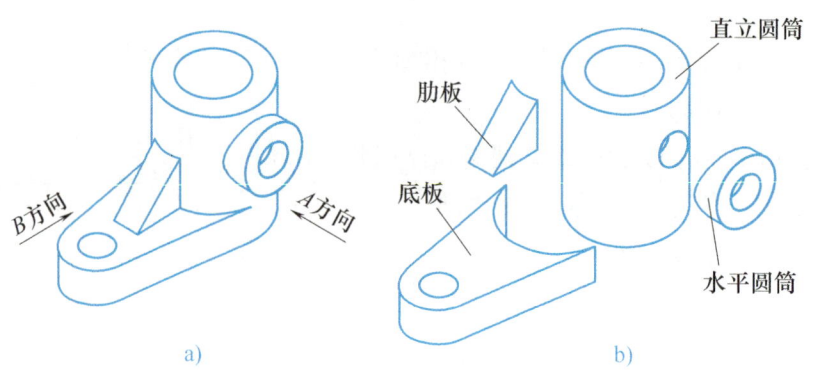

图 4-7 支座的形体分析

4.2.2 视图选择

选择视图要首先选择主视图。表达组合体形状的一组视图中，主视图是最重要的视图。主视图的选择是绘图过程中的一个重要环节，这是因为主视图的投影方向一旦确定，其他视图的投影方向也就随之确定了。

一般根据形体特征原则选择主视图，即以最能反映组合体形体特征的那个视图作为主视图，同时兼顾另外两个视图（俯视图、左视图）的局部形体特征的反映以及视图表达的清晰程度。另外，选择主视图时还应考虑组合体的位置特征，即尽量使其主要表面和轴线与投影面平行或垂直，以使投影得到实形。

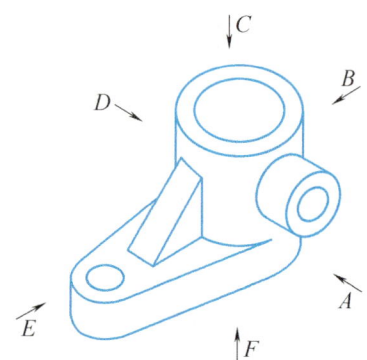

图 4-8 支座主视图的确定

图 4-8 所示为支座主视图的确定，根据形体特征和位置特征原则，通过各向投影比较，可选择 A 向投影为主视图（反映支座的整体特征和小圆筒、肋板的特征，且底面平行于水平面）。

4.2.3 图形绘制

1. 布置视图

布置视图时，应根据基准位置以及各个视图的总体尺寸，充分考虑尺寸注法和填写技术要求所需的位置，将三视图合理、美观地布置在图框内，如图 4-9a 所示。

2. 绘制底稿

按照图 4-9b~e 所示的绘图顺序绘制视图底稿。

3. 检查描深

底稿完成后仔细检查、勘误，并根据先圆弧后直线、先平后直再斜线的绘图技巧描深全图，视图表达应力求正确、规范、清晰、整洁。绘制完成的支座三视图如图 4-9f 所示。

第4章 组合体

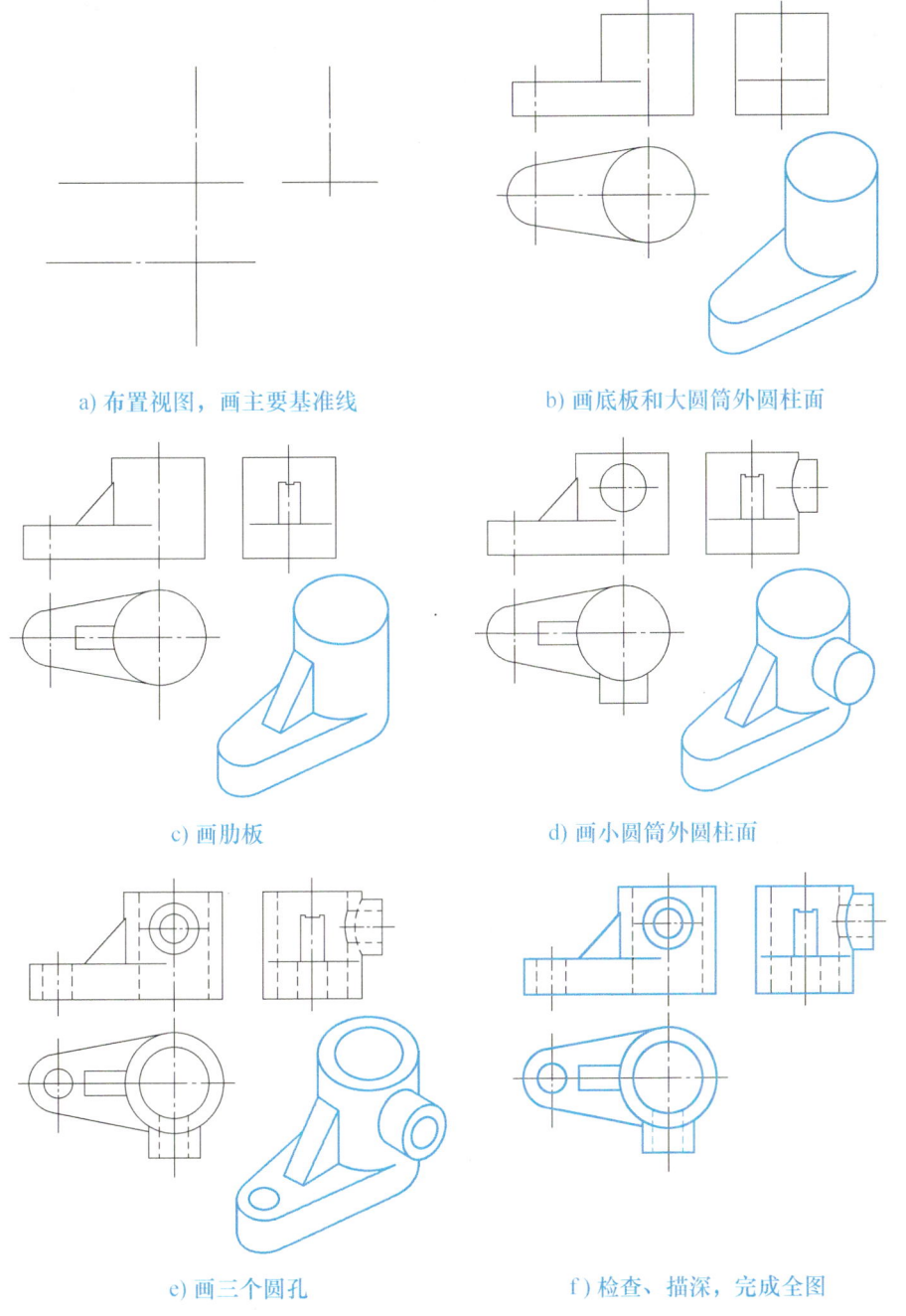

a) 布置视图，画主要基准线　　b) 画底板和大圆筒外圆柱面

c) 画肋板　　d) 画小圆筒外圆柱面

e) 画三个圆孔　　f) 检查、描深，完成全图

图 4-9 支座三视图的作图步骤

注意：

1）为保证三视图之间满足投影规律，提高绘图速度，减少差错，应尽可能把同一形体的三面投影联系起来作图，依次完成各组成部分的三面投影，即三个视图同步绘制。

2）绘制底稿时，所有图线均可采用细实线。绘图顺序为：先定位置，后定形状；先画整体，后画局部；先画可见轮廓线，后画不可见轮廓线。

3）应考虑到组合体是各个形体组合起来的一个整体，作图时要正确处理各形体之间的组合形式和表面连接关系。

4.2.4 视图识读

读图和绘图是工程制图两个重要组成环节。读图是利用已有视图，运用投影规律想象出物体的结构形状。画图是将空间物体通过正投影法画成视图，表达物体的内部结构和外部形状。

读组合体视图就是把组合体分解为若干基本体，再把基本体还原成整体的过程。

1. 读图基本要领

1) 理解视图中图线和线框的含义。视图都是由图线和线框所组成的，理解视图中图线和线框的含义，可以更好地弄清各基本体之间的位置关系，是读图的基础。

2) 将几个视图联系起来进行读图。一个组合体通常需要几个视图才能清楚表达其形状特征。虽然图4-10所示的视图主视图都相同，但是由于俯视图不同，实际表示的是不同形状的物体。

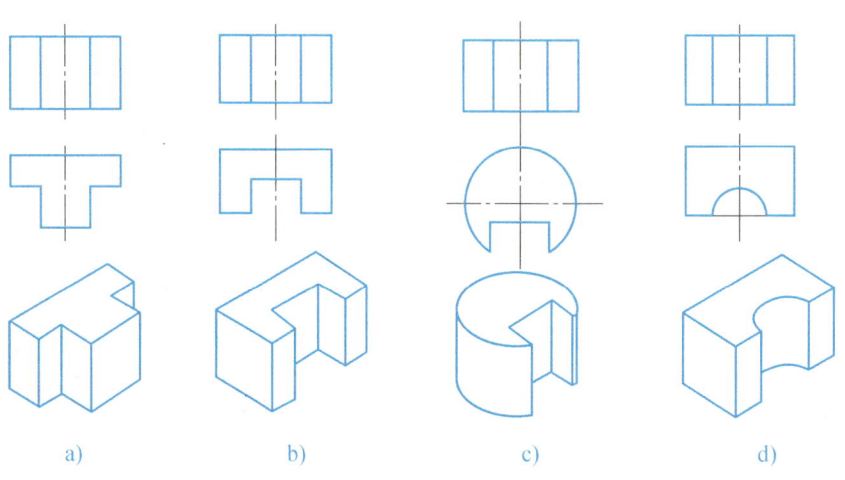

图 4-10 一个视图不能确定物体的形状

2. 读图的基本方法

（1）**形体分析法** 形体分析法主要用于叠加类组合体。一般是了解已有视图，找出特征视图，在特征视图上，将组合体划分为几个部分，找到各部分在其他视图中的投影，分析各部分的形状及它们之间的相互位置，想象组合体的整体形状。

下面以图4-11所示零件为例，说明形体分析法的读图方法。

1) 分离特征明显的线框。三个视图可以视为是由处于对称位置的形体Ⅰ、Ⅱ、Ⅲ组成的，Ⅱ、Ⅲ叠加于Ⅰ之上，Ⅰ、Ⅱ后平齐。其中主视图是特征比较明显的视图。

2) 逐个想象出形体的形状。根据投影规律，依次找出Ⅰ、Ⅱ、Ⅲ三个形体在其他两个视图里的对应投影并想象出它们的形状。

3) 综合想象整体的形状。确定各形体的相互位置，想象物体的整体形状。

用形体分析法读组合体视图的原则是：分线框，对投影，综合构思想整体。读图方法是：先看整体，后看局部；先看主要部分，后看次要部分；先看容易确定的部分，后看较难确定的部分。

（2）**线面分析法** 当遇到图形比较复杂，或物体的组合形式主要为切割体等情

图 4-11 形体分析法分析零件

况时，视图往往难以读懂又不易绘制，读图时可以利用具有积聚性的投影面、线的投影特性，分析视图中的线条、线框的含义，确定面的形状和相互位置关系，读懂视图，想象出物体的空间形状。线面分析法常用于切割型组合体。以下以图 4-12 为例，说明线面分析法的读图方法。

1）看三个视图，了解视图的形状特征，确定物体的大概形状。由图 4-12b 所示的三个视图可看出，主视图左上方有个缺角，俯视图左前、左后各有一个缺角，左视图下方前、后两侧也各有一个缺口，在物体的右方，有一个阶梯的圆柱孔，可知该物体是由多次切割和钻孔所得形状。

2）运用线面分析法，确定截切面的位置和形状。主视图左上有缺角，图上该处斜直线 a' 是截切面在主视图上的积聚投影，根据面的投影特性可知，与其长对正的俯视图上投影即为正垂面 A，并据此在左视图上也可找到正垂面 A 的投影，如图 4-12c 所示。

在俯视图的左前、左后有对称缺角，该处有一条斜直线是截切面在俯视图的投影，根据投影特性和面的积聚性可知，与其对应的截切面应该是铅垂面 B，并在左视图中也可对应找到铅垂面 B 的投影。

在左视图下方前、后两侧有矩形缺口，图上该处有两条垂直线段 c'' 和 d''，因投影具有积聚性，根据平面的投影特性可知，与其对应的截切面应该是水平面 C 和正平面 D。由此可知，物体下方的前后两侧被对称的切去了一个小的四棱柱，如图 4-12e 所示。

3）综合想象其整体形状。通过以上分析，逐步弄清了各截切面的空间位置和形状，根据基本体的形状和各截切面间的相对关系，综合起来，就可以想象出物体的整体形状，如图 4-12f 所示，最终整体图形如图 4-12g 所示。

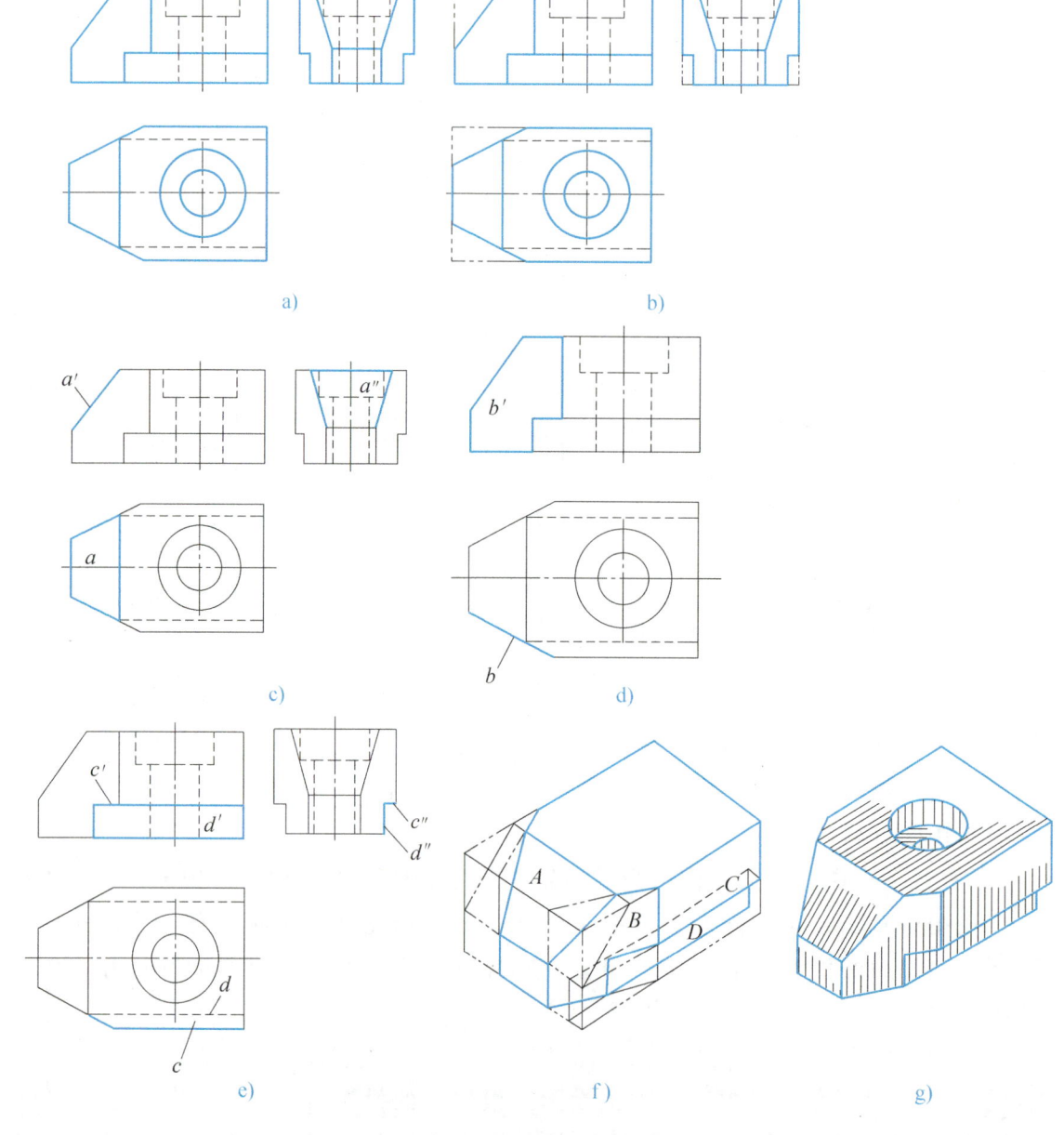

图 4-12 线面分析法分析形体

4.3 组合体的尺寸标注

工程图样中，组合体视图的大小必须通过尺寸注法来体现。组合体尺寸注法的基本要求是：正确、完整、清晰。

正确是指尺寸注法必须符合国家标准的各项规定；完整是指标注的尺寸既不重复，又不遗漏；清晰是指尺寸必须布局整齐，标注规范，便于识读。

1. 尺寸基准

尺寸基准是指尺寸注法的起始位置。在组合体视图中，共有长、宽、高三个方向的尺寸基准。标注尺寸时首先必须选定各个方向的尺寸基准。当视图对称或基本对称时，可选取对称平面作为尺寸基准，视图不对称时可选取底面、端面、回转体的轴线等作为尺寸基准。

图4-13所示为支架，长度方向的尺寸基准是竖板的右端面，宽度方向的尺寸基准是支架的对称平面，高度方向的尺寸基准是底板的底面。

选取尺寸基准时，每个方向除一个主要基准外，还可根据需要选取一两个辅助基准。基准选定后各个方向上的主要尺寸（定位尺寸）就应从相应的尺寸基准进行标注。

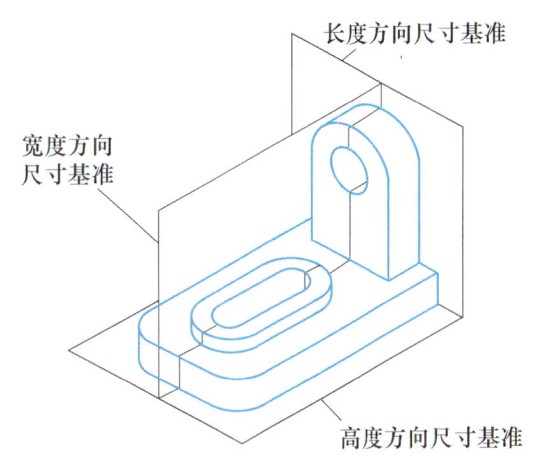

图4-13 支架的尺寸基准分析

2. 尺寸种类

（1）定形尺寸 确定各基本体形状大小的尺寸称为定形尺寸。

如图4-14a中的50mm、34mm、10mm、R8mm等尺寸确定了底板的形状大小，而R14mm、18mm等尺寸是竖板的定形尺寸。

（2）定位尺寸 确定各基本体相对位置的尺寸称为定位尺寸。

图4-14a所示俯视图中的尺寸8mm确定竖板在宽度方向的位置，主视图中的尺寸32mm确定φ16mm孔在高度方向的位置（中心高）。

需要注意的是，由于R14mm为已知弧，根据规定一般不标尺寸46mm，如图4-14b所示。另外，图4-14c中的高度尺寸36mm也应省略，否则会形成封闭的尺寸链。

（3）总体尺寸 确定组合体总长、总宽、总高的外形尺寸称为总体尺寸。

需要注意的是，总体尺寸（定位尺寸）有时会和定形尺寸重合，如图4-14a中的总长为50mm、总宽为34mm，该尺寸同时也是底板的定形尺寸。对于具有已知圆弧面的结构，通常只注中心线位置尺寸而不注总体尺寸，如图4-14b所示。另外，若以底板的底部为高度基准，则应省略竖板的高度尺寸36mm，如图4-14c所示。

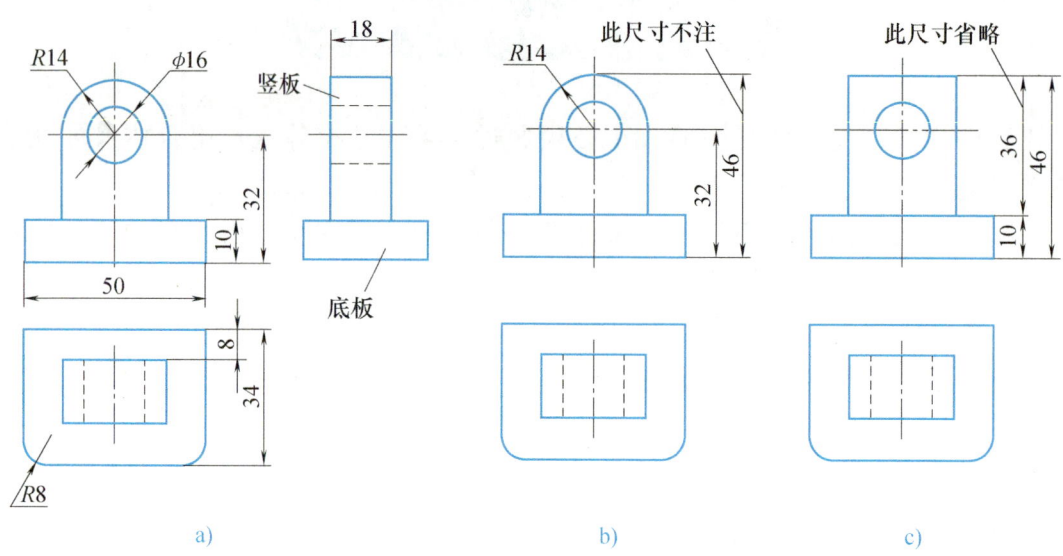

图 4-14 尺寸种类

【例 4-1】 图 4-15 所示为支座三视图，请标注该组合体视图尺寸。

（1）形体分析 支座由底板、圆筒、支撑板、肋板四个部分组成，它们之间的组合形式为叠加，连接关系分别为平齐和相错，如图 4-15c 所示。

（2）选择尺寸基准 支座左右结构对称，可选择对称平面作为长度方向的尺寸基准；底板和支撑板的后面平齐，可选作宽度方向的尺寸基准；底板的底面是支座的安装面。因此可选作高度方向的尺寸基准，如图 4-15a、b 所示。

（3）标注定形尺寸 根据形体分析，标注底板、圆筒、支撑板、肋板的定形尺寸，如图 4-15d、e 所示。

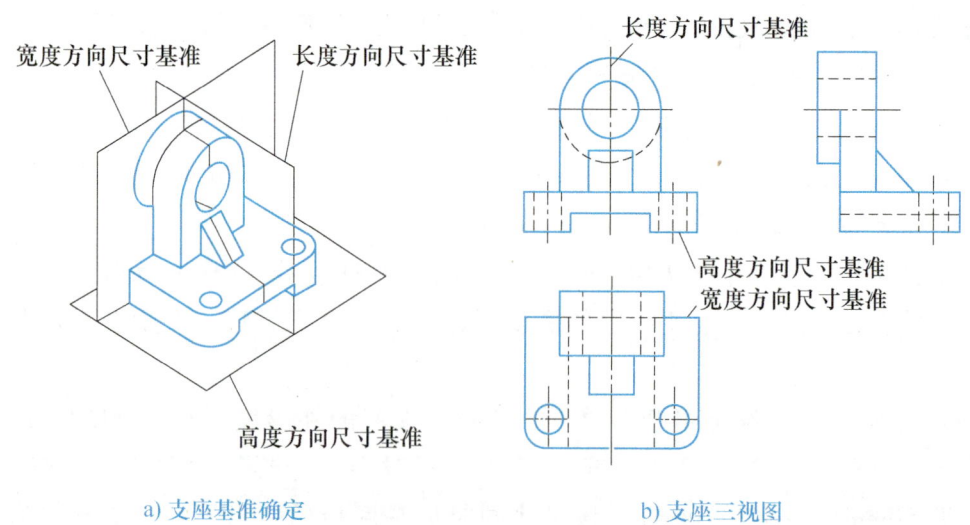

a) 支座基准确定　　　　　　b) 支座三视图

图 4-15 支座的尺寸标注

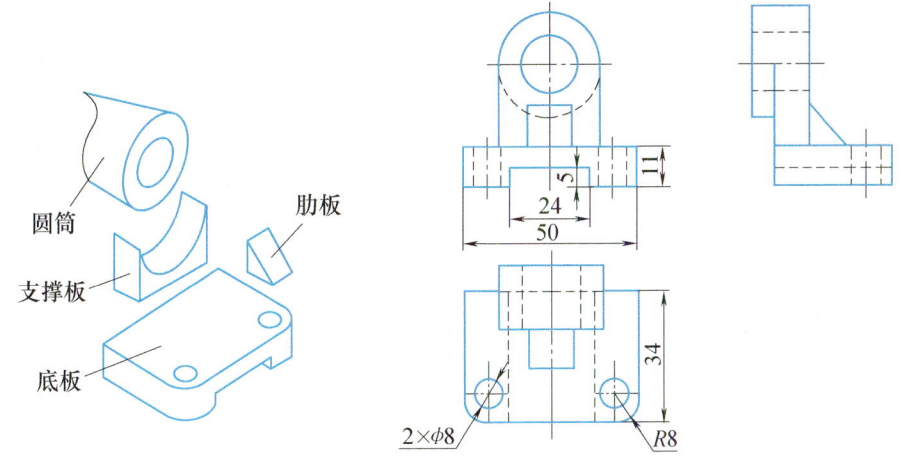

c) 支座形体分析　　　　d) 标注底板定形尺寸

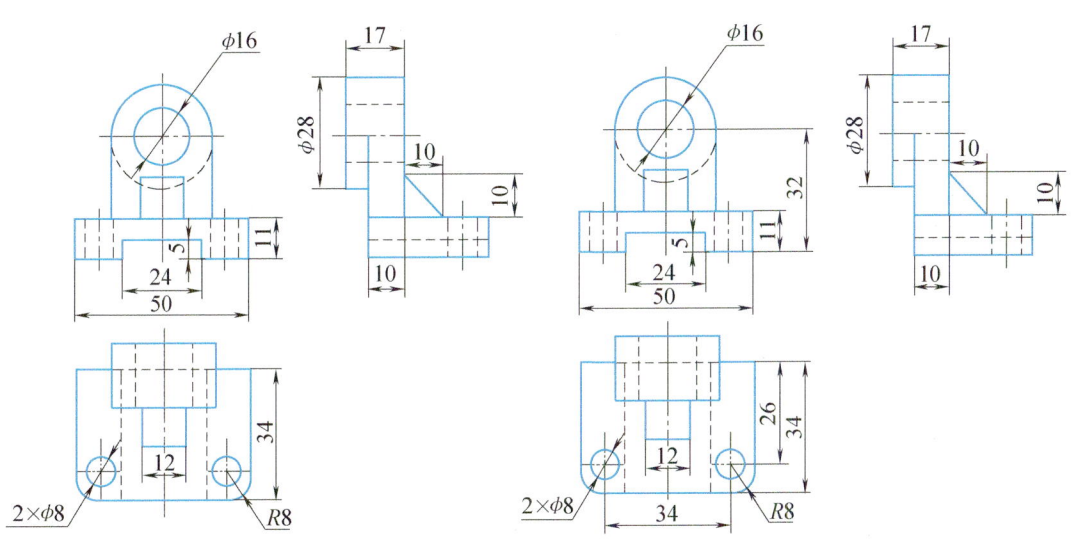

e) 标注圆筒、支撑板、肋板定形尺寸　　　f) 标注定位尺寸、总体尺寸

图 4-15　支座的尺寸标注（续）

（4）标注定位尺寸　根据选定的尺寸基准，逐一标注确定各部分相对位置的定位尺寸，如图 4-15f 中确定圆筒与底板相对位置的尺寸 32mm 以及确定底板上两个 ϕ8mm 孔位置的尺寸 34mm 和 26mm。

（5）标注总体尺寸　支座的总长与底板的长度相等，总宽由底板宽度和圆筒伸出部分的长度确定，总高由圆筒轴线高度加圆筒直径的一半决定，因此这几个总体尺寸都已标出。

（6）检查调整尺寸　检查所标注尺寸有无重复、遗漏，是否清晰、美观，以此为原则进行必要的修改和调整，最终的标注结果如图 4-15f 所示。

其他孔、槽等结构的尺寸表示方法如图 4-16 所示。

【例 4-2】　利用 AutoCAD 完成图 4-17 所示轴类零件的尺寸标注。

1. 标注线性尺寸

连续使用"线性"命令完成线性尺寸的标注，标注结果如图 4-18 所示。

轴类零件的尺寸标注

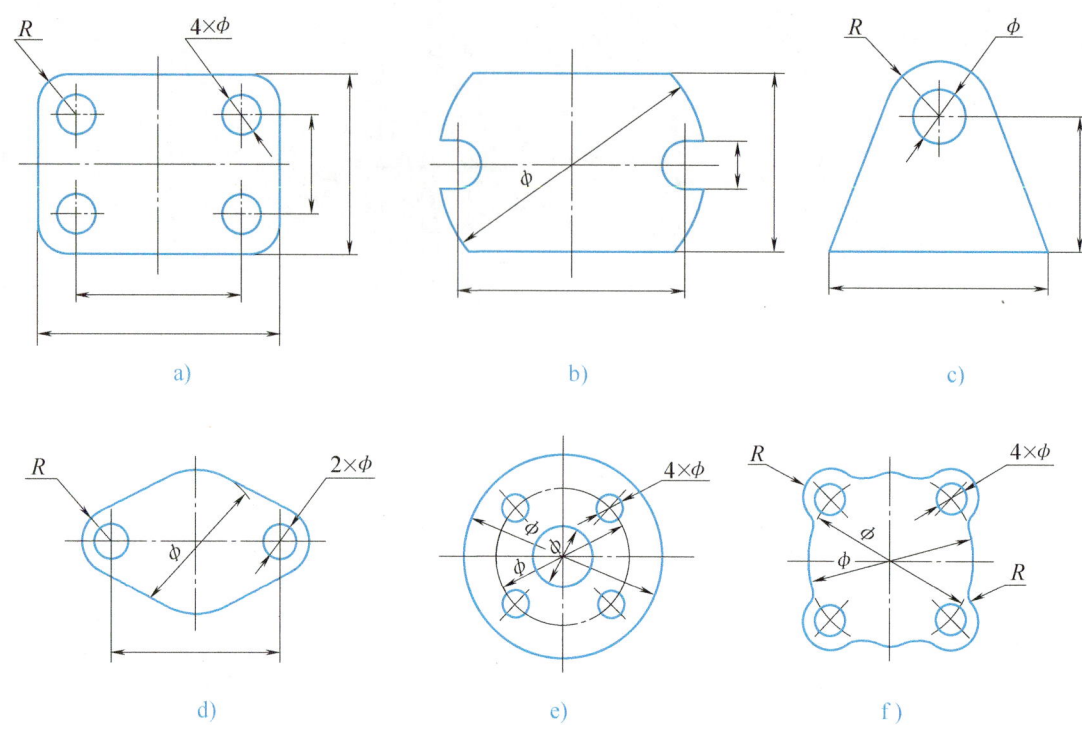

图 4-16 孔、槽等结构的尺寸注法

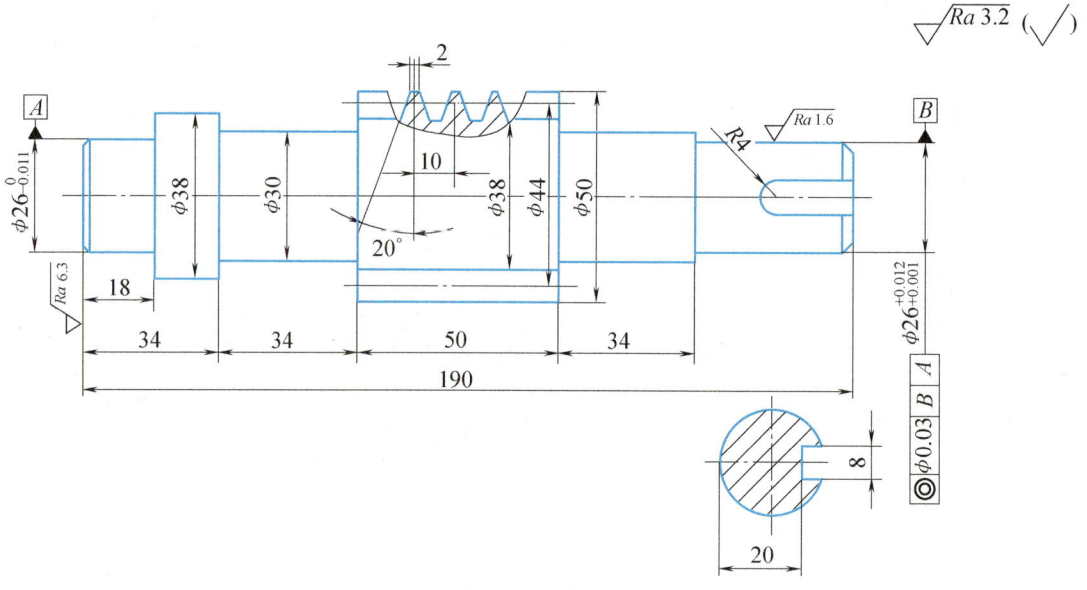

图 4-17 尺寸标注实例操作（零件图）

2. 标注半径尺寸

菜单栏：选择"标注"→"半径"命令。命令行提示如下：

命令：DIMRADIUS

选择圆弧或圆：（在绘图区单击要标注的圆弧）

指定尺寸线位置或 [多行文字(M)/文字(T)/角度(A)]：（在绘图区单击尺寸线要放的位置）

标注结果如图 4-19 所示。

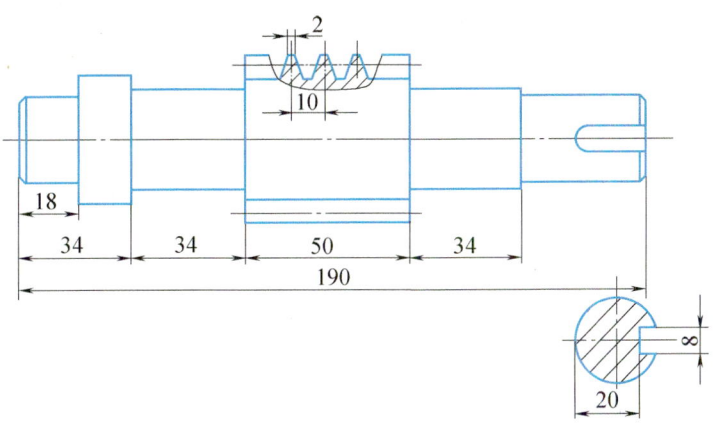

图 4-18 尺寸标注实例操作（线性尺寸标注）

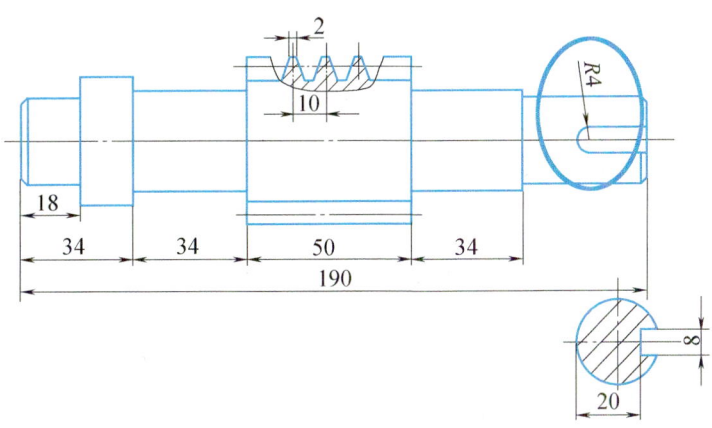

图 4-19 尺寸标注实例操作（半径尺寸标注）

3. 标注需要添加前缀符号

在菜单栏中选择"格式"→"标注样式"命令，打开"标注样式管理器"对话框，如图 4-20 所示。接着单击"新建"按钮，打开"创建新标注样式"对话框，在"新样式名"下面文本框中输入"前缀尺寸"，如图 4-21 所示。最后单击"继续"按钮，打开"新建标注样式：前缀尺寸"对话框，选择"主单位"选项卡，在前缀文本框中输入"%%c"，如图 4-22 所示。

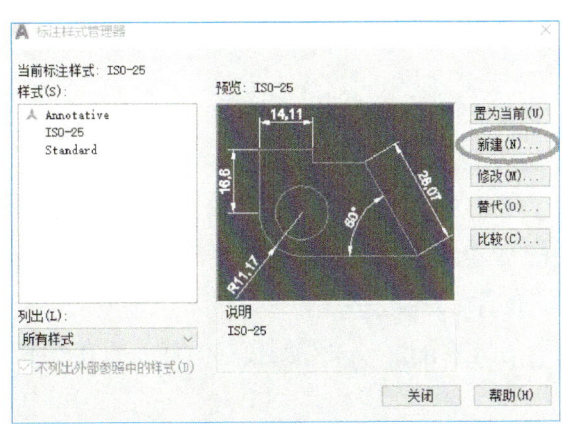

图 4-20 "标注样式管理器"对话框

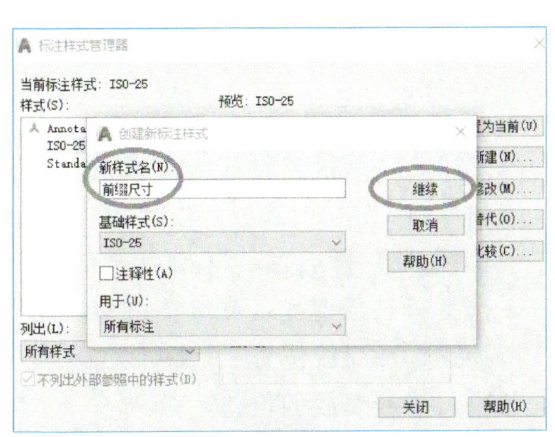

图 4-21 "创建新标注样式"对话框

4. 标注需要添加极限偏差的尺寸

如图 4-23 所示，在"新建标注样式：后缀尺寸"对话框中选择"公差"选项卡，依次设置："方式"选择"极限偏差"，"精度"选择"0.000"（3 位小数），"上偏差"为"0"，"下偏差"为"0.011"（下偏差默认为"-"），"高度比例"为"0.6"。

标注结果如图 4-24 所示。

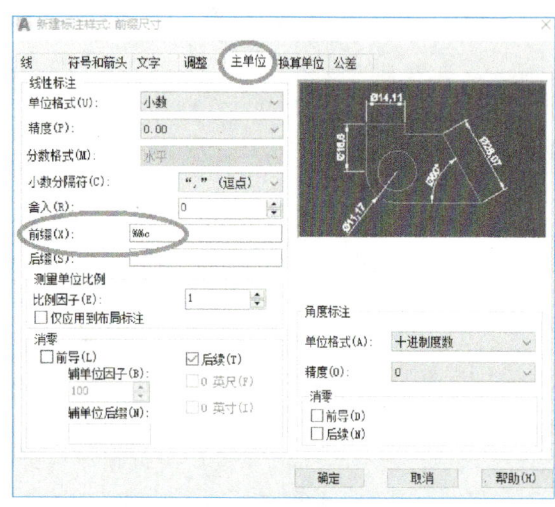

图 4-22 "主单位"选项卡　　　　　图 4-23 "公差"选项卡

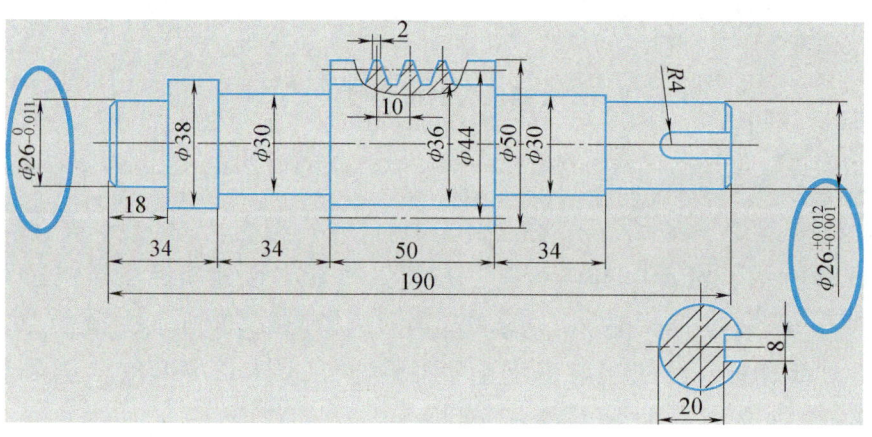

图 4-24 尺寸标注实例操作（极限偏差标注）

5. 标注角度

菜单栏：选择"标注"→"角度"命令。命令行提示如下：

命令：DIMANGULAR

选择圆弧、圆、直线或(指定顶点)：(在绘图区单击角度标注的第一条直线)

选择第二条直线：(在绘图区单击角度标注的第二条直线)

指定标注弧线位置或[多行文字(M)/文字(T)/角度(A)/象限点(Q)]：(在绘图区单击尺寸线要放的位置)

标注结果如图 4-25 所示。

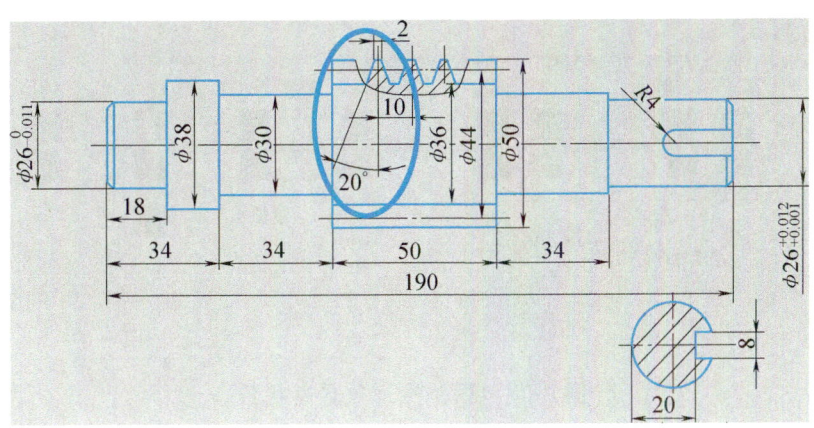

图 4-25 尺寸标注实例操作（角度标注）

6. 标注形位公差

在菜单栏：选择"标注"→"公差"命令，出现图 4-26 所示"形位公差"对话框，在基准标识符框中分别输入"A""B"，在图 4-27 中分别选择与轴左、右端尺寸线对齐线段为基准轴线。接着在"形位公差"对话框中依次设置"符号""公差1""基准1""基准2"，如图 4-28 所示。

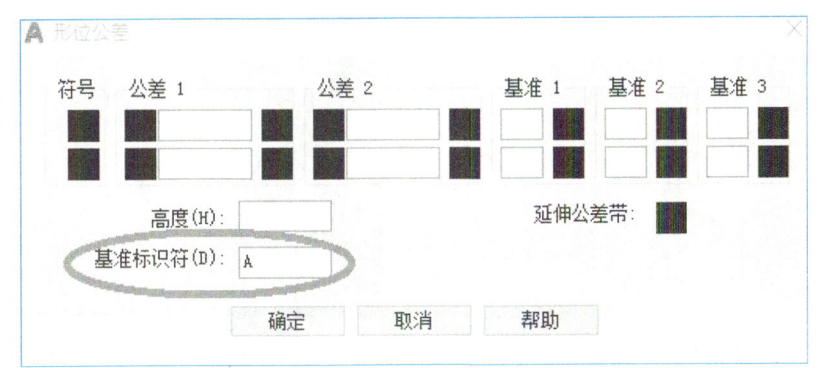

图 4-26 "形位公差"对话框

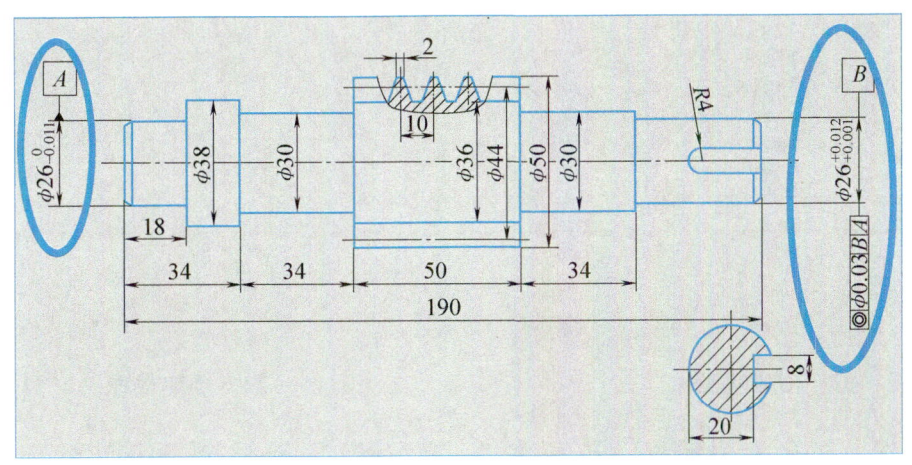

图 4-27 形位公差基准放置

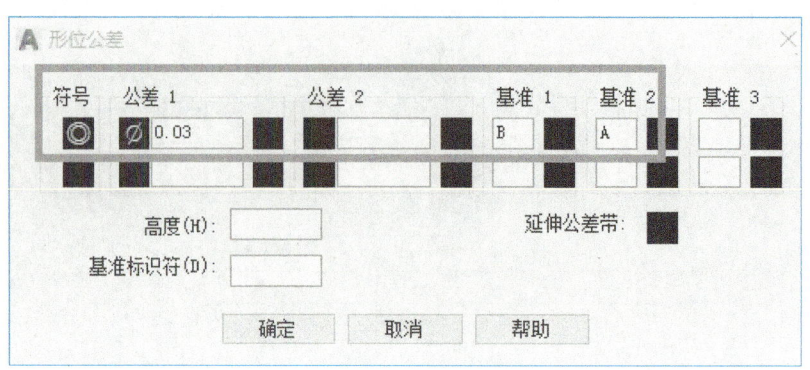

图 4-28 同轴度形位公差标注

7. 标注表面粗糙度

创建表面粗糙度块：先在图纸上绘出表面粗糙度符号，尺寸如图 4-29 所示，小三角为等边三角形；再在命令行输入"ATT"，弹出"属性定义"对话框，如图 4-30 所示。接着在"属性定义"对话框中进行依次设置，如图 4-31 所示。单击"确定"按钮后，光标处会出现"RA3.2"，把它放置在表面粗糙度符号的合适位置，如图 4-32 所示。

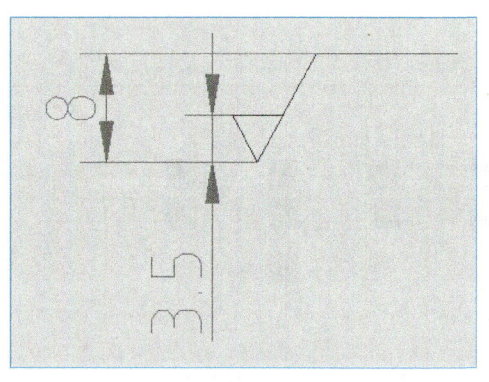

图 4-29 创建块操作（一）

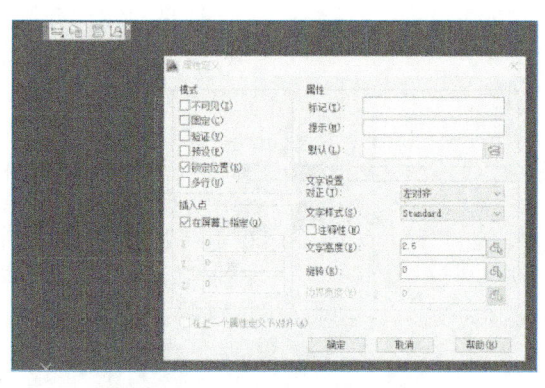

图 4-30 创建块操作（二）

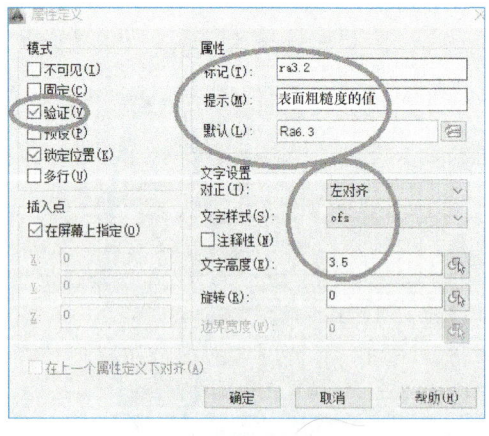

图 4-31 创建块操作（三）

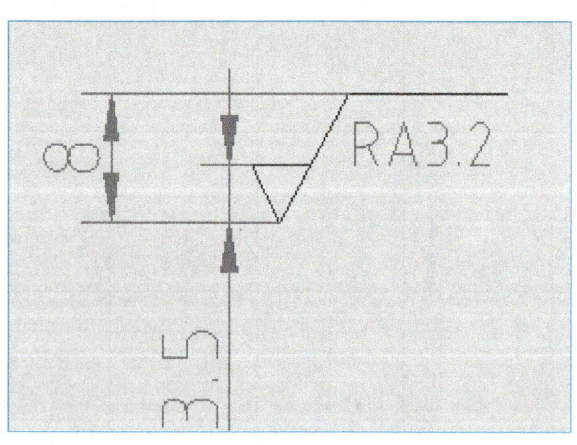

图 4-32 创建块操作（四）

定义块：在命令行输入"B"，弹出"块定义"对话框，如图 4-33 所示。在"名称"文本框中输入"表面粗糙度"；单击"拾取点"按钮，选中表面粗糙度符号最下面的点，如图 4-34 所示；单击"选择对象"按钮，选中整个表面粗糙度如图 4-35 所示；按<Enter>键后选中"注释性"复选按钮，单击"确定"按钮，结果如图 4-36 所示。

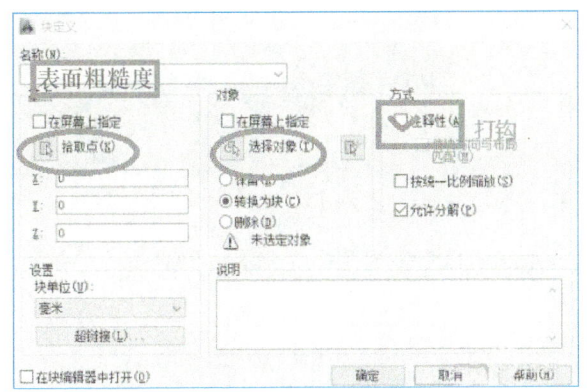

图 4-33　创建块操作（五）

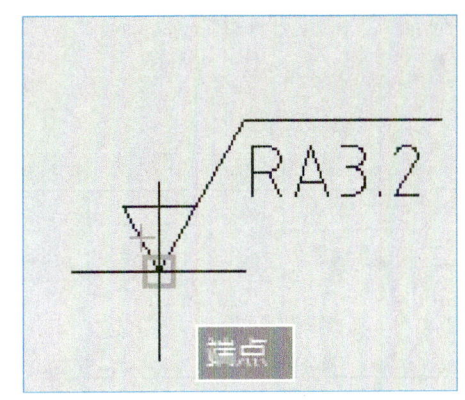

图 4-34　创建块操作（六）

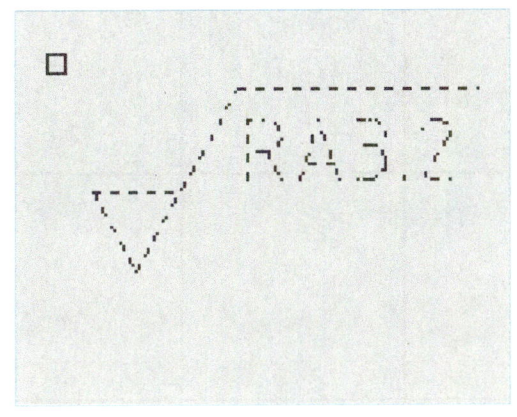

图 4-35　创建块操作（七）

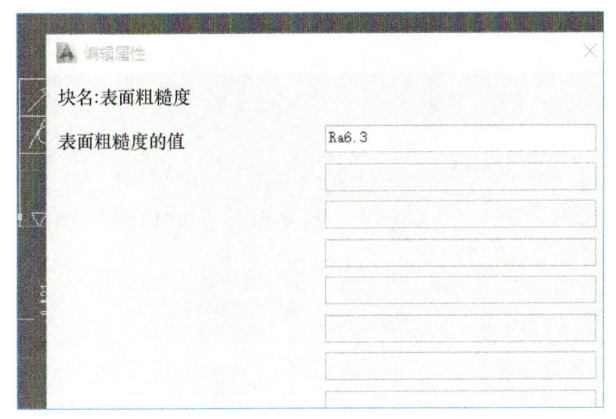

图 4-36　创建块操作（八）

编辑块属性：在命令行输入"I"，把表面粗糙度放在要标记的位置后，弹出"编辑属性"对话框，如图 4-36 所示。如果表面粗糙度的值是 6.3，单击"确定"按钮即可，否则，修改好数值再单击"确定"按钮。

插入块：

1）单击"块"工具栏中的"插入"按钮或在菜单栏中选择"插入"→"块选项板"命令，即执行"INSERT"命令。

2）弹出图 4-37 所示"插入"对话框，如图 4-37 所示，在"名称"下拉列表框

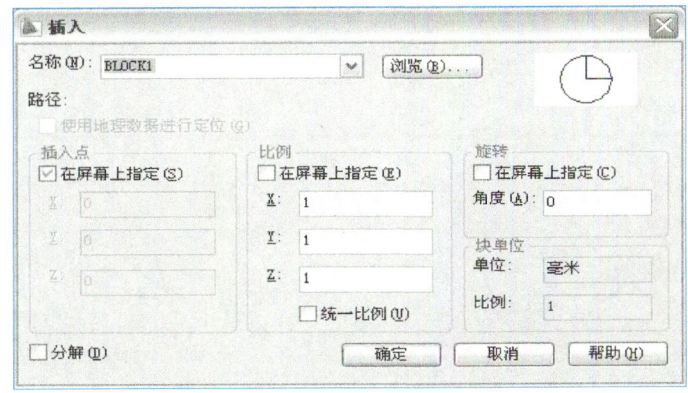

图 4-37　"插入"对话框

中确定要插入块的名称,如前面所创建的"表面粗糙度"。"插入点"选项组确定块在图形中的插入位置。"比例"选项组确定块的插入比例。"旋转"选项组确定块插入时的旋转角度。"块单位"文本框显示有关块的单位信息。

最后结果如图4-38所示。

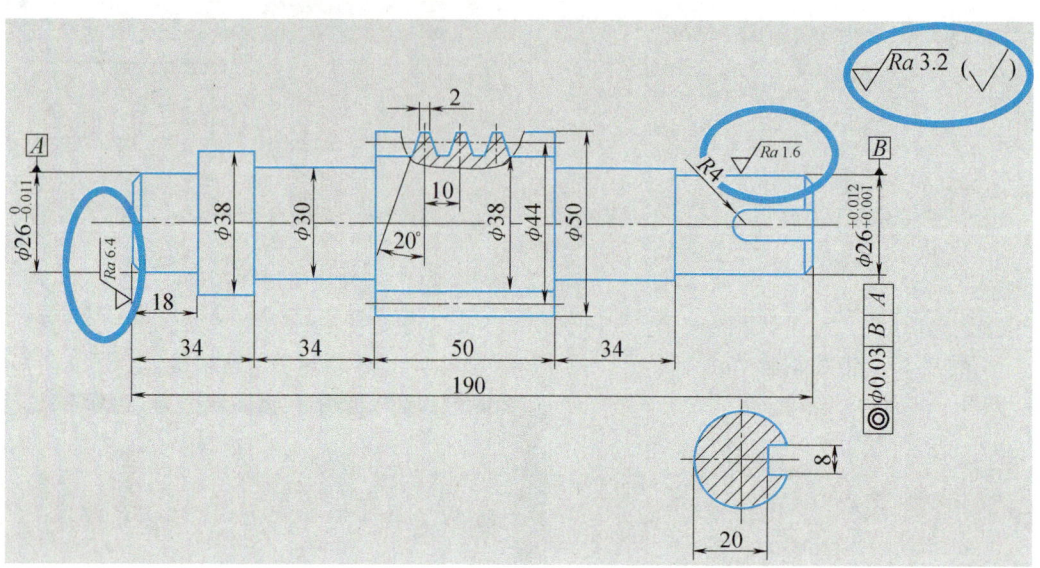

图4-38 尺寸标注实例操作(表面粗糙度标注)

第5章　机械图样的表达方法

教学目标

1. 掌握视图、剖视图和断面图的用法及表达方法。
2. 掌握局部放大图的画法和常用简化画法。
3. 正确选用各种表达方法，完整、清晰地表达零件的内、外结构。
4. 运用 AutoCAD 2022 软件绘制剖面图形。

素养目标

培养学生自信心和立体思维。

5.1　视　图

根据有关标准和规定，用正投影法所绘制出物体的图形，称为视图。视图通常有基本视图、向视图、局部视图和斜视图。

5.1.1　基本视图（GB/T 13361—2012、GB/T 17451—1998）

将物体向基本投影面投射所得的视图，称为基本视图。

当物体的构形比较复杂时，为了完整、清晰地表达物体各方面的形状，国家标准规定，在原有三个投影面的基础上增设三个投影面，组成一个正六面体，六面体的六个面称为基本投影面，如图 5-1a 所示。将物体置于六面体中，由前、后、上、下、左、右六个方向，分别向基本投影面投射，即在主视图、左视图、俯视图的基础上，又得到了右视图、仰视图和后视图，这六个视图称为基本视图，如图 5-1b 所示。

六个基本投影面连同投影其上的基本视图按照以下规定展开：主视图所在的投影面（V 面）保持位置不动，其他投影面按图 5-1 所示的方法展开到同一平面内，便得到图 5-2 所示的六个基本视图。

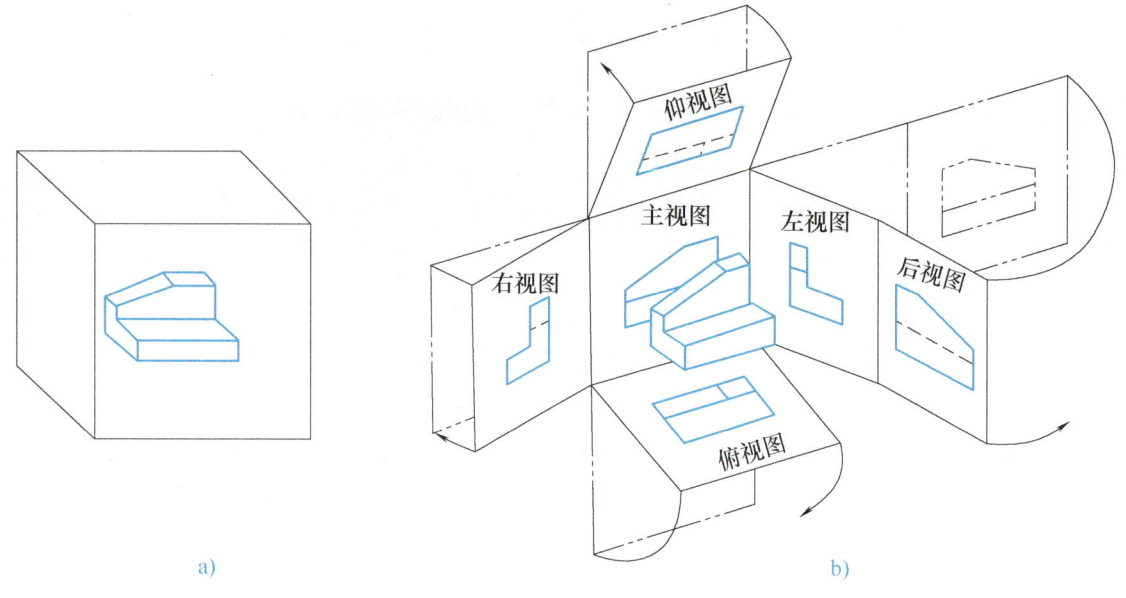

图 5-1 基本视图的展开

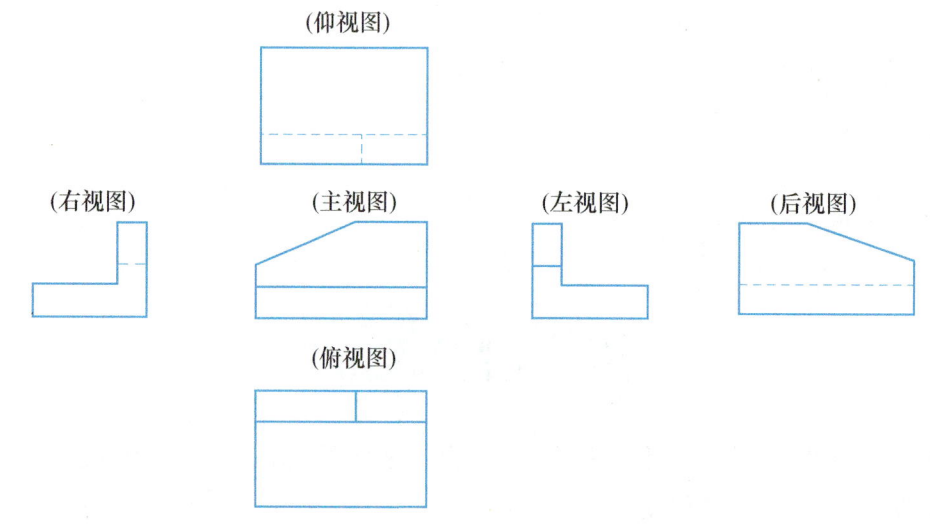

图 5-2 基本视图的展开

六个基本视图同前面学习的三视图一样，保持投影对应关系，符合"长对正、高平齐、宽相等"的投影规律。

绘制机械图样时，不需要将物体的六个基本视图全部绘出，而是根据物体的结构特点和复杂程度，选择适当的基本视图。优先选用主、俯、左视图。

5.1.2 向视图（GB/T 17451—1998）

向视图是指可以自由配置的视图。向视图上方的大写拉丁字母"×"表示图形的名称。相应视图的附近标注同样的字母，箭头表示投射方向，如图 5-3 所示。

向视图是基本视图的一种表达形式。向视图与基本视图的主要区别在于视图的配置形式不同。

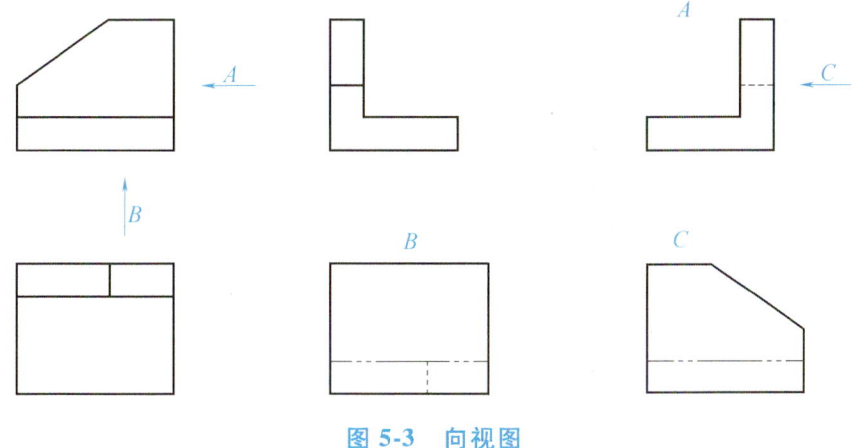

图 5-3　向视图

5.1.3　局部视图（GB/T 17451—1998、GB/T 4458.1—2002）

局部视图是将机件的某一部分向基本投影面投射所得的视图。

如图 5-4a 所示，组合体左、右两侧各有一个凸台。用主、俯视图，机件的主体形状已经表达清楚了，但左、右两个凸台尚不能表达清楚，若作出完整的左、右视图，可以将凸台结构表达清楚，但大部分结构是重复的。如采用 A、B 两个方向局部视图，只作出基本视图的一部分表达凸台，可省略大部分时间，如图 5-4b 所示。这种方法可使图形重点更突出，更加清晰明确。

局部视图有两种配置形式：

1）按基本视图的配置形式配置（图 5-4 中的 A 向局部视图）。

2）按向视图的配置形式自由配置（图 5-4 中的 B 向局部视图）。此时，应在局部视图上方标出视图的名称"×"（"×"为大写英文字母），在相应的视图附近用箭头指明投射方向，并注上同样的字母。

当所表示的局部视图结构是完整的，且外轮廓又封闭时，波浪线可省略不画，如图 5-4b 中的 B 向局部视图。

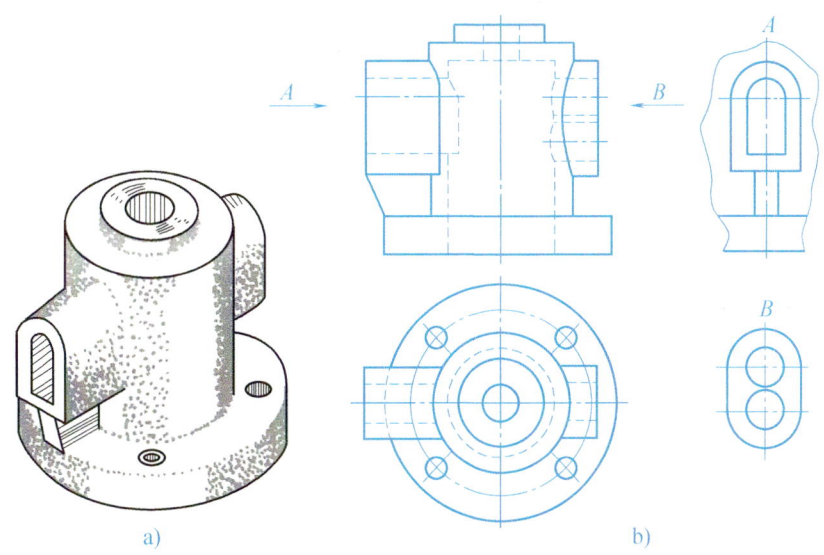

图 5-4　局部视图

5.1.4 斜视图（GB/T 17451—1998）

斜视图是将机件向不平行于基本投影面的平面投射所得的视图。斜视图通常用于表达物体上的倾斜部分。

如图 5-5 所示，机件的左侧部分与基本投影面倾斜，其基本视图不反映实形，给绘图带来一定的困难。为简化作图，可增设一个与倾斜部分平行的辅助投影面 P，将倾斜部分向 P 面投射，然后将该投影面连同所得投影旋转到 V 面，即得到反映该倾斜部分实形的投影，即斜视图。

为了绘图和读图方便，在不致引起误解的情况下，也可将斜视图旋转配置，具体标注形式，如图 5-6 所示。

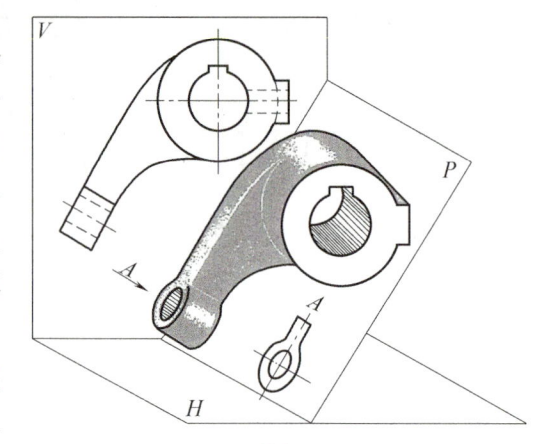

图 5-5　斜视图（一）

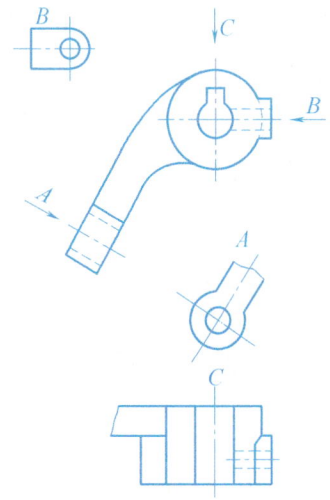
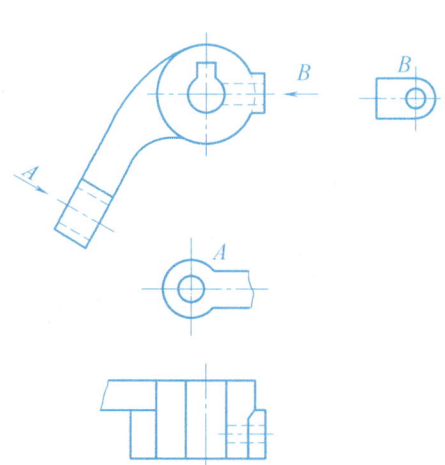

图 5-6　斜视图（二）

在实际生产中，物体的结构形状是多种多样的。当物体的结构形状比较复杂时，仅用三视图是难以把它们的内外形状完整、清晰地表达出来的。为此，GB/T 17451—1998《技术制图　图样画法　视图》、GB/T 4458.1—2002《机械制图　图样画法　视图》、GB/T 17452—1998《机械制图　图样画法　剖视图和断面图》及 GB/T 16675.1—2012《技术制图　简化表示法　第 1 部分：图样画法》等国家标准规定了视图、剖视图、断面图、局部放大图及简化画法等基本表示法。

5.2　剖　视　图

5.2.1　剖视图的基本概念

剖视图是假想用剖切面剖开机件，将处在观察者与剖切面之间的部分移去，而将其余部分向投影面投射所得的图形,如图 5-7 所示。

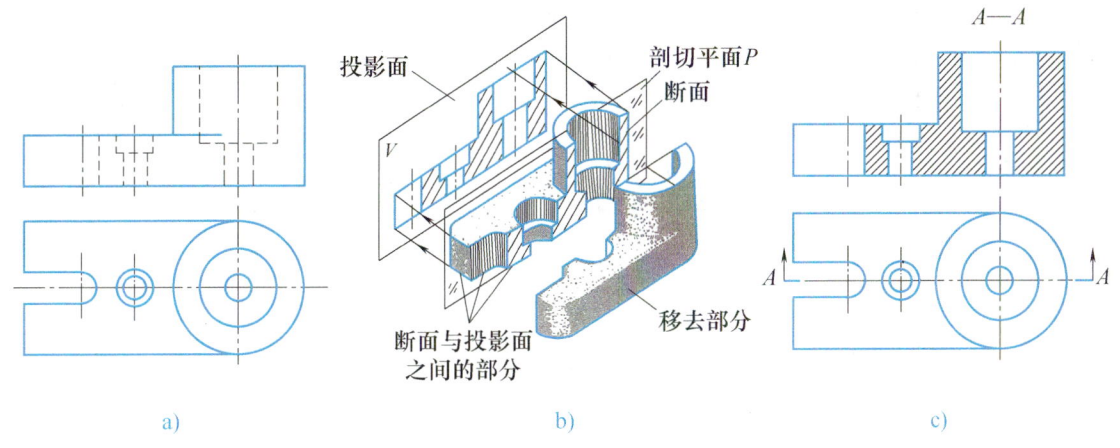

图 5-7 剖视图的形成

5.2.2 剖视图的画法和标注

1. 确定合适的剖切平面位置

一般情况下,剖切平面选择为被表达机件内部结构的对称面,且要平行于基本投影面。图 5-7b 中的剖切平面 P 不但是机件前后的对称平面,还通过左、右两个内部结构的轴线,而且与基本投影面 V 平行,所以选为剖切面。

2. 作出剖切平面后部分机件的可见轮廓线

将剖开的机件,移去处于观察者与剖切面 P 之间的部分,画出剖切面 P 后部分机件的所有可见轮廓线,如图 5-7c 所示的主视图。与此同时,由于机件是假想剖开的,其他各视图应保持完整性,不能因假想移去了机件的一部分而漏作图形,如图 5-7c 所示的俯视图。

3. 作出剖面符号

为了区分机件内部的空与实,需在剖切平面与机件截切所得的断面(剖面区域)上,即机件被剖切平面截切到的实体部分,绘制剖面符号,如图 5-7b 所示。

剖面符号的绘制方法因机件材料的不同而不同,国家标准对常见材料的剖面符号进行了规定,具体参见表 5-1。

表 5-1 剖面符号

材料类型	剖面符号	材料类型	剖面符号
金属材料（已有规定剖面符号者除外）		木质胶合板（不分层数）	
线圈绕组元件		基础周围的泥土	
转子、电枢、变压器和电抗器等的叠钢片		混凝土	
非金属材料（已有规定剖面符号者除外）		钢筋混凝土	

(续)

材料类型		剖面符号	材料类型	剖面符号
型砂、填砂、粉末冶金、砂轮、陶瓷刀片、硬质合金刀片等			砖	
玻璃及供观察用的其他透明材料			格网（筛网、过滤网等）	
木材	纵断面		液体	
	横断面			

注：1. 剖面符号仅表示材料的类型，材料的名称和代号另行注明。
　　2. 叠钢片的剖面线方向，应与束装中叠钢片的方向一致。
　　3. 液面用细实线绘制。

金属材料的剖面符号通常也称剖面线，绘制剖面线时应注意以下几个方面：

1）一般剖面线应绘成向左或向右倾斜、间隔均匀的平行细实线。

2）同一机件所有视图中剖面线的方向与间距应该一致。

3）不需要在剖面区域中表示材料类别时，可采用通用剖面线表示。通用剖面线应以适当角度的细实线绘制，最好与主要轮廓线或剖面区域的对称线面呈 45°，如图 5-8 所示。

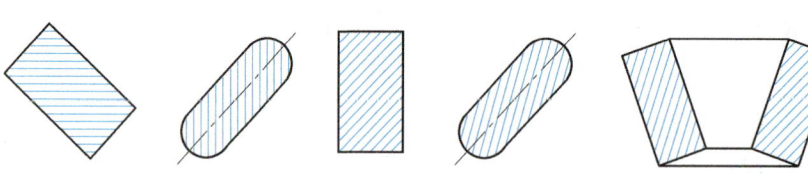

图 5-8　通用剖面线的画法

为了便于识读，一般要在剖视图的上方用大写字母标注其名称"×—×"，在相应的视图上用剖切符号（粗短画，用以表示剖切面的起止位置）表示剖切位置的投射方向，并标注相同的字母，如图 5-7c 所示。

5.2.3　剖视图的分类

根据机件被剖切范围的大小不同，剖视图可分为全剖视图、半剖视图和局部剖视图。

1. 全剖视图

全剖视图是假想用剖切面完全地剖开机件所得的剖视图。图 5-9a 所示的主视图，图 5-9b 所示的主视图、俯视图均是全剖视图。

全剖视图一般用于表达外形比较简单、内部结构比较复杂的机件。

（1）用单一剖切平面获得的全剖视图　剖切面一般应通过物体的对称面，并与基本投影面平行，如图 5-10 所示。

第5章 机械图样的表达方法

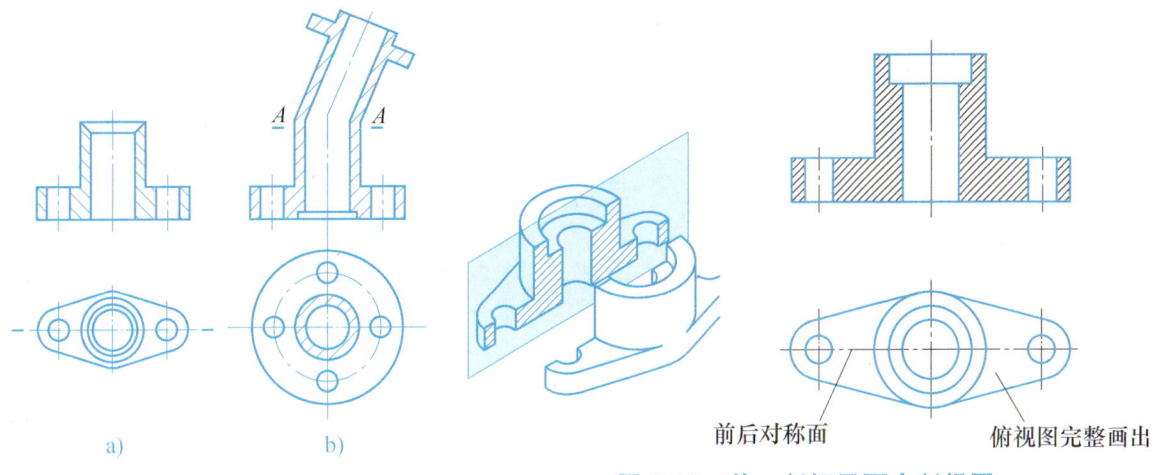

前后对称面　　俯视图完整画出

图 5-9　全剖视图　　　　　　图 5-10　单一剖切平面全剖视图

（2）用几个平行的剖平面获得的全剖视图（阶梯剖）　当物体上有若干不在同一平面上而又需要表达的内部结构时，可采用几个平行的剖切平面剖开物体形成全剖视图，如图 5-11 所示。

采用几个平行的剖切平面剖开机件，在绘制剖视图时应注意以下几个方面：

在剖视图的上方，用大写英文字母标注图名"×—×"，在剖切平面的起、迄和转折处绘出剖切符号，并注上相同的字母。若剖视图按投影关系配置，中间又没有其他图形隔开时，可省略箭头。

由于剖切平面是假想的，因此在剖视图上不能作出剖切平面转折处的"投影"，如图 5-12a 所示。

在剖视图上不能出现不完整的要素，如图 5-12b 所示。

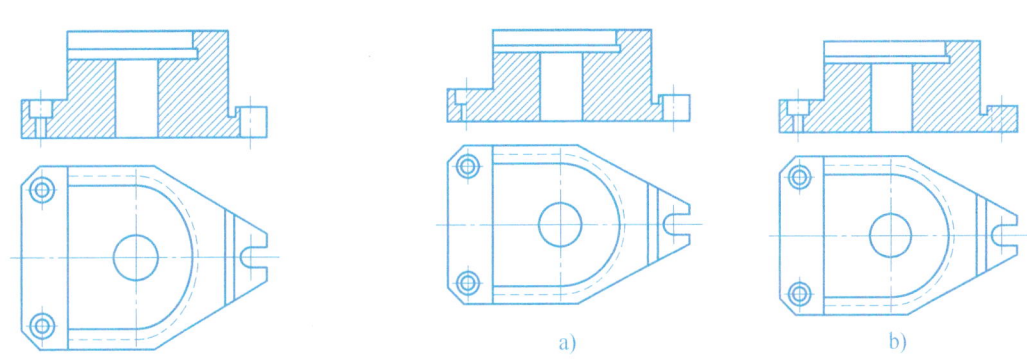

图 5-11　两个平行的剖切平面　　图 5-12　两个平行的剖切平面获得的全剖视图

（3）用几个相交的剖切平面获得的全剖视图（旋转剖）　当物体上的孔（槽）等结构不在同一平面上，但却沿物体的某一回转轴线周向分布时，可采用几个相交于回转轴线的剖切面剖开物体，将剖切面剖开的结构及有关部分旋转到与选定的投影面平行后，再进行投射。几个相交剖切面（包括平面或柱面）的交线必须垂直于某一基本投影面。

如图 5-13 所示，用相交的侧平面和正垂面（其交线垂直正面）将物体剖切，并将倾斜部分绕轴线旋转到与侧面平行后再向侧面投射，即得到用两个相交平面剖切的全剖视图。

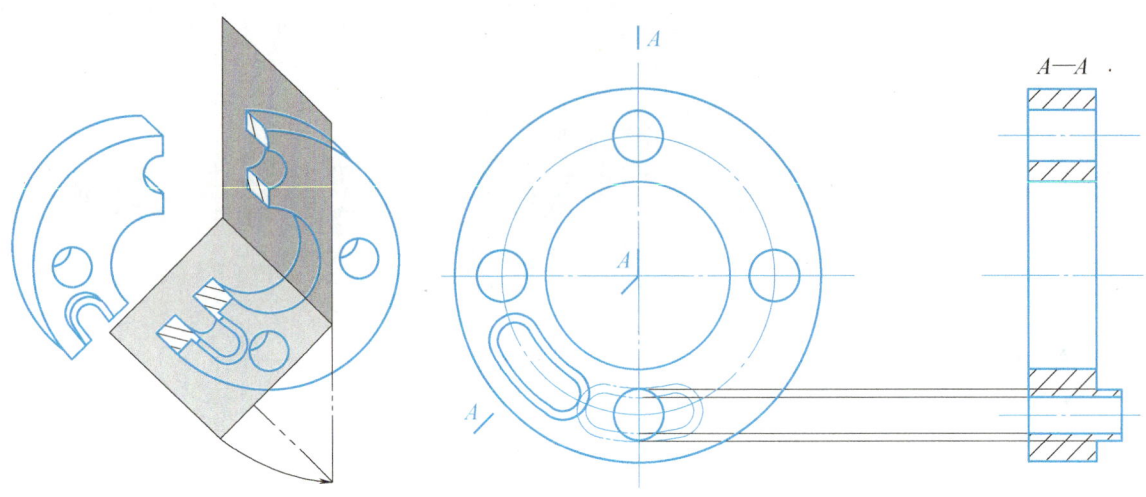

图 5-13　两个相交剖切平面获得的全剖视图

用几个相交的剖切面剖切时，应注意以下几点：

1）绘制剖视图时，应注意"先剖切、再旋转"。因此，采用几个相交剖切平面剖切时，有些部分的图形会伸长，如图 5-14a 所示。

2）剖切面后边的其他结构，一般仍按原来的位置进行投射，如图 5-14b 所示。

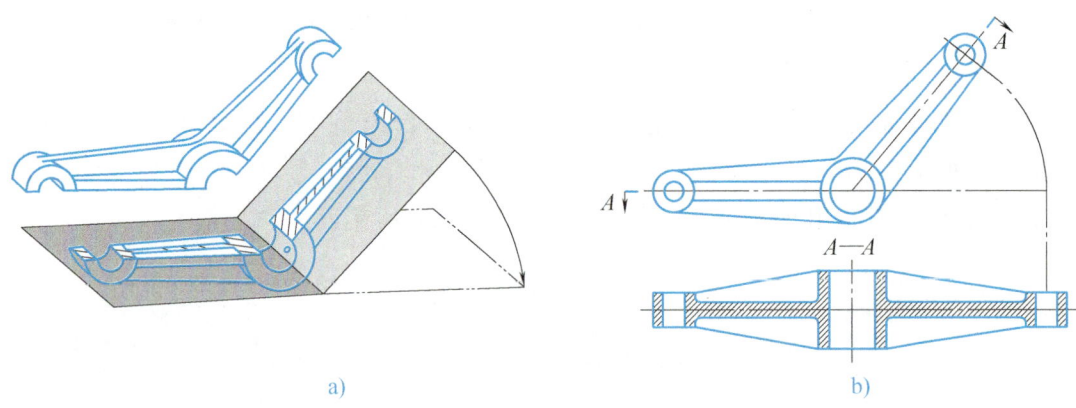

a)　　　　　　　　　　　　　　b)

图 5-14　旋转剖切示意

2. 半剖视图

对于具有对称平面的机件，在向对称平面所垂直的投影面上投射时，可以以对称中心线为分界，一半作成剖视图，另一半作成视图，这样得到的剖视图称为半剖视图，如图 5-15 所示。

绘制半剖视图时，应注意以下几个方面：

1）视图部分和剖视图部分必须以细点画线为界。在半剖视图中，剖视部分的位置通常可按以下原则配置：

在主视图中，位于对称中心线的右侧。

在俯视图中，位于对称中心线的下方。

2）半个视图与半个剖视图之间的分界线是细点画线。

3）已经在半个剖视中表达清楚的内部形状，在另一半视图中不必再作出虚线，但需要画出这些结构的中心线以表示其位置。

半剖视图与全剖视图不同,它能在充分表达机件内部结构的同时,适当保留部分外部形状。因此,半剖视图主要用于表达内、外形状都比较复杂的对称或基本对称的机件(机件的轮廓线恰好与对称中心线重合的除外)。当机件对称时,半剖视图可以省略标注。

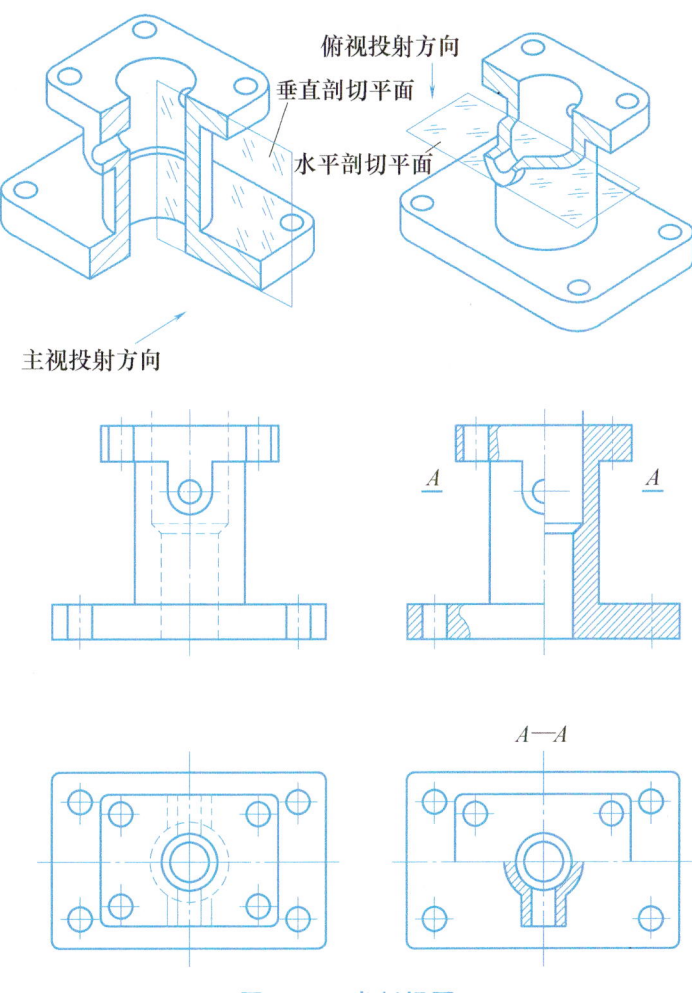

图 5-15 半剖视图

3. 局部剖视图

局部剖视图是假想用剖切平面局部地剖开机件所得的剖视图,如图 5-16 所示。

局部剖视图有着与半剖视图相似的优点,既可以表达机件的内部结构,又能适当保留部分外部形状,而且一般不需标注。绘制局部剖视图时应注意以下几点:

1)用波浪线(或双折线)作为局部剖视图中的剖视与视图之间分界线。

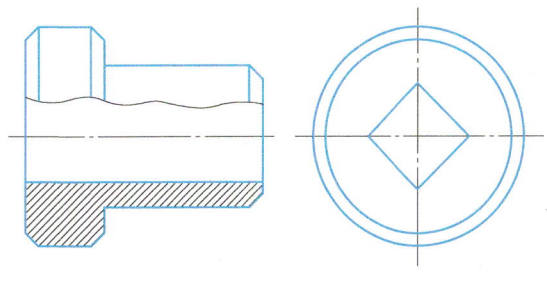

图 5-16 局部剖视图(一)

波浪线应该绘在机件的实体上,既不能超出实体的轮廓线或绘在机件的中空处,也不能与轮廓线重合或在轮廓线的延长线上,如图 5-17 所示。

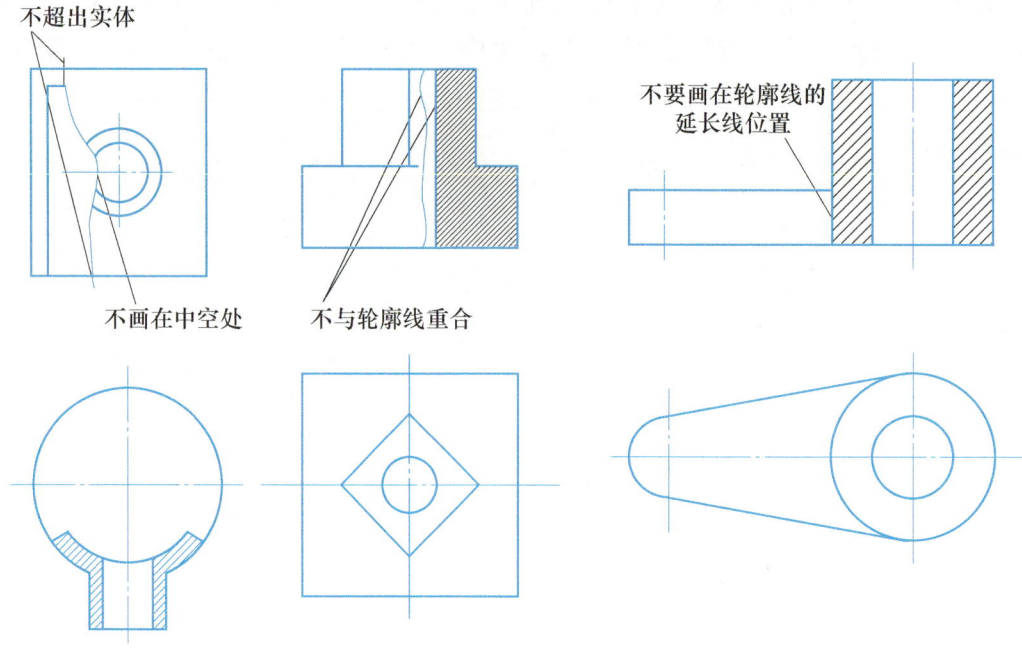

图 5-17 局部剖视图（二）

2）波浪线不能与其他图线重合，也不能绘在轮廓线的延长线上。

3）在不影响外部形状表达的情况下，可以采用较大范围的局部剖视图，以减少局部剖视图的数量，如图 5-18 所示。

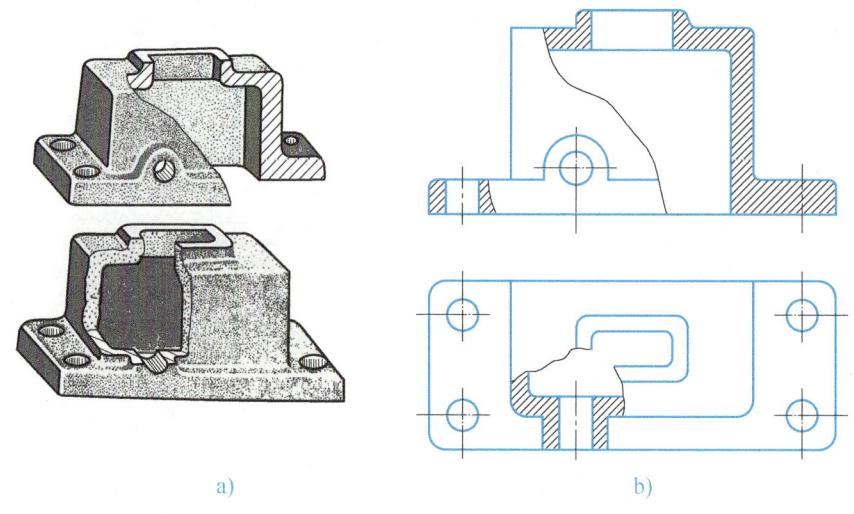

a)　　　　　　　　b)

图 5-18 局部剖视图（三）

4. 剖视图中的规定画法

1）绘制各种剖视图时，对于物体上的肋板、轮辐及薄壁等，若按纵向剖切，这些结构都不绘出剖面符号，而是用粗实线将它们与邻接部分分开。

图 5-19 所示的主视图采用全剖视图时，剖切平面通过中间肋板的纵向对称

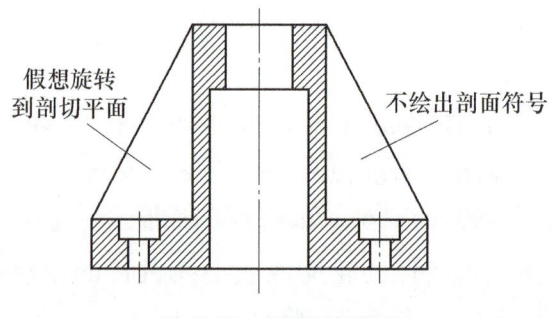

图 5-19 肋板的画法

平面，在肋板的范围内不绘制剖面符号，肋板与其他部分的分界处均用粗实线绘制。

2）若回转体上均匀分布的肋板、孔等结构不处于剖切平面上，可假想将这些结构旋转到剖切平面上绘出，对均匀分布的孔可只绘出一个，用对称中心线表示其他孔的位置即可，如图 5-20 所示。

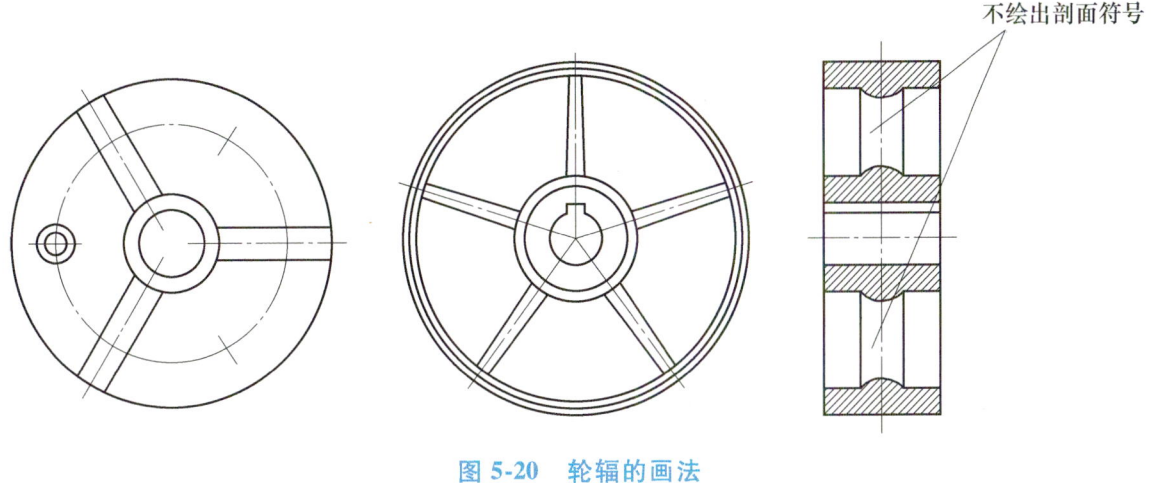

图 5-20　轮辐的画法

5.3　断　面　图

假想用剖切面将物体的某处切断，该剖切面与物体接触部分的图形称为断面图，也可简称断面，如图 5-21 所示。断面图和剖视图的区别在于：断面图仅绘出断面的形状，而剖视图除了要绘出断面的形状外，还要绘出剖切面后面物体的完整投影。相比剖视图，断面图则更加清晰、简洁。

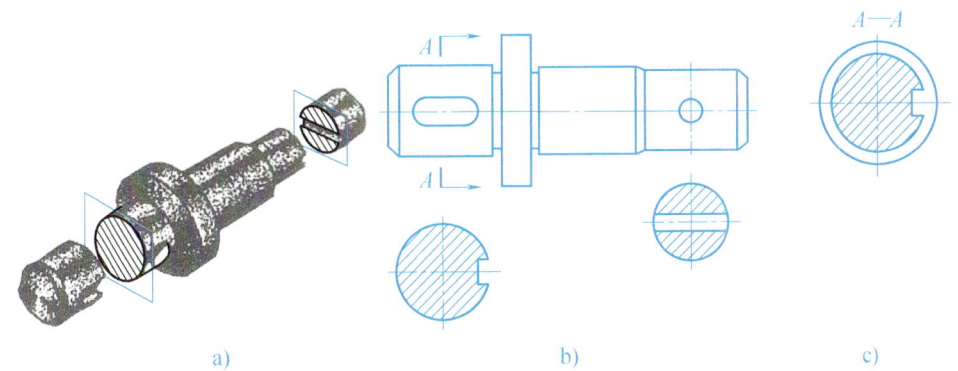

图 5-21　断面图的概念

断面图常用于表达机件某处的断面形状，如机件上的轮辐、肋板、键槽、小孔等，如图 5-22 所示。

根据断面图配置的位置不同，可将断面图分为移出断面图和重合断面图。

1. 移出断面图的画法及标注（GB/T 17451—1998、GB/T 4458.6—2002）

移出断面图是指作在视图轮廓之外的断面图，如图 5-21b 和图 5-22a、b 所示。

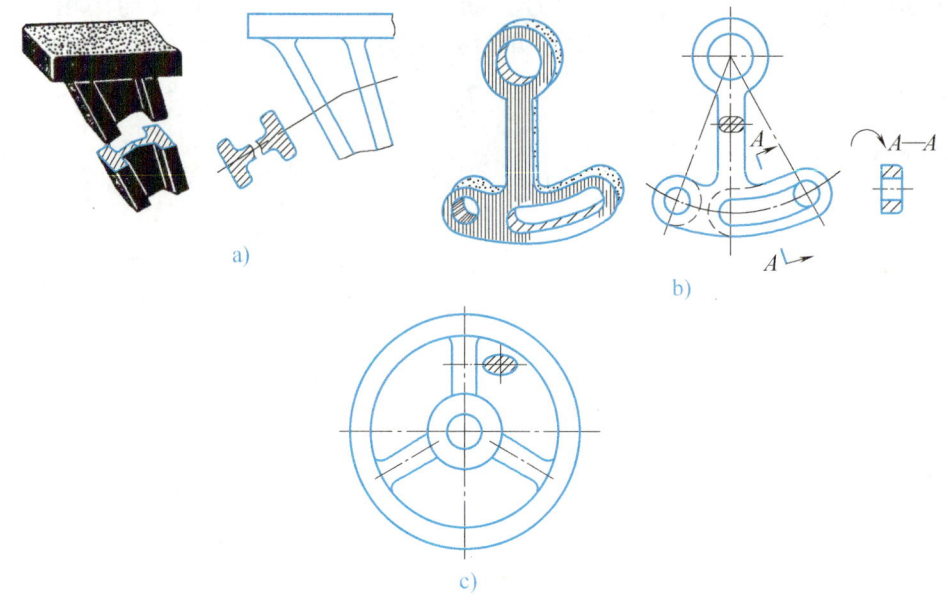

图 5-22 断面图实例

移出断面图的轮廓线用粗实线绘制。

绘制移出断面图的注意事项：

1) 移出断面应尽量配置在剖切符号或剖切线的延长线上，如图 5-21b 中 A—A 断面和图 5-22a 所示。必要时，也可配置在其他适当的位置，如图 5-23a 所示；当断面形状对称时，也可配置在视图的中断处，如图 5-23b 所示。

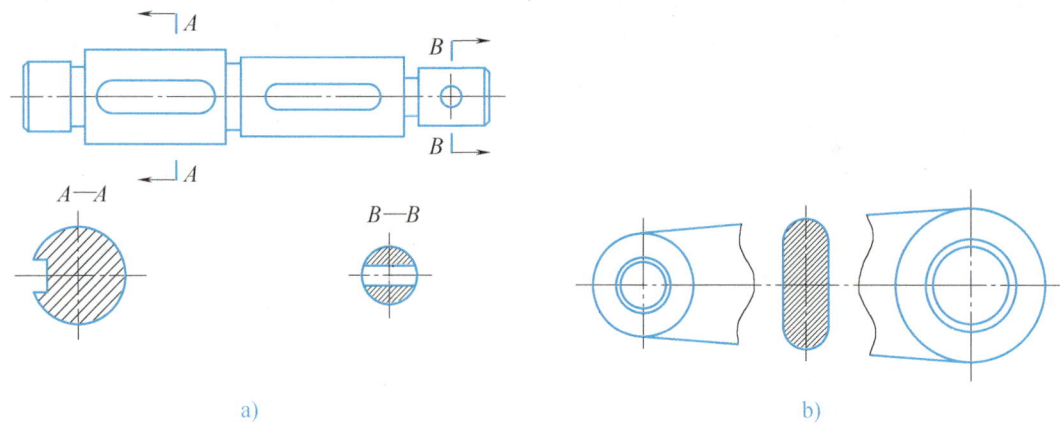

图 5-23 移出断面图

2) 当剖切平面通过回转而形成的孔或凹坑的轴线时，这些结构按剖视图要求绘制，如图 5-24 所示。

3) 当移出断面图是由两个或多个相交的剖切平面剖切而形成时，断面图的中间应断开，如图 5-22a 所示。

2. 重合断面图的画法及标注

重合断面图是指作在视图轮廓之内的断面图，如图 5-25 和图 5-26 所示。断面轮廓线用细实线绘制。当视图中轮廓线与重合断面图的图形重叠、交错时，视图中的轮廓线仍应连续作出，不可间断，如图 5-26 所示。重合断面图不需标注。

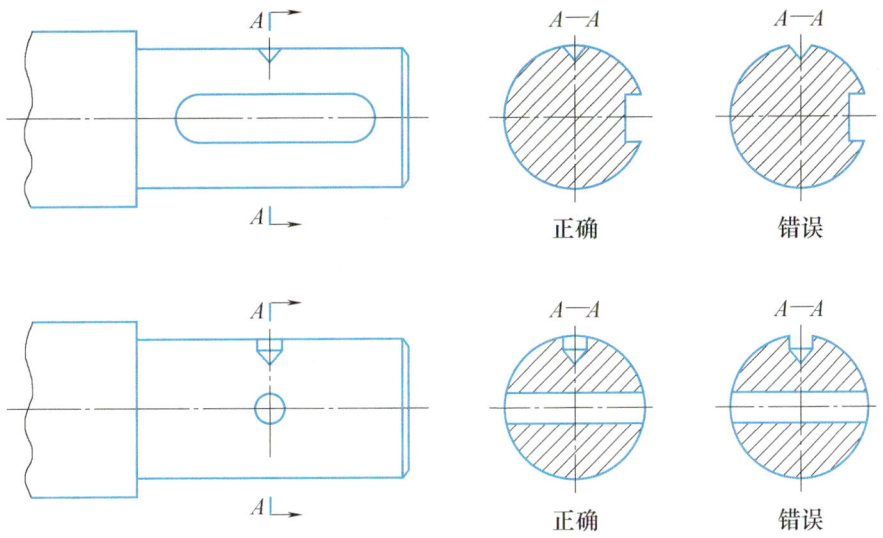

图 5-24 带有孔或凹坑的移出断面图

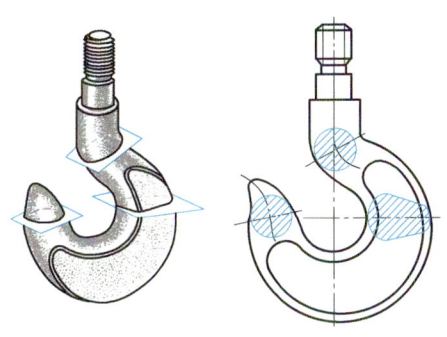

图 5-25 重合断面图画法（一）

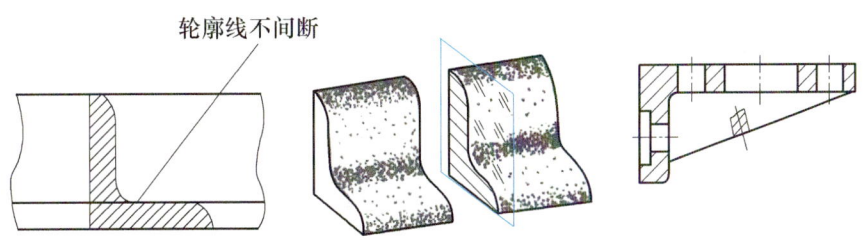

图 5-26 重合断面图画法（二）

5.4 局部放大图和简化画法

1. 局部放大图（GB/T 4458.1—2002）

局部放大图是当机件上某些细小结构在视图上表达不够清楚或不便于标注尺寸时，可将该部分细小结构用大于原图形所采用的比例绘出，这种图形称为局部放大图，如图 5-27 所示。

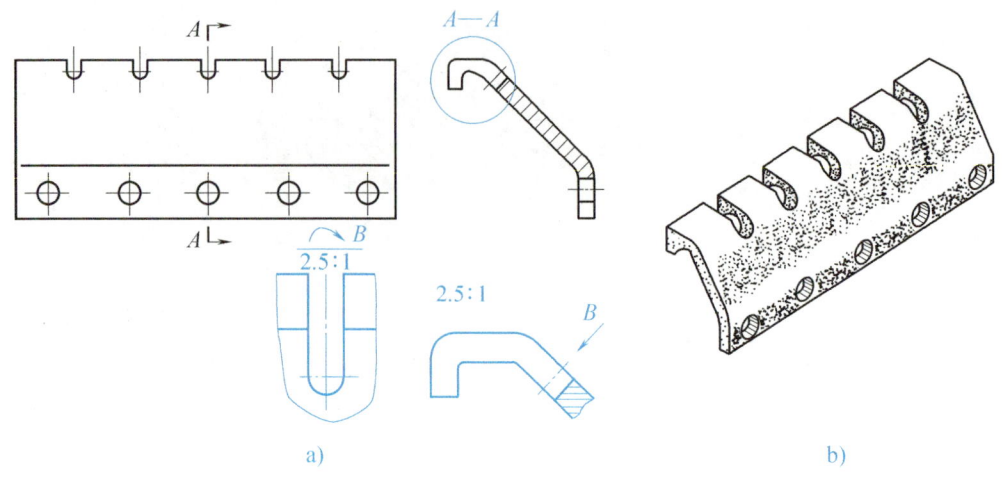

图 5-27 局部放大图(一)

绘制局部放大图时要注意以下几点:

1) 局部放大视图的比例是指图形中物体要素的线性尺寸与实际物体相应要素的线性尺寸之比,与原图形所采用的比例无关。

2) 局部放大图可以作成视图、剖视和断面,与被放大部分的原表达方式无关,如图 5-27 所示。

3) 要在局部放大图的上方注写放大图的比例(图 5-27a、图 5-28)。

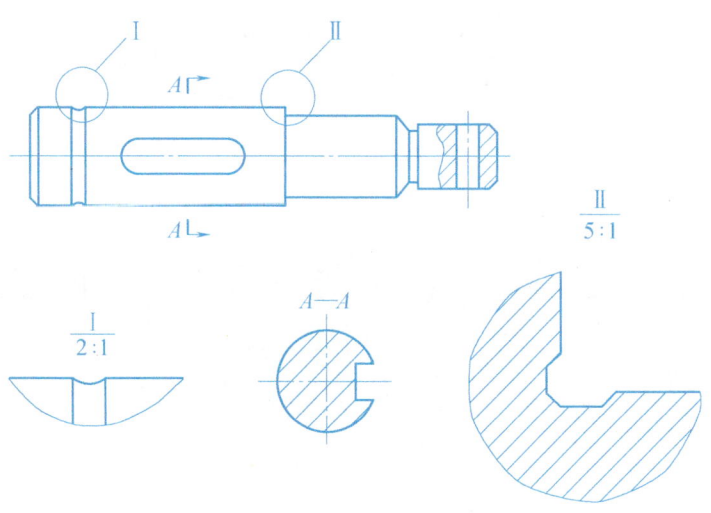

图 5-28 局部放大图(二)

4) 作图时,要用细实线圆圈出被放大部位。如果图样中同时有多处被放大时,要用罗马数字Ⅰ、Ⅱ、Ⅲ、…依次标明被放大部位,如图 5-28 所示。当物体上只有一处被放大时,在局部放大图的上方只需注明所采用的比例,如图 5-29 所示。

2. 简化画法(GB/T 16675.1—2012、GB/T 4458.1—2002)

简化画法是包括规定画法、省略画法、示意画法等在内的图示方法。GB/T 16675.1—2012《技术制图 简化表示法 第 1 部分:图样画法》和 GB/T 4458.1—2002《机械制图 图样画法 视图》规定了一系列的简化画法,其目的是减少绘图工作量,提高设计效率及图样的清晰度,满足手工制图和计算机制图的要求。

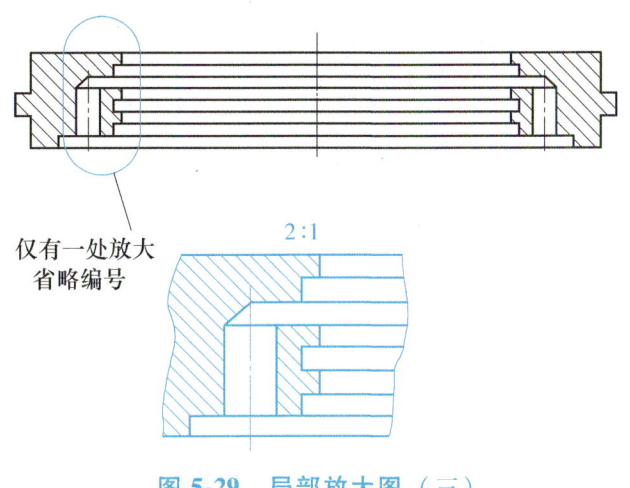

图 5-29 局部放大图（三）

(1) 规定画法

1) 在不致引起误解时，对称物体的视图可只作一半或四分之一，并在对称中心线的两端作出对称符号（两条与对称中心线垂直的平行细实线），如图 5-30 所示。

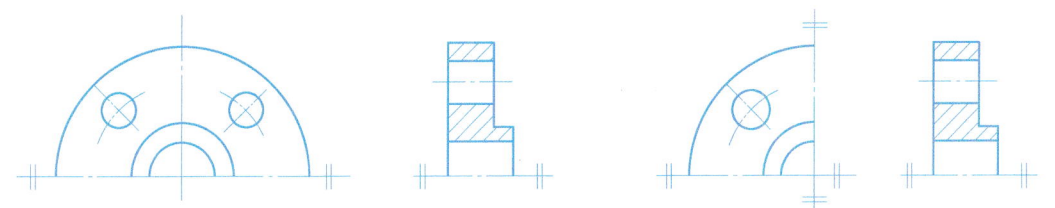

图 5-30 对称物体的规定画法

2) 为了避免增加视图，对回转体上的平面，可用细实线绘出对角线来表示，如图 5-31a 所示。

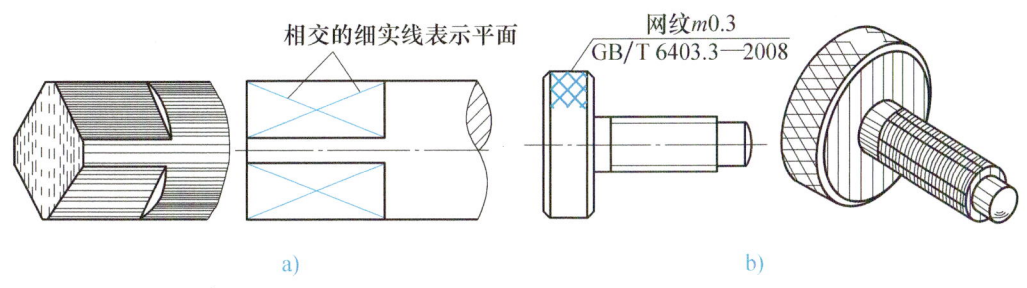

图 5-31 回转体上的平面、滚花表示法

3) 网状物、编织物或机件上的滚花部分，可在图形轮廓附近用粗实线局部示意作出，如图 5-31b 所示。

4) 较长的机件沿长度方向的形状一致或按一定规律变化时，可断开后缩短绘制。假想断裂边界可用波浪线绘制，或用双折线或细双点画线绘制，如图 5-32 所示。标注尺寸时，按零件实际长度标注。

(2) 省略画法

1) 在不致引起误解时，图形中的过渡线、相贯线可以简化，可用圆弧或直线代替非圆曲线，如图 5-33 所示，也可以采用模糊画法表示相贯形体。

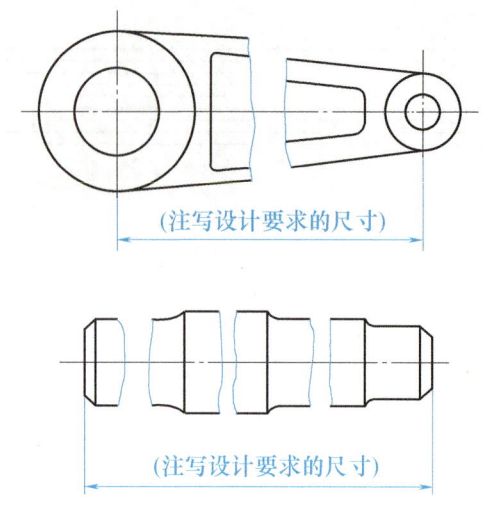

图 5-32 较长机件的简化画法

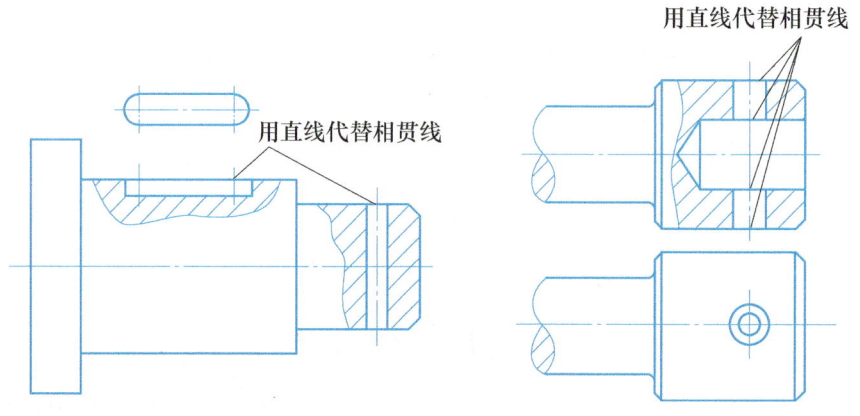

图 5-33 过渡线和相贯线的简化画法

2) 机件上若干按一定规律分布的相同要素（如孔、槽等），可以只作出一个或几个，其余只需作出中心线表示其中心位置即可，如图 5-34 所示。

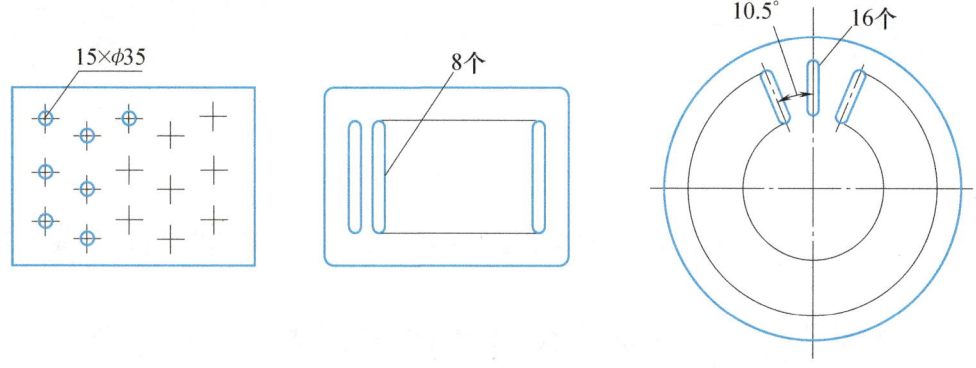

图 5-34 相同结构的简化画法

3) 在不致引起误解时，零件图中的小圆角与倒角均可省略不画，但必须注明尺寸或在技术要求中加以说明，如图 5-35 所示。

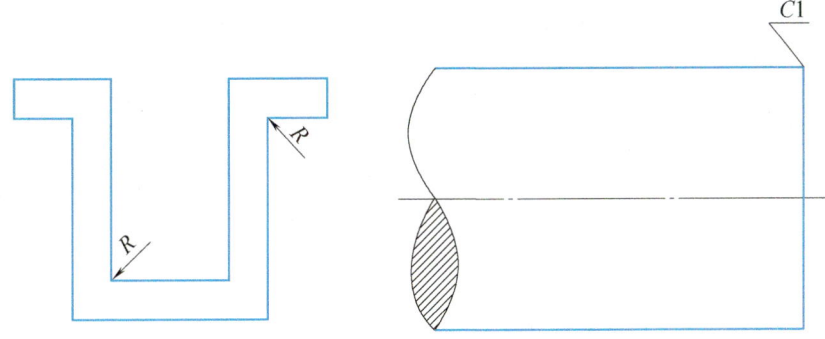

图 5-35　圆角与倒角的省略画法

5.5　使用 AutoCAD 2022 绘制剖面图实例

【例 5-1】　为图 5-36 所示左视图填充剖面线。

单击"绘图"工具栏中的"图案填充"按钮，命令行提示如下：

命令：Hatch

拾取内部点或［选择对象(S)/放弃(U)/设置(T)］：（鼠标选择需要填充的区域）

输入"Hatch"命令，选项板会出现"图案填充创建"功能区，用户可以根据需要调整剖面线图案、角度、比例等设置。

绘制结果如图 5-37 所示。

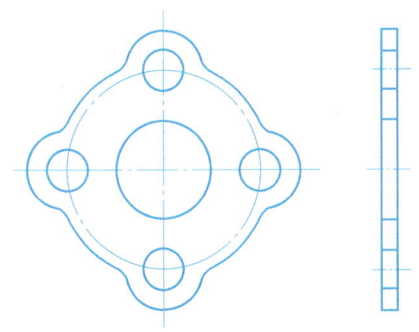

图 5-36　连接板零件图

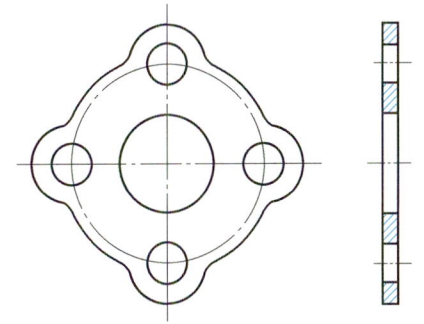

图 5-37　连接板填充剖面线

【例 5-2】　在图 5-38 所示轴类零件指定位置绘制键槽断面图。

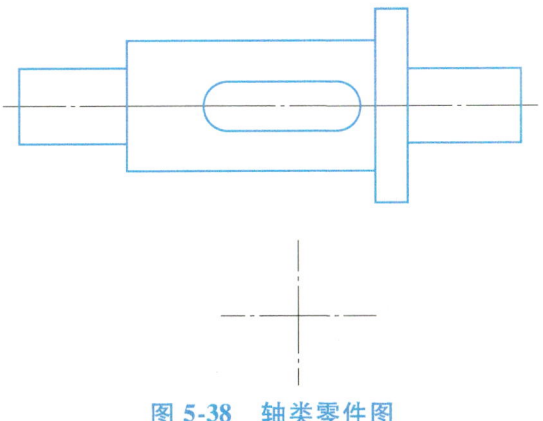

图 5-38　轴类零件图

1)根据相关尺寸在中心线位置,用"圆""直线"命令绘制图 5-39 所示图形。

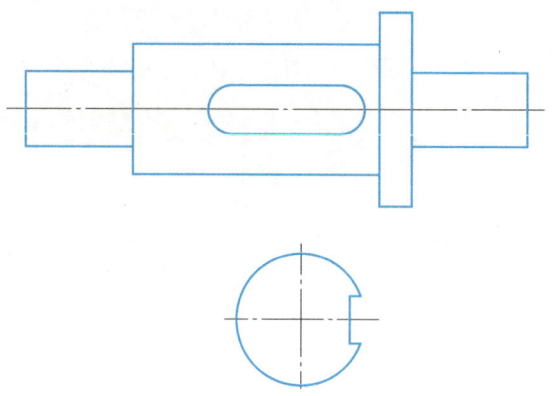

图 5-39　轴类零件键槽图

2)单击"绘图"工具栏中的"图案填充"按钮,命令行提示如下:

命令:Hatch

拾取内部点或[选择对象(S)/放弃(U)/设置(T)]:(鼠标选择需要填充的区域)

输入"Hatch"命令,选项板会出现"图案填充创建"功能区,用户可以根据需要调整剖面线图案、角度、比例等设置。

绘制结果如图 5-40 所示。

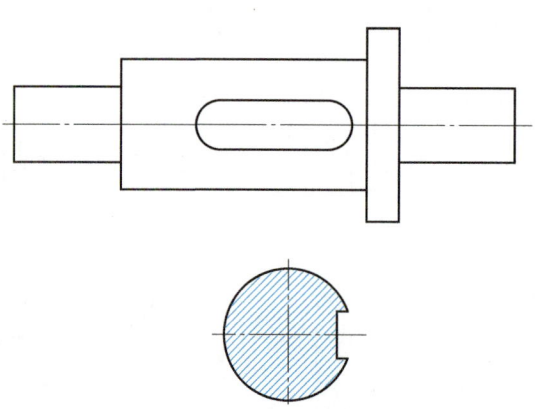

图 5-40　轴类零件键槽断面图

第6章 标准件和常用件

教学目标

1. 熟练掌握螺纹的规定画法、代号、标注方法。
2. 掌握螺纹紧固件的用法、标记及连接画法，学会查阅相关国家标准。
3. 掌握齿轮及其啮合画法。
4. 能运用 AutoCAD 2022 软件进行剖面图形的绘制。

素养目标

培养学生精益求精的工匠精神和责任担当意识。

6.1 螺纹与螺纹紧固件

螺纹是零件上常见的一种结构，是在圆柱或圆锥表面上沿着螺旋线所形成的具有规定牙型的连续凸起和凹槽。

螺纹分为内螺纹和外螺纹，成对使用。在圆柱或圆锥外表面上所形成的螺纹称为外螺纹，在圆柱或圆锥内表面上所形成的螺纹称为内螺纹。

6.1.1 螺纹的基本要素（GB/T 14791—2013）

螺纹的 5 个基本要素为牙型、直径、线数（n）、螺距（P）和导程（P_h）、旋向。

1. 牙型

螺纹的牙型是指通过螺纹轴线的纵断面上螺纹的轮廓形状。常用螺纹的牙型有三角形、梯形和锯齿形等，如图 6-1 所示。

2. 直径

直径有大径（d、D）、中径（d_2、D_2）和小径（d_1、D_1）之分，如图 6-2 所示。其中，外螺纹大径（d）和内螺纹小径（D_1）亦称顶径。

1) 大径（d、D）为与外螺纹牙顶或内螺纹牙底相重合的假想圆柱或圆锥的直

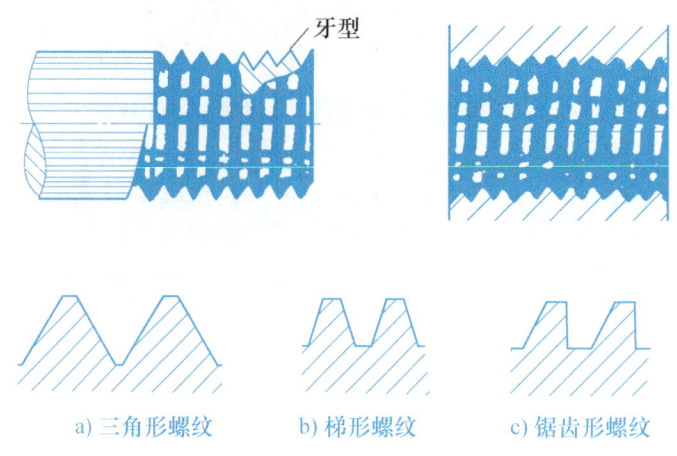

图 6-1 螺纹的牙型

径。对紧固螺纹和传动螺纹,其大径基本尺寸即代表螺纹的尺寸,即螺纹的公称直径。

2)小径(d_1、D_1)为与外螺纹牙底或内螺纹牙顶相切的假想圆柱或圆锥的直径。

3)中径(d_2、D_2)为中径圆柱或中径圆锥的直径。该圆柱(或圆锥)母线通过圆柱(或圆锥)上牙厚与牙槽宽相等的地方。

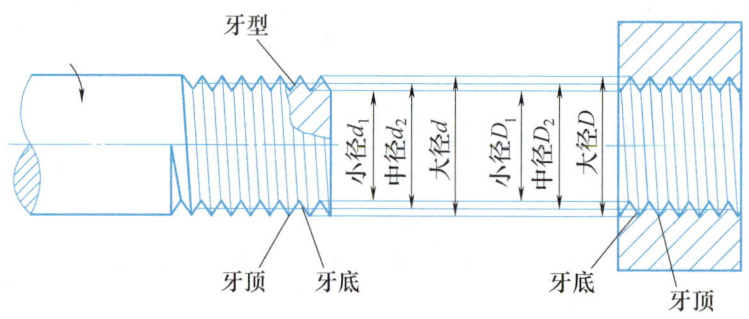

图 6-2 螺纹的结构

3. 线数(n)

螺纹有单线与多线之分,如图 6-3 所示。只有一个起始点的螺纹,称为单线螺纹;具有两个或两个以上起始点的螺纹,称为多线螺纹。

4. 螺距(P)和导程(P_h)

螺距是指相邻两牙体上的对应牙侧与中径线相交两点间的轴向距离;导程是最邻近的两同名牙侧与中径线相交两点间的轴向距离(一个点沿着中径圆柱或中径圆锥上的螺旋线旋转一周所对应的轴向位移)。螺距和导程是两个不同的概念,单线螺纹的导程就是螺距,多线螺纹的导程就是每线螺纹与对应的螺距的和(导程在传动结构计算中有重要作用),如图 6-3 所示。

螺距、导程、线数之间的关系是:$P = P_h / n$。对于单线螺纹,则有 $P = P_h$。

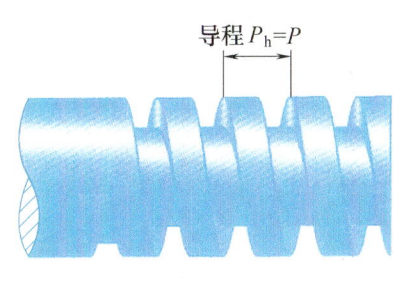
a) 单线螺纹

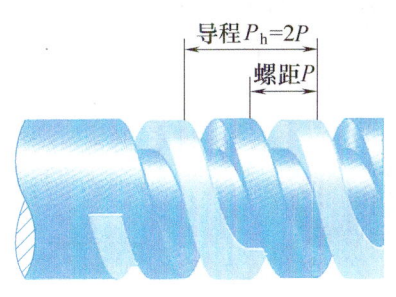
b) 双线螺纹

图 6-3 线数、螺距与导程

5. 旋向

内、外螺纹旋合时的旋转方向称为旋向。螺纹的旋向有左、右之分。

右旋螺纹：沿顺时针方向旋转时旋入的螺纹，称为右旋螺纹（俗称正扣）。

左旋螺纹：沿逆时针方向旋转时旋入的螺纹，称为左旋螺纹（俗称反扣）。

旋向的判定：将外螺纹轴线竖直放置，螺纹的可见部分是右高左低者为右旋螺纹，左高右低者为左旋螺纹，如图 6-4 所示。

内、外螺纹只有在螺纹的 5 个基本要素完全相同时才能旋合在一起。

a) 右旋螺纹　　b) 左旋螺纹

图 6-4 螺纹旋向的判定

在螺纹各要素中，牙型、大径和螺距是决定螺纹结构规格的最基本的要素，称为螺纹三要素。凡是螺纹三要素符合国家标准的，称为标准螺纹；牙型不符合国家标准的，称为非标准螺纹。

6.1.2 螺纹的规定画法（GB/T 4459.1—1995）

1. 外螺纹画法

螺纹的牙顶（大径线）和螺纹终止线用粗实线绘制，螺纹的牙底（小径线）用细实线绘制且在倒角或倒圆部分处的细实线也应作出。在投影为圆的视图中，大径用粗实线圆表示，小径用细实线圆表示且只作约 3/4 圈，倒角圆省略不绘出。

2. 内螺纹画法

螺纹的牙顶（小径线）和螺纹终止线用粗实线绘制，螺纹的牙底（大径线）用细实线绘制且在倒角或倒圆部分处的细实线也应作出。在投影为圆的视图中，小径用粗实线圆表示，大径用细实线圆表示且只作约 3/4 圈，倒角圆省略不绘出。

内、外螺纹的规定画法及内、外螺纹的旋合画法见表 6-1。

表 6-1 内、外螺纹的规定画法及内、外螺纹的旋合画法

名称	作图方法	说明
外螺纹	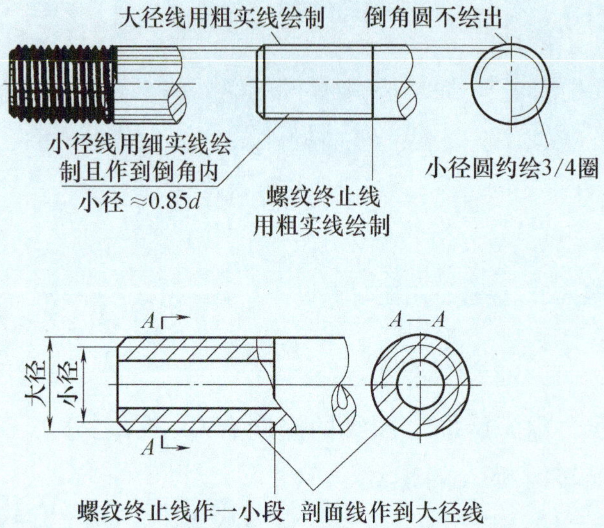 大径线用粗实线绘制　倒角圆不绘出 小径线用细实线绘制且作到倒角内　小径圆约绘3/4圈 小径≈0.85d 螺纹终止线用粗实线绘制 螺纹终止线作一小段　剖面线作到大径线	1. 牙顶线（大径）用粗实线表示 2. 牙底线（小径）用细实线表示 3. 螺纹终止线用粗实线表示 4. 在投影为圆的视图中，表示牙底的细实线只作约 3/4 圈，此处轴的倒角省略不绘出 5. 剖面线作到粗实线为止
内螺纹	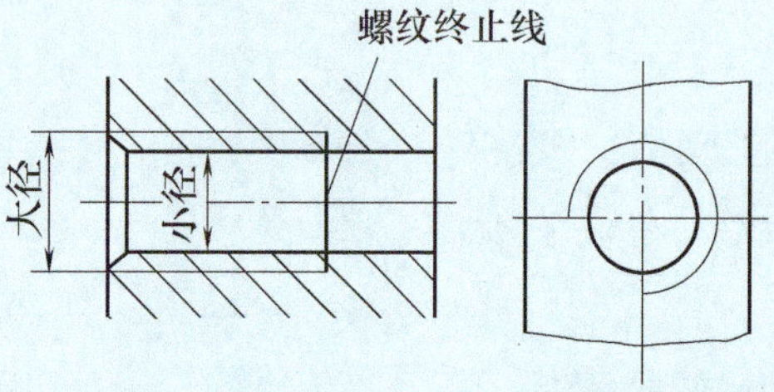 螺纹终止线 a) 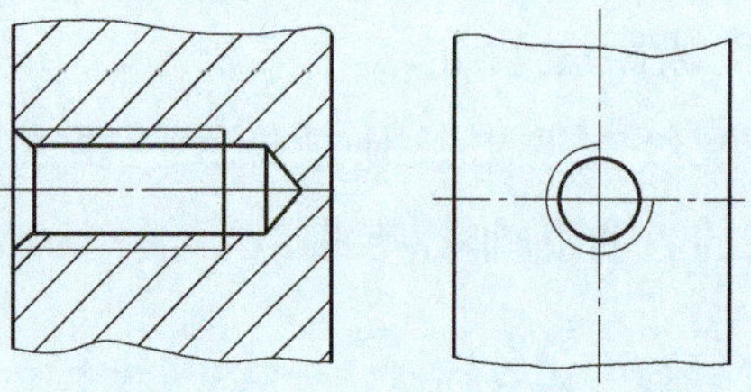 b)	1. 剖视图中，牙顶线（小径）用粗实线表示，牙底线（大径）用细实线表示 2. 螺纹终止线用粗实线表示。剖面线作到粗实线为止 3. 在投影为圆的视图中，表示牙底圆投影的细实线仍画约 3/4 圈，倒角圆的投影省略不绘出 4. 绘制不通孔时，一般应将钻孔深度与螺纹深度分别绘出，底部的锥顶角作 120°
内外螺纹旋合	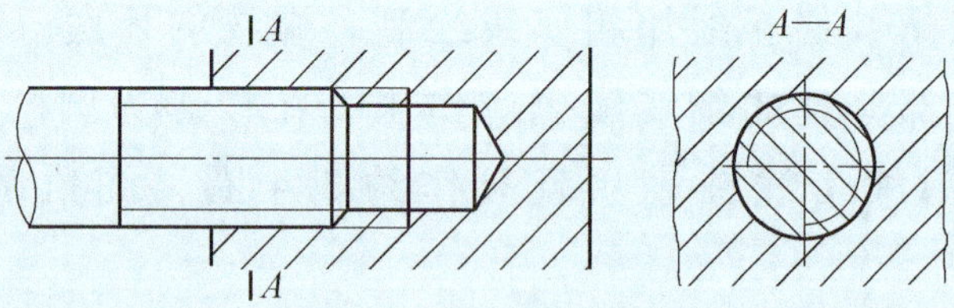 A—A	1. 在剖视图中，内、外螺纹的旋合区域按外螺纹的画法绘制 2. 未旋合的区域分别按内、外螺纹各自的规定画法绘制 3. 表示大、小径的粗、细实线要对齐

6.1.3　螺纹的标记

由于各种螺纹表示法都是相同的，因此国家标准规定标准螺纹用规定的标记标注，并标注在螺纹公称直径的尺寸线或其引出线上，以区别不同种类的螺纹。各种螺纹的标记方法和示例分述如下：

1. 普通螺纹的标记

普通螺纹的完整标记由螺纹代号、螺纹公差带代号和螺纹旋合长度代号三部分组成。

（1）**螺纹代号**　普通螺纹的牙型符号用"M"表示。粗牙普通螺纹的螺纹代号用牙型符号"M"和公称直径（大径）表示（不标注螺距），例如 M16；细牙普通螺纹用牙型符号"M"和"公称直径×螺距"表示，例如 M16×1.5；右旋螺纹为常用螺纹，不标注旋向；左旋螺纹需在尺寸规格之后加"LH"，例如 M16×1-LH。

（2）**螺纹公差带代号**　螺纹公差带代号包括中径公差带代号和顶径公差带代号。它由表示其大小的公差等级数字和表示其位置的基本偏差的字母（内螺纹用大写字母，外螺纹用小写字母）组成，例如 6H、6g。如果中径公差带代号和顶径公差带代号不同，则分别注出代号，且中径公差带代号在前，顶径公差带代号在后，如 M10-5g6g；如果中径和顶径公差带相同，则只注一个代号，如 M10×1-6H。内、外螺纹旋合成螺纹副时，其配合公差带代号用斜线分开，左边表示内螺纹公差带代号，右边表示外螺纹公差带代号，例如 M10-6H/6g。

（3）**螺纹旋合长度代号**　国家标准对普通螺纹的旋合长度，规定为短（S）、中（N）、长（L）三组。螺纹的精度分为精密、中等和粗糙三级。螺纹的旋合长度和精度等级不同，对应的公差带代号也不一样。在一般情况下不标注螺纹的旋合长度，其螺纹公差带按中等旋合长度（N）确定；必要时在螺纹公差带代号之后加注旋合长度代号"S"或"L"，如 M10-5g6g-S；特殊需要时，可注明旋合长度的数值，如 M20×2-7g6g-40-LH。

2. 55°非密封管螺纹的标记（GB/T 7307—2001）

55°非密封管螺纹特征代号用"G"表示。

尺寸代号用 1/2，3/4，1，1½，…表示。对外螺纹公差等级代号分 A、B 两级标记，因为内螺纹公差等级只有一种，所以不加标记。

当螺纹为左旋时，在外螺纹的公差等级代号之后加注"-LH"；在内螺纹的尺寸代号之后加注"LH"。

【例 6-1】　识读图 6-5 所示螺纹标记。

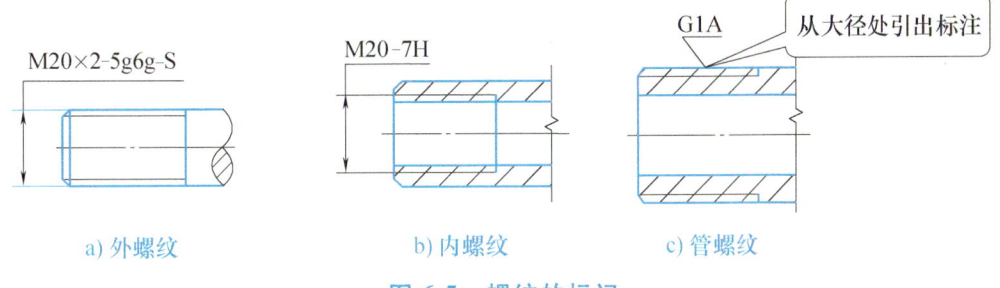

a) 外螺纹　　　　　b) 内螺纹　　　　　c) 管螺纹

图 6-5　螺纹的标记

（1）M20×2-5g6g-S（图 6-5a）

公称直径为 20mm、螺距为 2mm，中径公差带代号为 5g 和顶径公差带代号为 6g，短旋合长度组的右旋细牙普通外螺纹。

（2） M20-7H（图 6-5b）

公称直径为 20mm，中径公差带代号和顶径公差带代号都是 7H，中等旋合长度组的右旋粗牙普通内螺纹。

（3） G1A（图 6-5c）

尺寸代号为 1 的 A 级右旋圆柱外螺纹。

3. 传动螺纹梯形螺纹和锯齿形螺纹的标记见表 6-2

表 6-2 传动螺纹的标记

分类		螺纹标记	标注示例	说明
梯形螺纹	单线	Tr40×7-7e	Tr40×7-7e	1. 单线螺纹只标记螺距，多线螺纹标记导程和螺距 2. 右旋省略标记，左旋标记 LH 3. 中等旋合长度不标记
	双线	Tr40×14(P7)LH-7e	Tr40×14(P7)LH-7e	
锯齿形螺纹		B32×6-7e	B32×6-7e	1. 单线螺纹只标记螺距，多线螺纹标记导程和螺距 2. 右旋省略标记，左旋标记 LH 3. 中等旋合长度不标记

6.1.4 螺纹紧固件

零件之间的连接方式可分为可拆卸连接和不可拆卸连接两大类。可拆卸连接包括螺纹连接、键连接和销连接。不可拆卸连接包括铆接和焊接。可拆卸连接通常是利用连接件将其他零件连接起来的。常用的连接件有螺栓、双头螺柱、螺钉、螺母、垫圈、键、销等。这些零件由于应用非常广泛，它们的结构和尺寸已经标准化，即称为标准件，如图 6-6 所示。

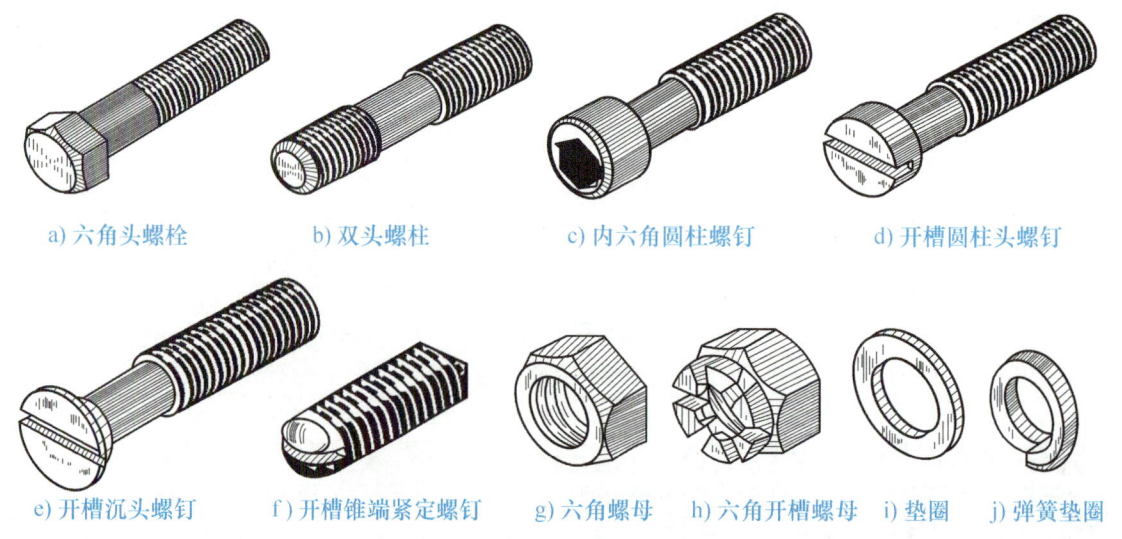

a) 六角头螺栓　　b) 双头螺柱　　c) 内六角圆柱螺钉　　d) 开槽圆柱头螺钉

e) 开槽沉头螺钉　　f) 开槽锥端紧定螺钉　　g) 六角螺母　　h) 六角开槽螺母　　i) 垫圈　　j) 弹簧垫圈

图 6-6　常见螺纹紧固件

1. 螺纹紧固件的标记

螺纹紧固件包括螺栓、螺柱、螺钉、螺母、垫圈等，这些零件都是标准件，其标记由标准件名称、国标编号、螺纹代号、大径和公称长度组成，如螺钉的标记为：螺钉　GB/T 68　M10×30。

2. 常用紧固件的规定画法

因紧固件均为标准件，在绘制紧固件零件图时，只需要采用比例画法绘制即可。比例画法就是以螺纹的公称直径（大径）d 或 D 作为基本参数，紧固件各部分的结构尺寸均按与公称直径成一定比例关系绘制，见表6-3。

表 6-3　常用紧固件的规定画法

名称及国标编号	图　例	标记及解释
六角头螺栓 GB/T 5782—2016	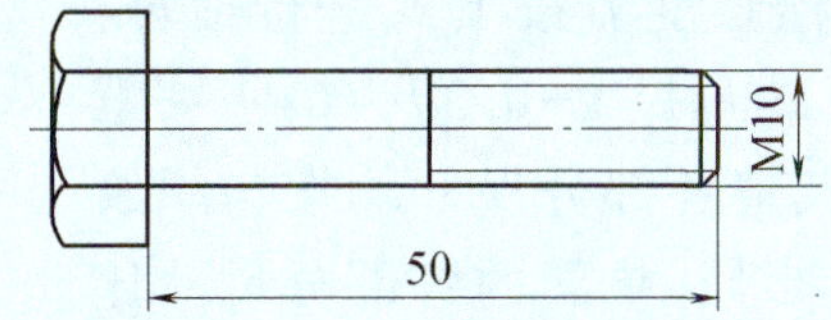	螺栓　GB/T 5782　M10×50 表示螺纹规格 d=M10、公称长度 l=50mm、A 级的六角头螺栓
双头螺柱（$b_m=1d$） GB 897—1988	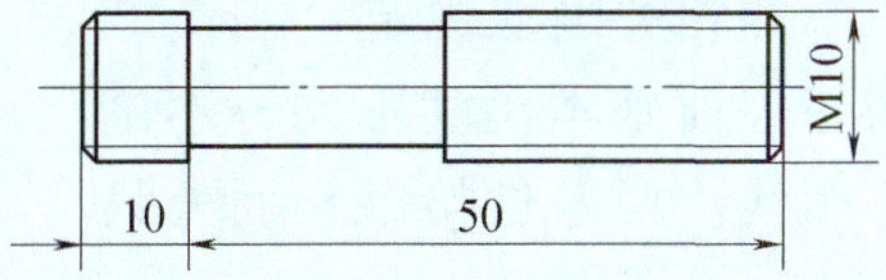	螺柱　GB 897　M10×50 表示两端均为粗牙普通螺纹，螺纹规格 d=M10、公称长度 l=50mm、B 型、$b_m=1d$ 的双头螺柱
开槽圆柱头螺钉 GB/T 65—2016	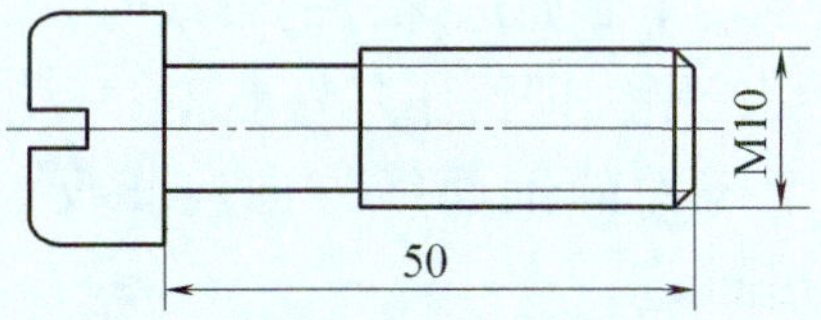	螺钉　GB/T 65　M10×50 表示螺纹规格 d=M10、公称长度 l=50、A 级开槽圆柱头螺钉
开槽沉头螺钉 GB/T 68—2016	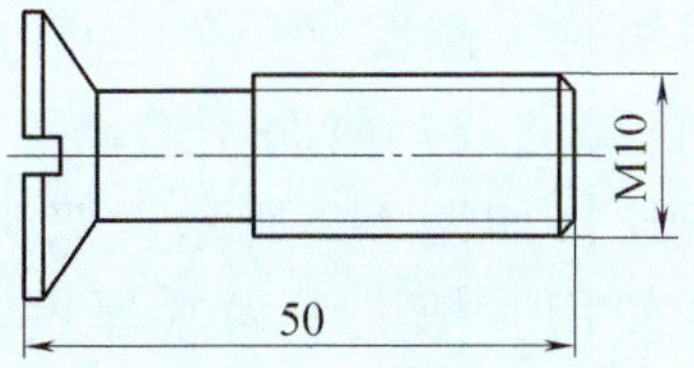	螺钉　GB/T 68　M10×50 表示螺纹规格 d=M10、公称长度 l=50mm、性能等级为 4.8 级、表面不经处理的开槽沉头螺钉
1 型六角螺母 GB/T 6170—2015	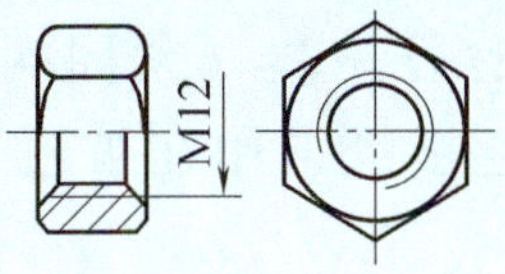	螺母　GB/T 6170　M12 表示螺纹规格 d=M12、性能等级为 8 级、表面不经处理、A 级的 1 型六角螺母

3. 螺纹紧固件连接的规定画法

（1）**螺栓连接**　螺栓连接是将螺栓的杆穿过两个被连接零件上的通孔，垫上垫圈，再用螺母拧紧，使两个零件连接在一起的一种连接方式。螺栓连接一般适用于两个不太厚并允许钻成通孔的零件连接，如图6-7所示。

在绘制螺栓连接装配图时，为提高绘图速度，对连接件的各个尺寸，可不按相应的标准数值绘出，而是采用近似画法。为了适应连接不同厚度的零件，螺栓会有

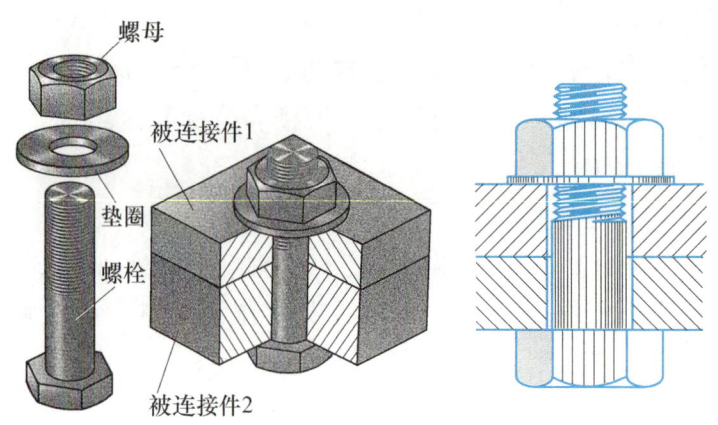

图 6-7 螺栓连接

各种不同的长度规格。绘图时螺栓长度需按下式进行估算：
$L=\delta_1+\delta_2+0.15d$（垫圈厚）$+0.8d$（螺母厚）$+0.3d$，垫圈、螺母按照国家标准数值进行修正，其他各部分尺寸均按与螺纹大径成一定的比例绘出。螺栓、螺母、垫圈的各部分尺寸比例关系如图 6-8 所示。

绘图时，必须遵守机械制图中的相关国家规定：

凡不接触的相邻表面或两相邻表面基本尺寸不同，不论两表面的间隙大小，需作两条轮廓线。两零件接触表面处只需作一条轮廓线（粗实线）即可。

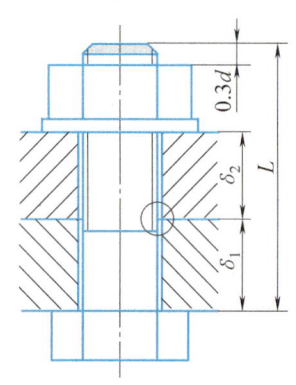

图 6-8 螺栓连接的比例画法

螺栓连接图若绘成剖视图，当剖切平面通过螺杆的轴线时，对于螺栓、螺母及垫圈等均按不剖切绘制，即仍作其外形。

在剖视图中，相互接触的两个零件的剖面线方向应相反，且同一零件在各个剖视图中，其剖面线方向和间隔应相同。

螺栓的螺纹终止线必须绘到垫圈之下和被连接两零件接触面的上方。

螺栓连接采用近似（简化）画法时，螺纹紧固件上的工艺结构，如倒角、退刀槽、凸肩、螺栓头部、螺母头部的圆弧曲线均省略不绘出。

（2）双头螺柱连接　双头螺柱连接如图 6-9 所示，双头螺柱连接是用两头都有螺纹的螺柱与螺母、弹簧垫圈配合使用，把上下两个厚度不同的零件连接在一起，其中较薄的零件上是通孔而较厚的零件上是不通孔。螺纹较短的一端（旋入端）旋入下部较厚零件的螺纹孔，螺纹较长的另一端（紧固端）穿过上部零件的通孔后，套上垫圈，再用螺母拧紧。双头螺柱连接经常用在被连接零件中有一个由于太厚而不宜钻成通孔的场合。

双头螺柱连接装配图的规定画法如图 6-10 所示，从图中可看出，双头螺柱的公称长度为

$$L_{计}=\delta+0.15d（垫圈厚）+0.8d（螺母厚）+0.3d$$

计算出 $L_{计}$ 后，还需从国家标准长度系列中选取与其相近的标准值。

绘制双头螺柱连接装配图时应注意以下几点：

1）双头螺柱的旋入端长度 b_m 与被旋入零件的材料有关。国家标准中规定常用的有四种：

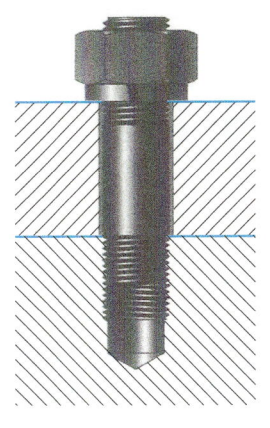 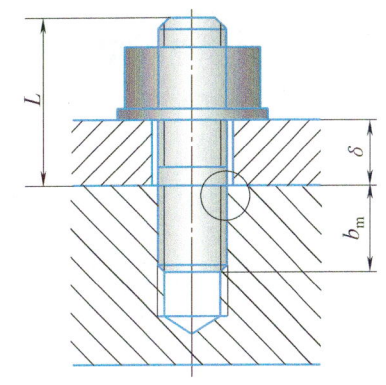

图 6-9 双头螺柱连接　　　　图 6-10 双头螺柱连接装配图规定画法

$b_m = 1d$，用于旋入钢或青铜（GB 897—1988）。

$b_m = 1.25d$，用于旋入铸铁（GB 898—1988）。

$b_m = 1.5d$，用与旋入铸铁或铝合金（GB 899—1988）。

$b_m = 2d$，用于旋入铝合金（GB 900—1988）。

2）双头螺柱的旋入端应画成全部旋入螺纹孔内，即旋入端的螺纹终止线与两个被连接件的接触面应作成一条线，如图 6-10 所示。

3）螺纹孔的螺纹深度应大于双头螺柱旋入端的螺纹长度 b_m，一般螺纹孔的螺纹深度约为 $b_m+0.5d$，而钻孔深度约为 b_m+d。

(3) 螺钉连接　螺钉的种类很多，按其用途的不同可分为连接螺钉和紧定螺钉两类。连接螺钉用以连接两个零件，它不需要与螺母配用，常用在受力不大和不经常拆卸的地方。这种连接在较厚的零件上加工出螺纹孔，而另一被连接件上加工有通孔，将螺钉穿过通孔，与下部零件的螺纹孔相旋合，从而达到连接的目的。

注意：

1）螺钉的螺纹终止线画在螺纹孔口之上。

2）圆柱头螺钉是以钉头的地平面作为画螺钉的定位面。

3）在投影为圆的视图上，螺钉头部的一字槽应画成与水平面成 45°的斜线，也可以涂黑，如图 6-11 所示。

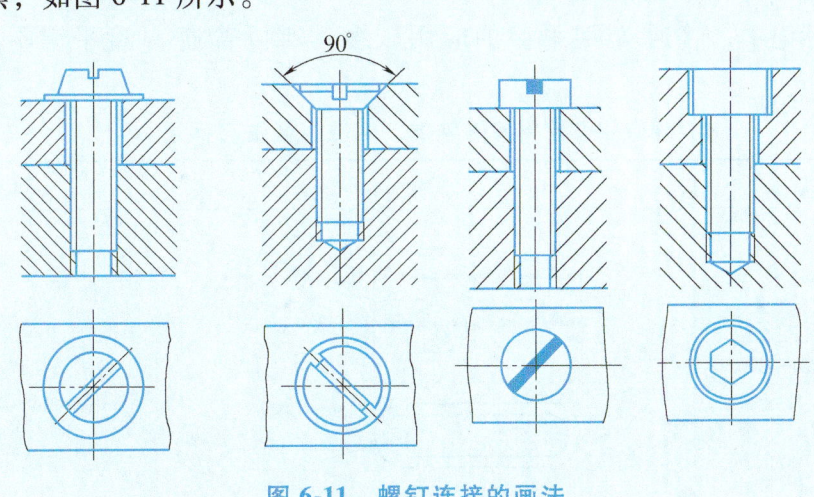

图 6-11 螺钉连接的画法

6.2 键连接和销连接

6.2.1 键连接

如果要把动力通过联轴器、离合器、齿轮、飞轮或带轮等机械零件,传递到安装这个零件的轴上,通常在轮孔和轴上分别加工出键槽,把普通平键的一半嵌在轴里,另一半嵌在与轴相配合零件的毂里,使它们连在一起转动,并传递动力,这种方式称为键连接,如图 6-12 所示。

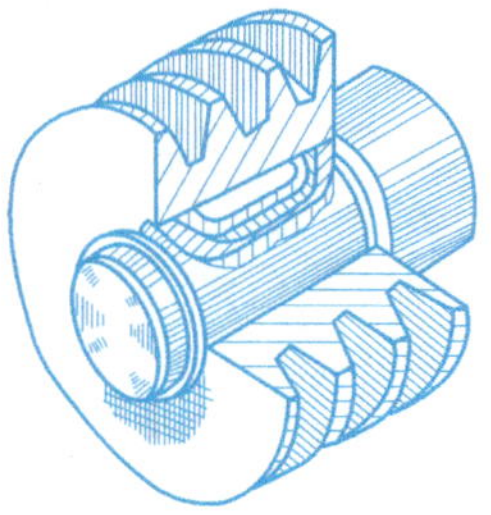

键有多种类型,可根据连接的结构特点、使用要求和工作条件选定。常用的有普通平键、半圆键和钩头楔键。

图 6-12 平键连接

1. 普通平键连接种类、标记

普通平键制造简单,装拆方便,轮与轴的同心度较好,在各种机械上应用广泛。普通平键有普通 A 型平键(圆头)、普通 B 型平键(平头)和普通 C 型平键(单圆头)三种类型,如图 6-13a 所示。

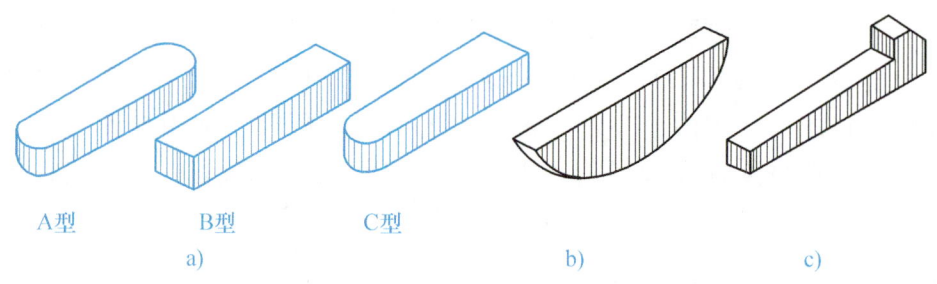

A型　　B型　　C型
a)　　　　　　　　　　b)　　　　　c)

图 6-13 常用键的类型

普通平键是标准件。键的三个尺寸中宽度尺寸 b 和高度尺寸 h 根据轴的直径 d 从标准中查取。键的长度 L 则是根据轮毂长度从标准中选取。一般 $L = B - (5 \sim 10\text{mm})$,并取 L 为标准值,见表 6-4。

在键的标记中,普通 A 型平键的应用较多,所以普通 A 型平键不用标记类型符号。

表 6-4 常用键的种类、标准、画法与标记

名称	标准编号	图例	标记识读
普通平键	GB/T 1096—2003	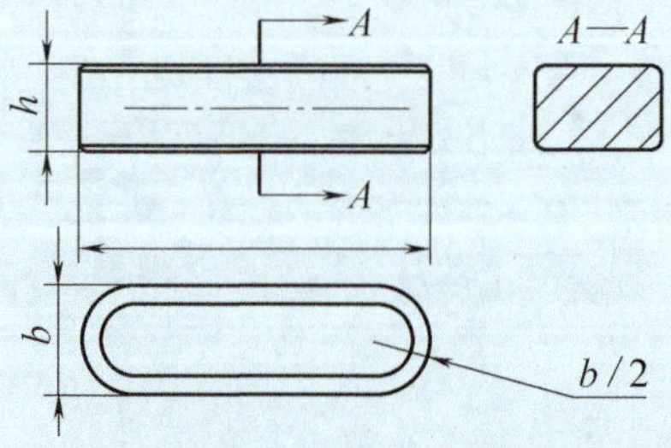	GB/T 1096 键 18×11×100 表示 $b = 18\text{mm}$、$h = 11\text{mm}$、$L = 100\text{mm}$ 的普通 A 型平键

（续）

名称	标准编号	图例	标记识读
半圆键	GB/T 1099.1—2003		GB/T 1099.1 键 6×10×25 表示 $b=6$mm、$h=10$mm、$D=25$mm 的半圆键
钩头楔键	GB/T 1565—2003		GB/T 1565 键 18×100 表示 $b=18$mm、$L=100$mm 的钩头楔键

【**例 6-2**】 普通 A 型平键，键宽 $b=18$mm，键高 $h=11$mm，键长 $L=100$mm，试写出键的标记。

解：键的标记为 "GB/T 1096 键 18×11×100"。

2. 键槽及键连接的画法

普通平键的键槽尺寸由国家标准规定，如图 6-14 所示。其中，t_1 和 t_2 按轴径 d 在标准中查得。

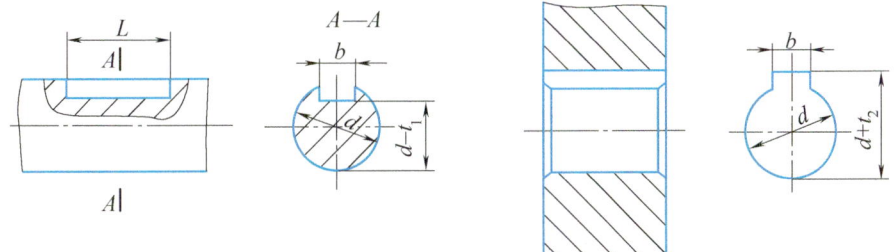

图 6-14 键槽的画法及尺寸标注

键连接的画法如图 6-15 所示。

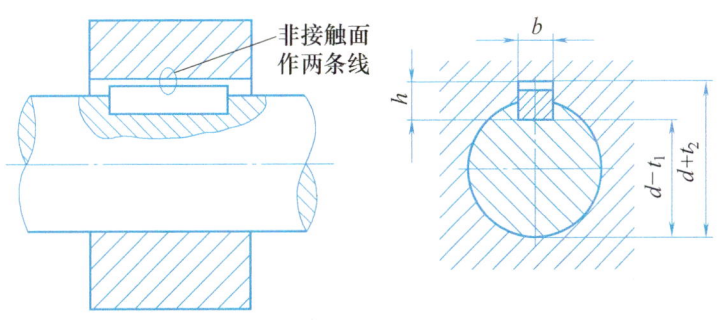

图 6-15 键连接的画法

6.2.2 销连接

销是标准件，主要用于零件间的连接、定位或防松。销的类型很多，常用的有圆柱销、圆锥销和开口销，其画法、标记见表6-5。

表 6-5 销的种类、标准、画法及标记

名称	标准编号	图例	标记示例
圆柱销	GB/T 119.1—2000		销 GB/T 119.1 5 m6×18 表示公称直径 $d=5$mm、公差为m6、公称长度 $l=18$mm 的圆柱销
圆锥销	GB/T 117—2000		销 GB/T 117 10×60 表示公称直径 $d=10$mm、公称长度 $l=60$mm 的A型圆锥销
开口销	GB/T 91—2000		销 GB/T 91 5×50 表示公称规格 $d=5$mm、公称长度 $l=50$mm 的开口销

销连接的画法如图6-16所示。

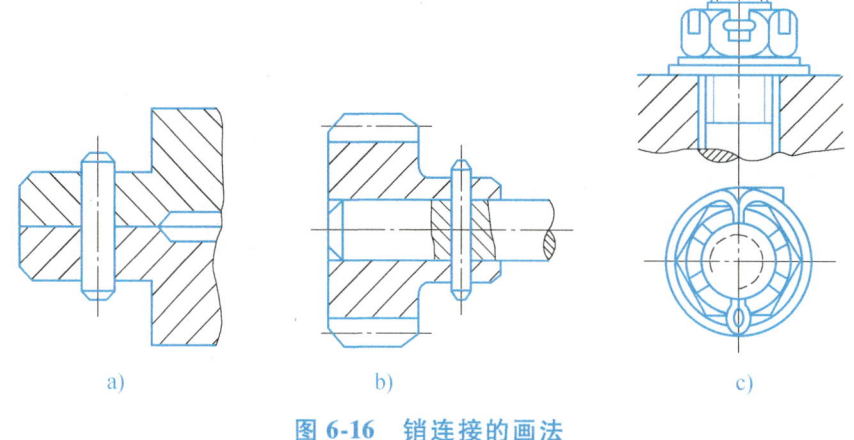

图 6-16 销连接的画法

6.3 滚动轴承

6.3.1 滚动轴承的结构

滚动轴承是支承并承受轴上载荷的标准部件，由于它可以极大地减少轴与孔相对转动时的摩擦力，提高机械效率，且结构紧凑，因此得到广泛应用。

滚动轴承的种类很多，但结构大体相同，它由外圈、内圈、滚动体（或滚子）和保持架组成，如图 6-17 所示。

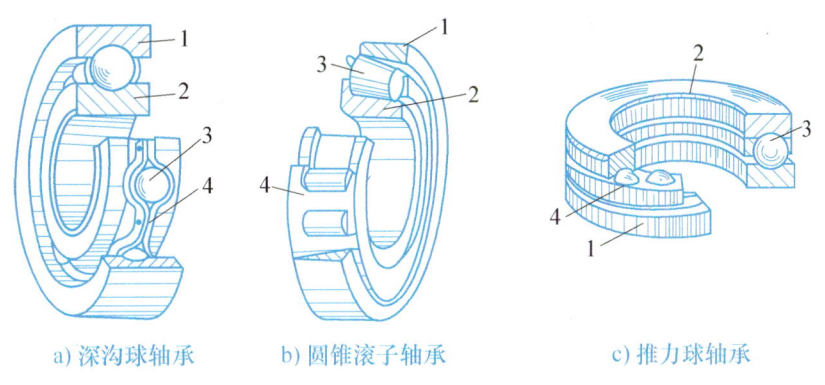

a) 深沟球轴承　　b) 圆锥滚子轴承　　c) 推力球轴承

图 6-17　滚动轴承的结构

1—外圈　2—内圈　3—滚动体（或滚子）　4—保持架

6.3.2　滚动轴承的代号（GB/T 272—2017）

滚动轴承的基本代号表示轴承的基本类型、结构和尺寸，是滚动轴承代号的基础。基本代号由以下三个内容组成，即

类型代号　尺寸系列代号　内径代号

1. 类型代号

滚动轴承类型代号用数字或字母来表示，见表 6-6。

表 6-6　滚动轴承类型代号

代号	轴承类型	代号	轴承类型
0	双列角接触球轴承	6	深沟球轴承
1	调心球轴承	7	角接触球轴承
2	调心滚子轴承和推力调心滚子轴承	8	推力圆柱滚子轴承
3	圆锥滚子轴承	N	圆柱滚子轴承（双列或多列用字母 NN 表示）
4	双列深沟球轴承	U	外球面球轴承
5	推力球轴承	QJ	四点接触球轴承

2. 尺寸系列代号

尺寸系列代号由轴承的宽（高）度系列代号和直径系列代号组合而成。用两位阿拉伯数字来表示。它的主要作用是区别内径相同而宽度和外径不同的滚动轴承。具体代号可查阅有关国家标准。

3. 内径代号

内径代号表示轴承的公称内径，用数字表示，具体见表 6-7。

表 6-7 轴承内径代号

轴承公称内径/mm		内径代号	示例
0.6~10(非整数)		用公称内径毫米数直接表示,在其与尺寸系列代号之间用"/"隔开	深沟球轴承 618/3.5
1~9(整数)		用公称内径毫米数直接表示,对深沟及角接触球轴承直径系列 7、8、9,内径与尺寸系列代号之间用"/"隔开	深沟球轴承 625 深沟球轴承 618/5
10~17	10	00	深沟球轴承 6100
	12	01	深沟球轴承 6201
	15	02	深沟球轴承 6102
	17	03	深沟球轴承 6103
20~480(22、28、32 除外)		公称内径除以 5 的商数,商数为个位数,需在商数左边加"0",如 07	圆锥滚子轴承 30308 深沟球轴承 6216
≥500 以及 22、28、32		用公称内径毫米数直接表示,在尺寸系列之间用"/"分开	调心滚子轴承 230/500 深沟球轴承 62/22

【例 6-3】 解释一下轴承代号的含义。

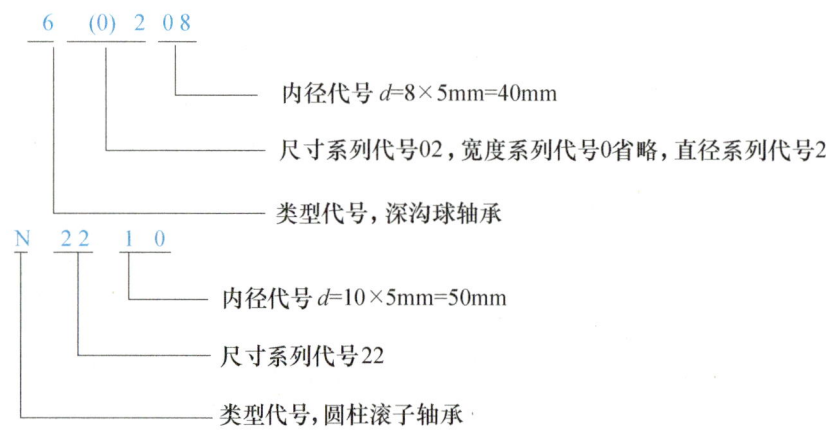

6.3.3 滚动轴承的画法

当需要在图样上表示滚动轴承时,可采用简化画法(即通用画法和特征画法)或规定画法。常用滚动轴承类型及画法见表 6-8。

表 6-8 常用滚动轴承类型及画法

类型名称	结构	简化画法		规定画法
		通用画法	特征画法	
深沟球轴承				

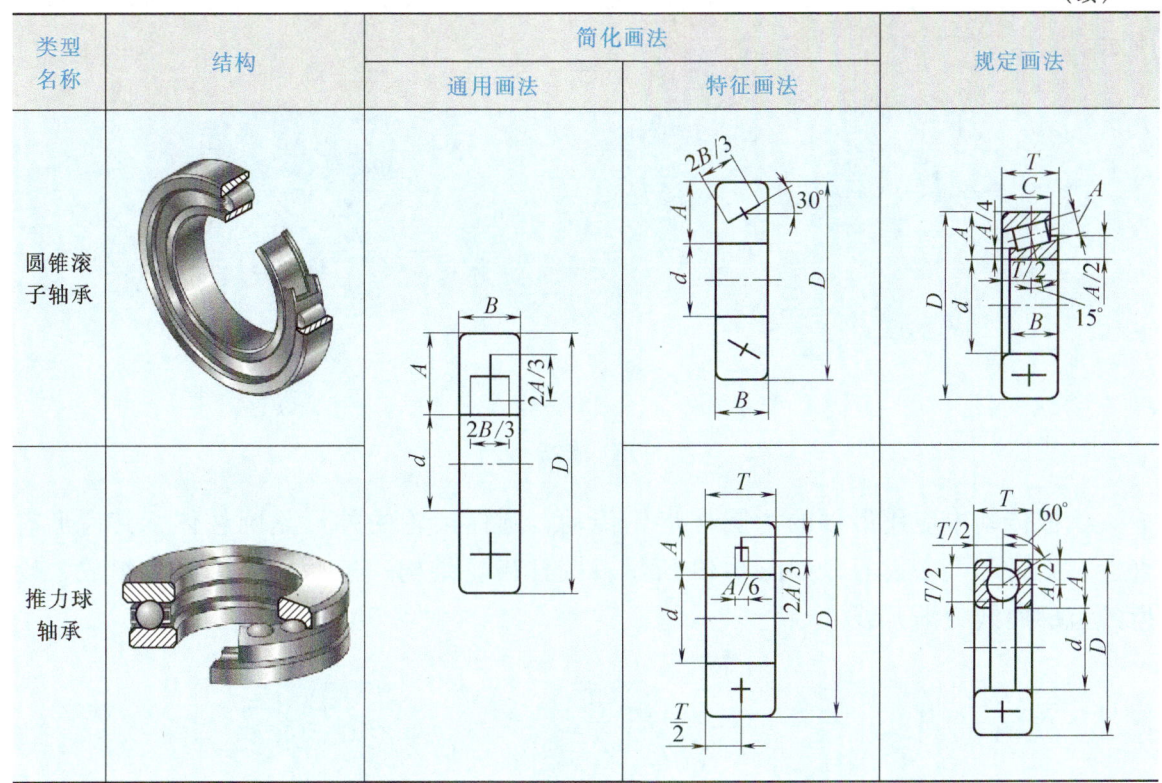

1. 简化画法

（1）通用画法　在剖视图中，当不需要确切地表示滚动轴承的外形轮廓、载荷特征、结构特征时，可用矩形线框及位于线框中央正立的十字形符号表示滚动轴承。

（2）特征画法　在剖视图中，若需表示滚动轴承的结构特征时，可采用在矩形线框内作出其结构要素符号的方法表示滚动轴承。

2. 规定画法

必要时，在滚动轴承的产品图样和产品标准中，采用规定画法表示滚动轴承。

6.4 齿　　轮

齿轮是一个有轮齿的构件。一对齿轮的齿，依次交替接触，从而实现一定规律的相对运动和过程，称为啮合。通过一对齿轮的啮合，可用来用来传递运动和动力，改变转速和旋转方向。

齿轮副是可围绕其轴线转动的两齿轮组成的机构，其轴线的相对位置是固定的，并通过齿轮的相互接触作用由一个齿轮带动另一个齿轮转动。常用的齿轮传动机构有以下三种：

（1）圆柱齿轮传动　两轴线相互平行的齿轮副，用于两平行轴间的传动，如图 6-18a 所示。

（2）锥齿轮传动　两轴线相交的齿轮副，用于两相交轴间的传动，如图 6-18b 所示。

（3）**蜗杆传动** 两轴线交错的齿轮副，用于两交错轴间的传动，如图 6-18c 所示。

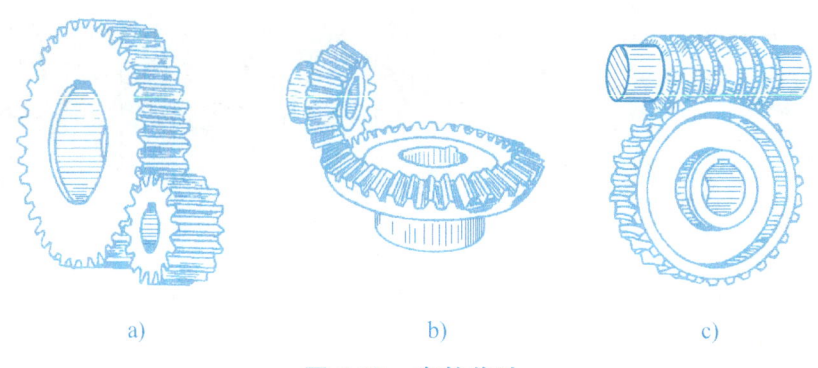

图 6-18 齿轮传动

机械传动中应用最多的为圆柱齿轮传动，圆柱齿轮的外形是圆柱体，其齿形有直齿、斜齿和人字齿等，如图 6-19 所示。圆柱齿轮结构一般由轮体和轮齿组成，轮齿的齿廓曲线为渐开线。

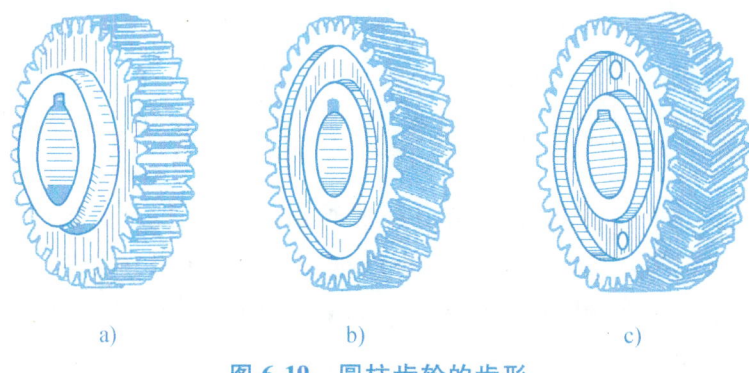

图 6-19 圆柱齿轮的齿形

6.4.1 直齿圆柱齿轮各部分的名称及代号（GB/T 3374.1—2010）

渐开线直齿圆柱齿轮各部分的代号如图 6-20 所示。

1. 齿顶圆（d_a）

齿顶圆柱面被垂直于其轴线的平面所截的截线，称为齿顶圆。

2. 齿根圆（d_f）

齿根圆柱面被垂直于其轴线的平面所截的截线，称为齿根圆。

3. 分度圆（d）和节圆（d'）

分度圆柱面与垂直于其轴线的一个平面的交线，称为分度圆；节圆柱面被垂直于其轴线的一个平面所截的截线，称为节圆。在一对标准齿轮中，两齿轮分度圆柱面相切。

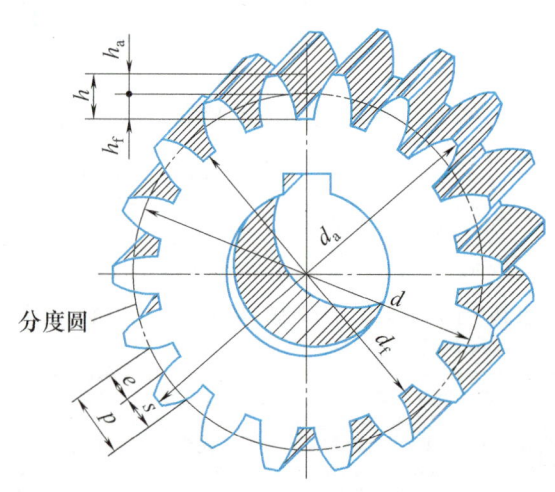

图 6-20 齿轮各部分的代号

4. 齿顶高（h_a）

齿顶圆和分度圆之间的径向距离，称为齿顶高。标准齿轮的齿顶高 $h_a = m$（m 为模数）。

5. 齿根高（h_f）

齿根圆和分度圆之间的径向距离，称为齿根高。标准齿轮的齿根高 $h_f = 1.25m$（m 为模数）。

6. 齿高（h）

齿顶圆和齿根圆之间的径向距离，称为齿高。

7. 端面齿距（简称齿距 p）

两个相邻侧端面齿廓之间的分度圆弧长，称为齿距。

8. 端面齿槽宽（简称槽宽 e）

在端平面上，一个齿槽的两侧齿廓之间的分度圆弧长，称为端面齿槽宽。

9. 端面齿厚（简称齿厚 s）

一个齿的两侧端面齿廓之间的分度圆弧长，称为端面齿厚。在标准齿轮中，槽宽和齿厚各为齿距的一半，即 $s = e = p/2$。

10. 齿宽（b）

齿轮的有齿部位沿分度圆柱面的母线方向度量的宽度，称为齿宽。

11. 齿数（z）

一个齿轮的轮齿总数。

6.4.2 直齿圆柱齿轮的基本参数与轮齿各部分的尺寸关系

1. 模数 m

由于分度圆的周长 $\pi d = pz$，因此 $d = (p/\pi)z$，p/π 的值被称为模数，模数以 mm 为单位。模数是齿轮设计和制造的重要参数，是计算齿轮主要尺寸的一个基本依据。模数越大，轮齿的尺寸越大，承载能力越大。

为了便于齿轮加工的方便，减少成形刀具的数量和规格，国家标准 GB/T 1357—2008《通用机械和重型机械用圆柱齿轮 模数》对圆柱齿轮的模数做了统一规定，见表6-9。

表 6-9 常用模数系列　　　　　　　　　　　　　（单位：mm）

模数系列	标准模数
第Ⅰ系列	1　1.25　1.5　2　2.5　3　4　5　6　8　10　12　16　20　25　32　40　50
第Ⅱ系列	1.75　2.25　2.75　3.5　4.5　5.5　（6.5）　7　9　11　14　18　22　28　36　45

注：优先采用第Ⅰ系列，应避免采用第Ⅱ系列中的模数6.5。

2. 模数与轮齿各部分的尺寸关系

齿轮的模数确定后，按照与模数 m 的比例关系，可计算出直齿圆柱齿轮轮齿各部分公称尺寸，见表6-10。

表 6-10　直齿圆柱齿轮的参数计算公式

名称	代号	计算公式	名称	代号	计算公式
模数	m	由强度计算决定	齿高	h	$h = h_a + h_f = 2.25m$
齿数	z	由传动比 $i_{12} = z_2/z_1$ 确定	齿顶圆直径	d_a	$d_a = m(z+2)$
分度圆直径	d	$d = mz$	齿根圆直径	d_f	$d_f = m(z-2.5)$
齿顶高	h_a	$h_a = m$	齿距	p	$p = \pi m$
齿根高	h_f	$h_f = 1.25m$	中心距	a	$a = (d_1 + d_2)/2 = m(z_1 + z_2)/2$

3. 中心距 a

两圆柱齿轮轴线之间的最短距离。一对装配准确的标准齿轮，其中心距为

$$a = (d_1 + d_2)/2 = m(z_1 + z_2)/2$$

6.4.3　圆柱齿轮的规定画法（GB/T 4459.2—2003）

1. 单个圆柱齿轮的规定画法

1）齿顶圆和齿顶线用粗实线表示，齿根圆和齿根线用细实线表示（也可省略不绘出），分度圆和分度线用点画线表示（图6-21a）。

2）在剖视图中，轮齿部分按不剖处理（即不绘制剖面线），齿根线改用粗实线表示（图6-21b）。

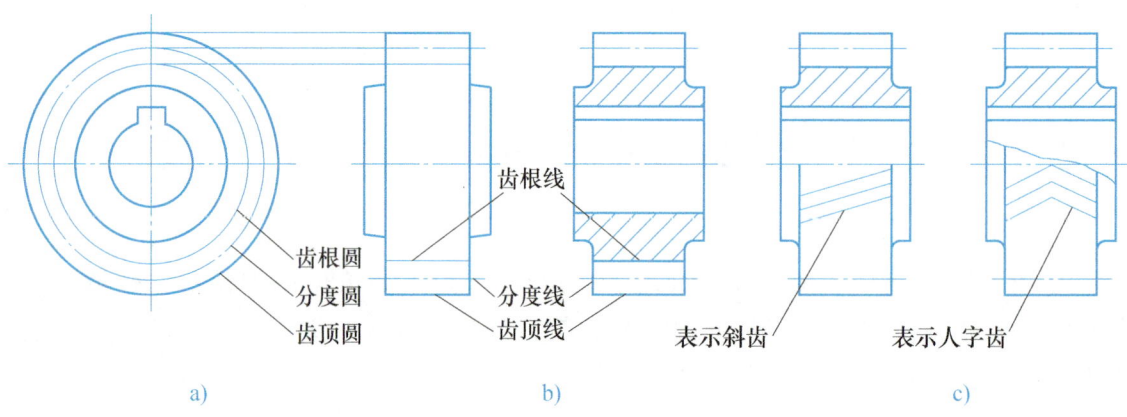

图 6-21　单个圆柱齿轮的规定画法

3）若为斜齿或人字齿时，可在外形视图或者半剖视图的未剖部分上画出三条平行齿向的细实线，以表示轮齿的方向（图6-21c）。

2. 圆柱齿轮啮合的规定画法

圆柱齿轮啮合的规定画法如图6-22所示。在齿轮投影为圆的视图中，两节圆应相切，两个齿轮啮合部分的齿顶圆均用粗实线绘制（图6-22a），齿根圆和啮合区内的齿顶圆也可省略不绘出（图6-22b）；在非圆的外形视图中，啮合区内两齿轮的节线互相重合，应画成粗实线；若两个齿轮是斜齿或人字齿啮合，则应在外形视图上作出三条表示齿向的细实线（图6-22c）；在非圆的剖视图中，啮合区内两齿轮的节线要重合，用点画线绘制，齿根均用粗实线绘制；将其中一个齿轮的轮齿作为可见，用粗实线绘制；另一个轮的轮齿被遮挡部分为不可见，用虚线绘制，也可省略不绘

出，一个轮齿的齿顶和另一个齿轮的齿根之间应有径向间隙。

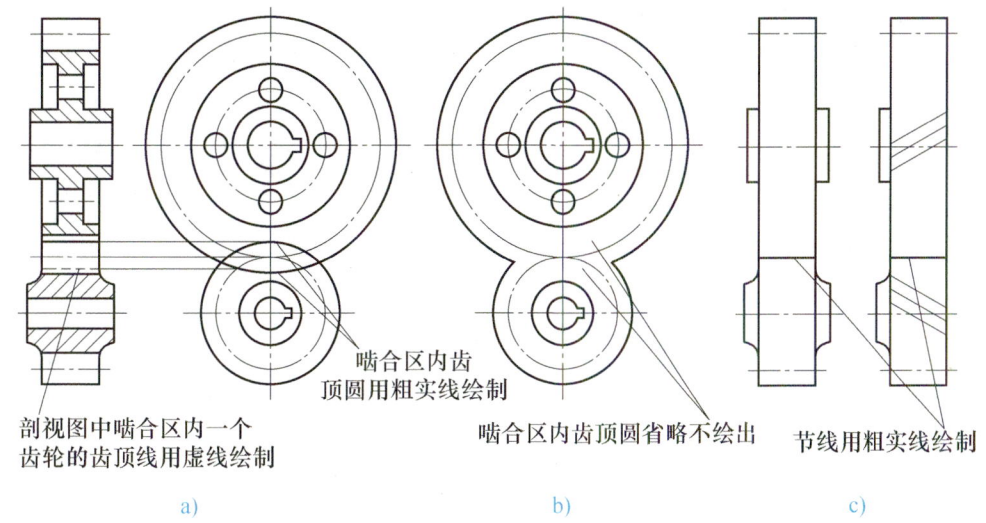

图 6-22 圆柱齿轮啮合的规定画法

【例 6-4】 使用 AutoCAD 2022 绘制图 6-23 所示直齿圆柱齿轮零件图。

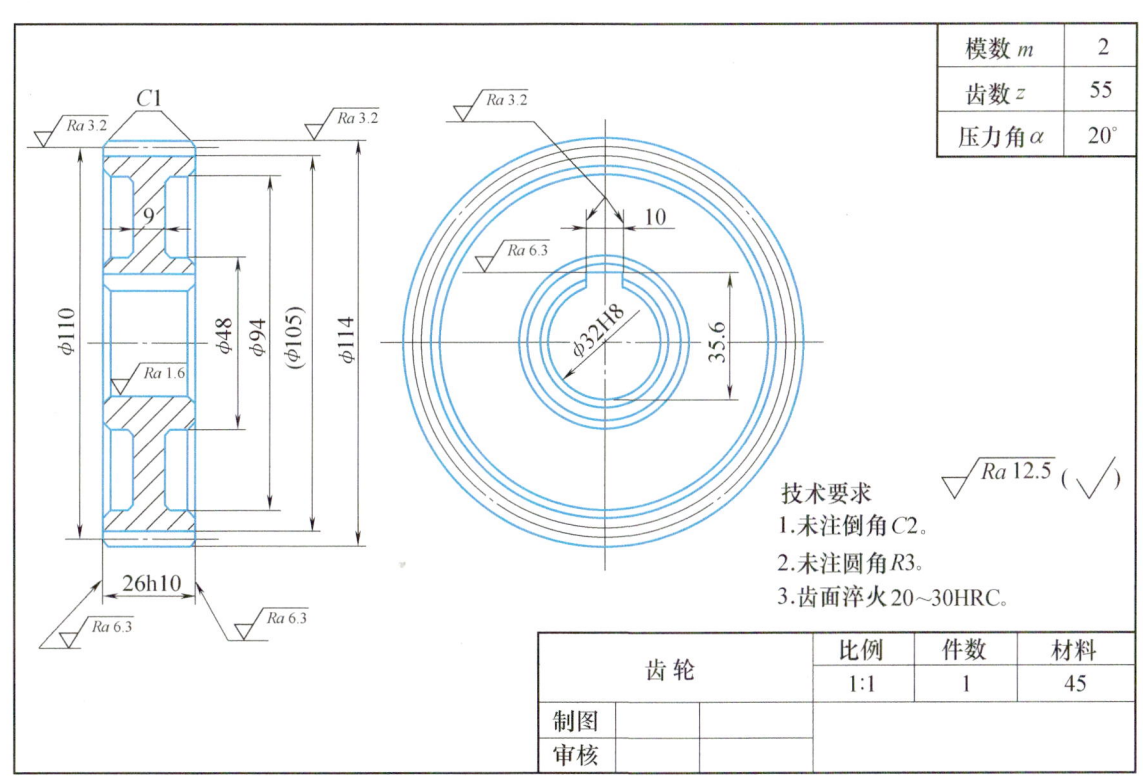

图 6-23 直齿圆柱齿轮零件图

（1）绘制左视图 运用"直线"命令绘制定位中心线，然后绘制一组同心圆，$\phi114$mm、$\phi105$mm、$\phi94$mm、$\phi48$mm、$\phi32$mm 为粗实线，$\phi110$mm 为点画线，齿顶倒角直径 $\phi112$mm、轮辐孔倒角直径 $\phi98$mm、$\phi44$mm，键槽孔倒角直径 $\phi36$mm，如图 6-24 所示。

（2）绘制键槽 将竖直中心线左右各偏移 5mm，将水平中心线偏移 19.6mm，运用 AutoCAD 2022 中的"修剪"命令重复修剪得到键槽图形，如图 6-25 所示。

命令:OFFSET

当前设置:删除源＝否　图层＝源　OFFSETGAPTYPE＝0

指定偏移距离或[通过(T)/删除(E)/图层(L)]<通过>:5

选择要偏移的对象,或[退出(E)/放弃(U)]<退出>:(选择竖直中心线)

指定要偏移的那一侧上的点,或[退出(E)/多个(M)/放弃(U)]<退出>:

选择要偏移的对象,或[退出(E)/放弃(U)]<退出>:(选择竖直中心线)

指定要偏移的那一侧上的点,或[退出(E)/多个(M)/放弃(U)]<退出>:

命令:OFFSET

当前设置:删除源=否　图层=源　OFFSETGAPTYPE=0

指定偏移距离或[通过(T)/删除(E)/图层(L)]<5.0000>:19.6

选择要偏移的对象,或[退出(E)/放弃(U)]<退出>:(选择水平中心线)

指定要偏移的那一侧上的点,或[退出(E)/多个(M)/放弃(U)]<退出>:

选择要偏移的对象,或[退出(E)/放弃(U)]<退出>:↙

命令:TRIM

当前设置:投影UCS,边=无,模式=快速

选择要修剪的对象,或按住<Shift>键选择要延伸的对象或[剪切边(T)/窗交(C)/模式(O)投影(P)/删除(R)]:(选择要修剪的线段)

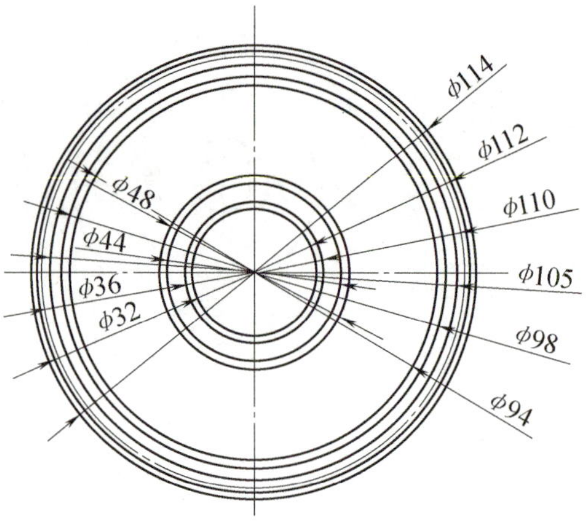

图6-24　绘制直齿圆柱齿轮左视图同心圆

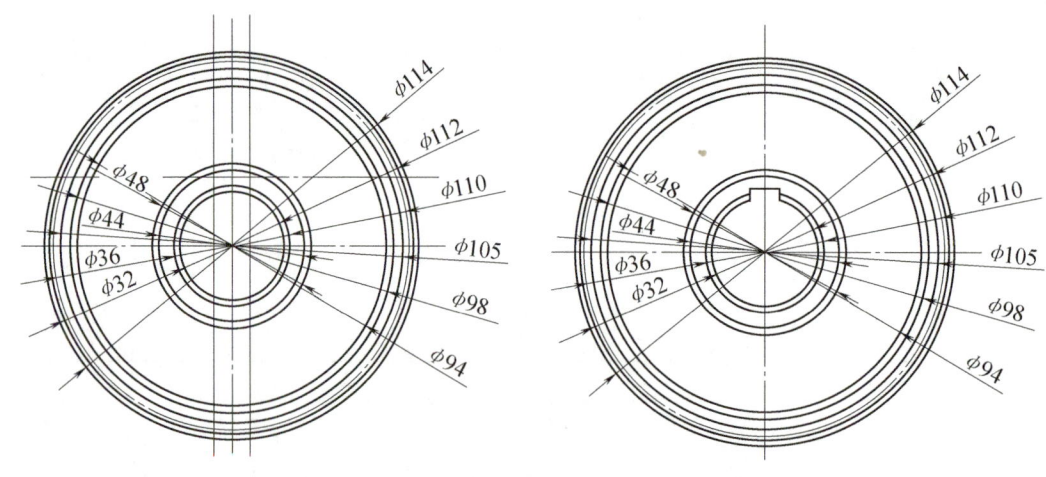

a) 偏移命令绘制平行线　　　b) 修剪命令完成键槽图形

图6-25　绘制直齿圆柱齿轮左视图键槽

（3）绘制主视图　首先绘制定位中心线，重复运用"偏移"命令将中心线偏移，然后运用"修剪"命令重复修剪图形，运用"倒角""圆角"等命令进行编辑，

最后通过调整图层修改图线的特性,如图 6-26 所示。

1) 偏移。

命令:OFFSET

当前设置:删除源=否　图层=源　OFFSETGAPTYPE=0

指定偏移距离或[通过(T)/删除(E)/图层(L)]<2.0000>:8.5

其他操作步骤同上,略,结果如图 6-26 所示。

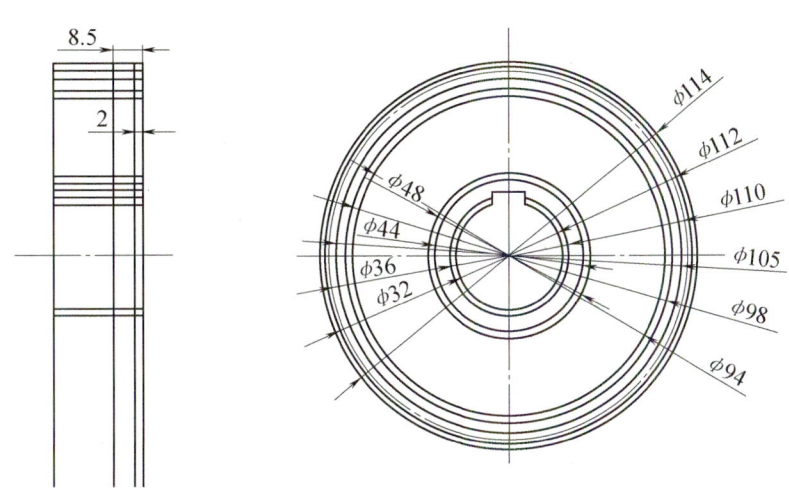

图 6-26　绘制直齿圆柱齿轮主视图

2) 倒角。

先对齿顶圆倒角 $C1$ 进行标注。

命令:CHAMFER

("修剪"模式) 当前倒角距离 1=1.0000,距离 2=1.0000

选择第一条直线或[放弃(U)/多段线(P)/距离(D)/角度(A)/修剪(T)/方式(E)/多个(M)]:

选择第二条直线,或按住<Shift>键选择直线以应用角点或[距离(D)/角度(A)/方法(M)]:

其他倒角同上,仅仅将"距离"数值修改为"2",操作步骤略,结果如图 6-27a 所示。

3) 圆角。

命令:FILLET

当前设置:模式=修剪,半径=3.0000

选择第一个对象或[放弃(U)/多段线(P)/半径(R)/修剪(T)/多个(M)]:

选择第二个对象,或按住<Shift>键选择对象以应用角点或[半径(R)]:

完成后,结果如图 6-27b 所示。

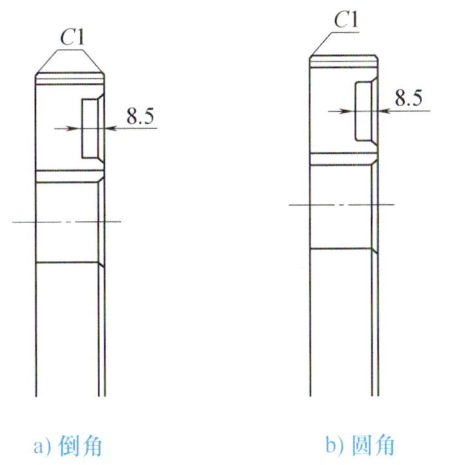

a) 倒角　　b) 圆角

图 6-27　绘制倒角、圆角

4）图形镜像。

选择需要镜像的对象（轮辐孔、键槽孔），如图 6-28a 所示，选择镜像轴（齿轮中线），结果如图 6-28b 所示。

命令:MIRROR

选择对象:找到 1 个

选择对象:找到 1 个,总计 2 个

选择对象:找到 1 个,总计 3 个

选择对象:找到 1 个,总计 4 个

选择对象:找到 1 个,总计 5 个

选择对象:找到 1 个,总计 6 个

选择对象:找到 1 个,总计 7 个

选择对象:找到 1 个,总计 8 个

选择对象:找到 1 个,总计 9 个

选择对象:找到 1 个,总计 10 个

选择对象:找到 1 个,总计 11 个

选择对象:(选择镜像线段)

指定镜像线的第一点:(齿顶中点)

指定镜像线的第二点:(垂足)

同样，将齿轮水平中心线上半部分线段镜像到下半部分，结果如图 6-28c 所示。

5）图案填充。

命令:HATCH

拾取内部点或[选择对象(S)/放弃(U)/设置(T)]:(单击填充区域)

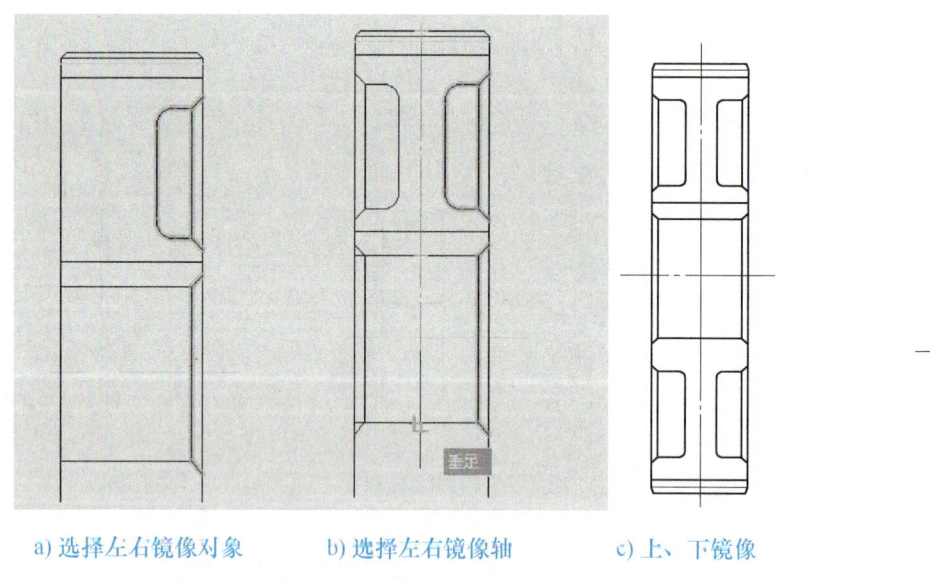

a）选择左右镜像对象　　b）选择左右镜像轴　　c）上、下镜像

图 6-28　镜像绘制　　　　　　　　　　　图 6-29　图案填充

6）尺寸标注：注写技术要求。参考前文方法标注尺寸并注写技术要求。

7）绘制标题栏。

完成效果如图 6-23 所示。

第7章 零件图

 教学目标

1. 掌握轴（套）类、轮盘类、叉架类和箱体类等典型零件的结构特点和视图表达方法。
2. 正确选择尺寸基准，按照工艺要求合理标注尺寸。
3. 掌握极限与配合、几何公差及表面粗糙度等技术要求的正确标注方法，能读懂零件图中的技术要求。
4. 了解零件中常见的工艺结构，合理设计零件结构。
5. 掌握零件图的阅读方法，能读懂中等难度零件图。
6. 利用 Auto CAD 2022 绘制常见零件图。

 素养目标

培养学生关注行业动态，乐于动脑、勤于动手的职业习惯。

7.1 零件图及视图表达方式

7.1.1 零件图的作用和内容

1. 零件图的作用

零件是组成机器或部件的基本单位。表示零件结构、大小及技术要求的图样称为零件图。零件图是制造和检验零件的依据，是组织生产的主要技术文件之一。

2. 零件图的内容

（1）一组视图　每一张零件图中都有一组图形，少则一两个，多则七八个，包括视图、剖视图、断面图和其他辅助视图等。视图按标准规定的比例，完整、确切且清晰地表示出零件的结构形状。

（2）完整的尺寸　由于零件图直接用以指导零件的加工，因此其上要有能真实反映零件结构的尺寸，并且要做到正确、清晰、合理。

（3）**必要的技术要求**　如尺寸公差、几何公差、表面结构、热处理要求等。

（4）**标题栏**　填写零件名称、比例、材料、数量、图号以及设计、绘图人员的签名、日期等。

7.1.2　典型零件的表达方法

根据零件结构的特点和用途，大致可分为轴（套）类、轮盘类、叉架类和箱体类四类。

1. 轴（套）类零件

轴的主体多数是由几段直径不同的圆柱所组成的，呈阶梯状分布，且轴（套）类零件的轴向尺寸远大于其径向尺寸。轴上常加工有键槽、轴肩、倒角、退刀槽、中心孔等结构，如图 7-1 所示。

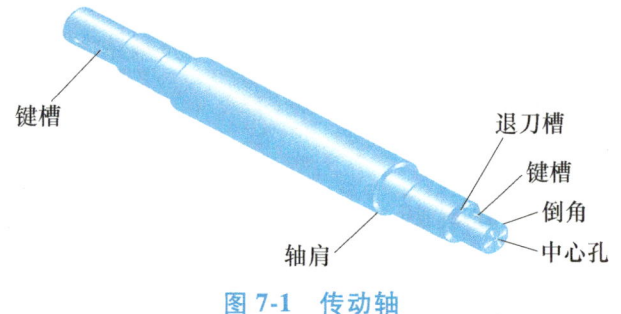

图 7-1　传动轴

为了加工时方便识读，轴类零件的主视图一般按加工位置选择。一般将轴线水平放置，垂直轴线方向作为主视图的投射方向，使它符合车削和磨削的加工位置，

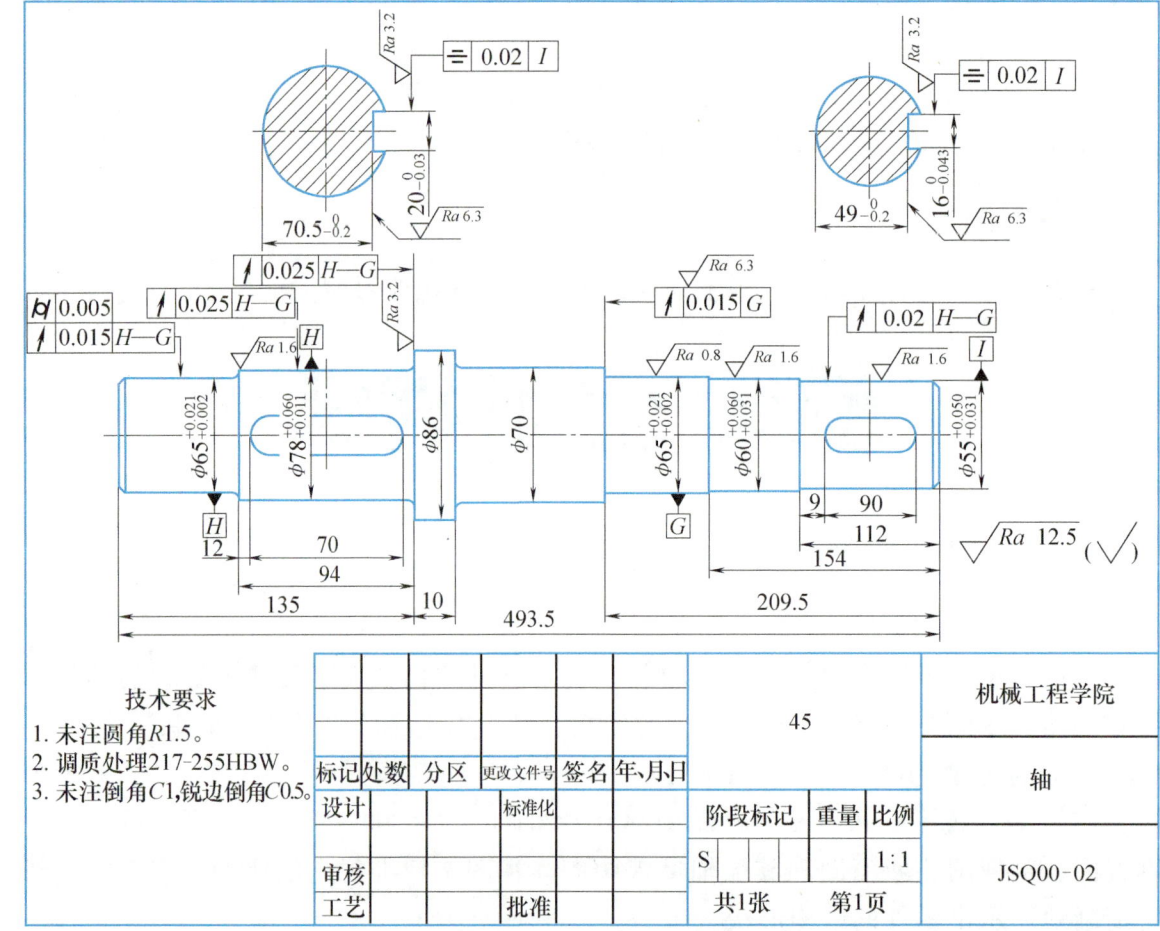

图 7-2　轴零件图

如图 7-2 所示。轴上的局部结构（键槽、螺纹、倒角等）一般采用断面图、局部剖视图、局部放大图等来表达。

套类零件主要结构由回转体组成，与轴类零件不同的之处在于套类零件是空心的，因此主视图多采用轴线水平放置的全剖视图表示。

2. 轮盘类零件

轮盘类零件同样是回转体类零件，但其径向尺寸远大于轴向尺寸，各种齿轮、带轮、端盖（图 7-3）等都属于这类零件。

轮盘类零件主要以车削加工为主，在表达这类零件时，主视图方向沿零件轴线方向，采用几个相交的剖切面组成的全剖视图基本上可反映端盖的主要结构，其余细小、特殊结构采用局部视图、放大视图等表达方法。

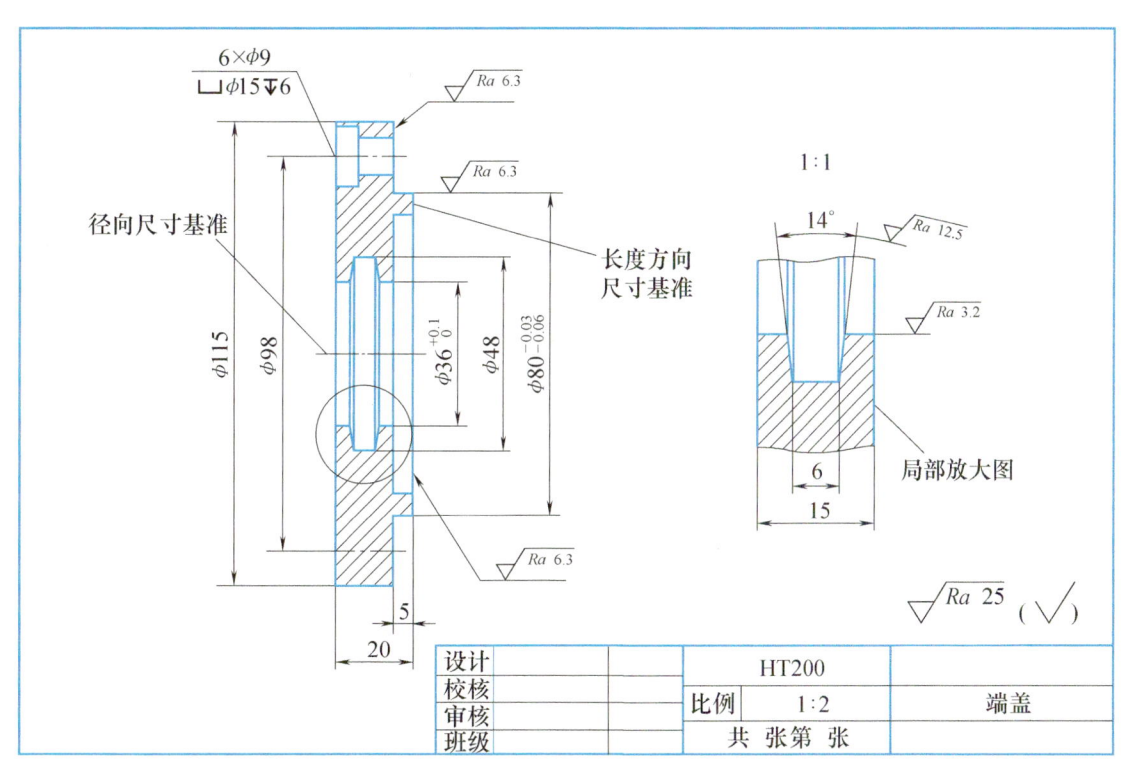

图 7-3 端盖零件图

3. 叉架类零件

叉架类零件包括拔叉、支架、连杆等零件。叉架类零件一般由三个部分构成。这类零件多数形状不规则，结构比较复杂，需经多道工序加工完成。

叉架类零件选择主视图时，主要考虑零件的形状特征和工作位置，一般需要两个或两个以上的基本视图。为了表达零件上的特殊结构，还需要斜视图、多个剖切平面的全剖视图、断面图或局部视图等表达方法，如图 7-4 所示。

4. 箱体类零件

箱体类零件的主要作用是支承和包容其他零件，其内外结构都比较复杂，泵体、阀类、减速器箱体等都属于这类零件。

箱体类零件常用的主视图位置通常以机器中的工作位置及形状特征来选择。为

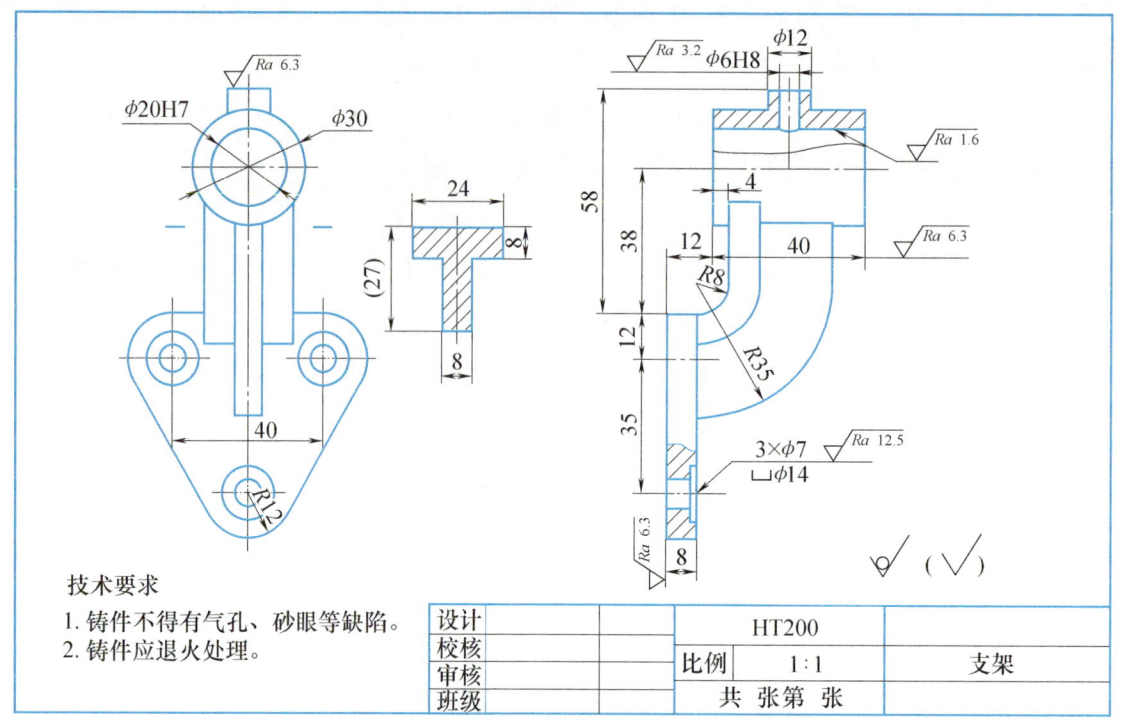

图 7-4 叉架零件图

了清晰表达内部结构，常采用剖视的方法。

图 7-5 所示为轴承座零件图，采用三个基本视图表示。主、左视图均采用半剖视图，一部分表达外部结构，另一部分则表达内部结构。俯视图仅简单画外部形状，同时表达了底板上安装孔的结构。

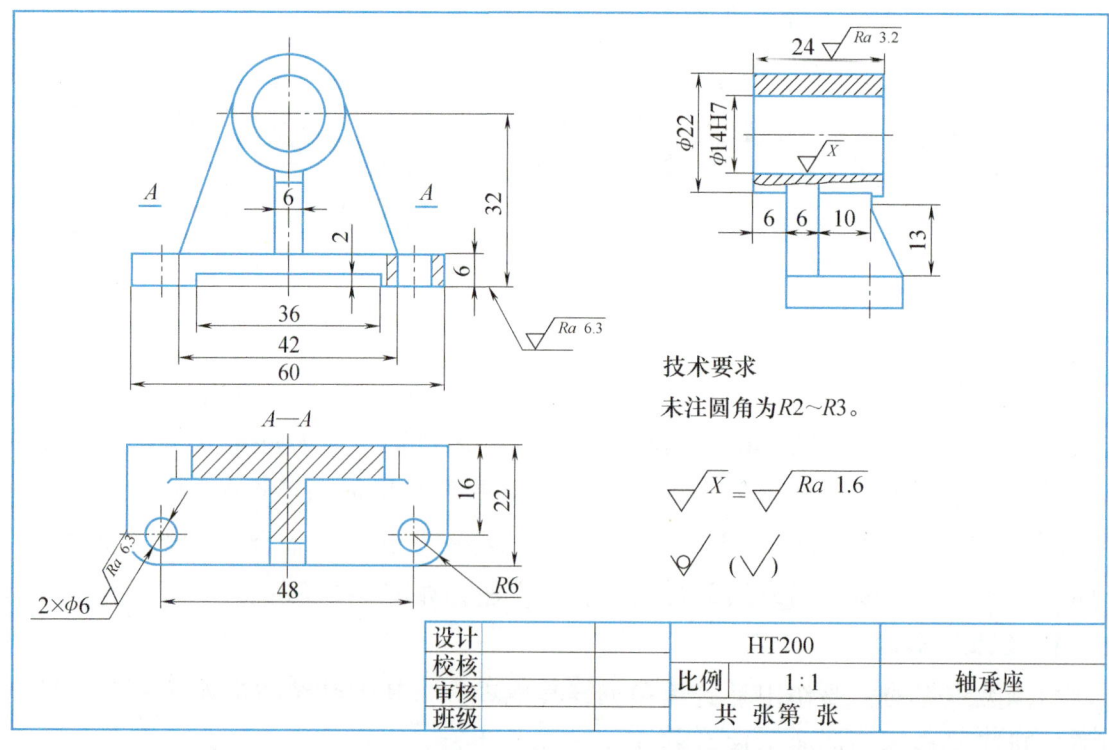

图 7-5 轴承座零件图

7.2 零件图的尺寸标注

零件图是加工和检测零件的重要依据。零件图中的尺寸除了要求标注正确、完整、清晰外，尺寸注法的合理性也是非常重要的，既要满足设计要求，又要便于加工制造和零件检测。

7.2.1 选择尺寸基准

要合理标注尺寸，必须恰当选择尺寸基准。尺寸基准一般都是零件上的一些重要的面或线。标注尺寸时，面基准一般选择在零件上的主要加工面、两零件的接合面、零件的对称中心面等，线基准一般选择轴、孔的轴线，对称中心线等。

在确定尺寸基准时，还要考虑设计要求和便于加工测量，因此基准可分为设计基准和工艺基准。

1. 设计基准和工艺基准

（1）设计基准　根据机器的结构和设计要求，用以确定零件在机器中位置的一些点、线、画，称为设计基准。图 7-6 所示轴承座的下底面是安装面，支承孔的中心高要根据这个基面来确定。因此，它是高度方向的设计基准。图 7-7 所示阶梯轴的轴线为径向尺寸的设计基准。

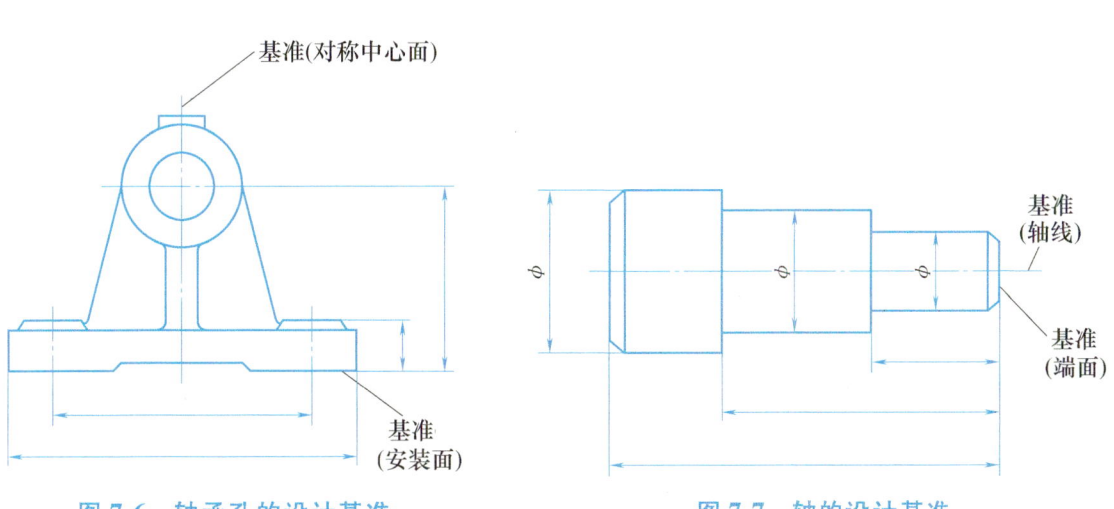

图 7-6　轴承孔的设计基准　　　　图 7-7　轴的设计基准

（2）工艺基准　根据零件加工制造、测量和检验等工艺要求所选定的一些点、线、面，称为工艺基准。图 7-8 所示阶梯轴，在车床上加工时，车刀每一次车削的最终位置，都是以右端面为起点来进行选定的，因此右端面就是该机件的工艺基准。

2. 主要基准与辅助基准

标注尺寸基准时，由于零件的复杂程度不同，往往需要多个基准表示，因此基准可分为主要基准与辅助基准。

（1）主要基准　每个零件都有长、宽、高三个方向的尺寸，每个方向至少应该

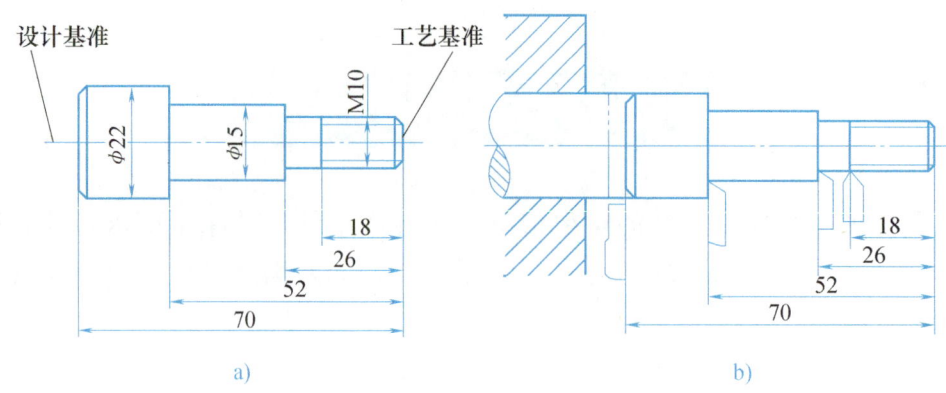

图 7-8 轴的设计基准与工艺基准

有一个决定主要尺寸的基准，称为主要基准。

（2）辅助基准　为了加工和测量方便，通常会附加一些尺寸基准，称为辅助基准。如图 7-9 所示主视图中的尺寸 40 是以 φ15 的轴线为辅助基准注出的。辅助基准必须有尺寸与主要基准相连。

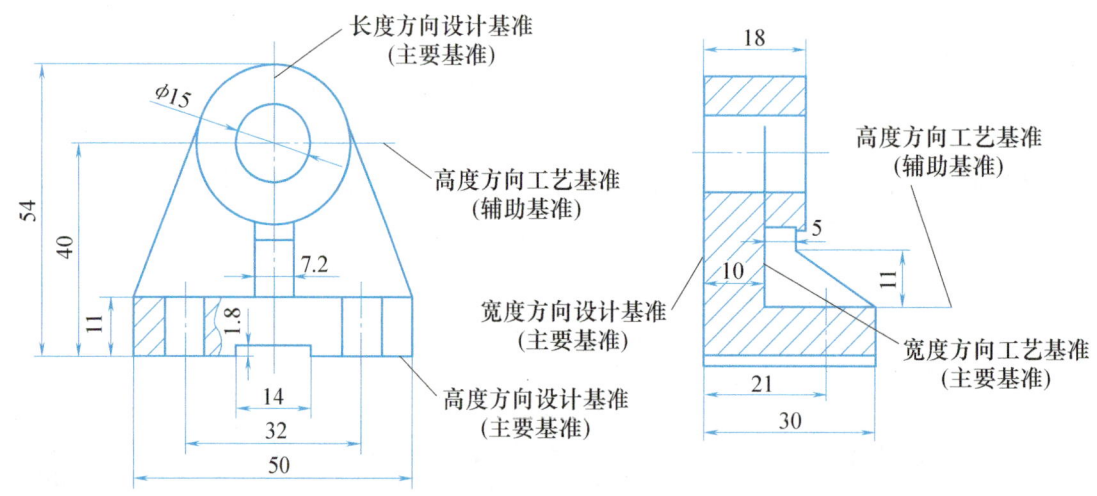

图 7-9 主要基准与辅助基准

零件图中除了视图表达和尺寸注法以外，还应注明零件在制造过程中必须达到的技术要求，如表面粗糙度、尺寸公差、零件的几何公差、材料的热处理和表面处理以及对指定加工方法和检验的说明等。技术要求一般用国标规定的代号（符号）标注，其他技术要求可用简明的文字书写在标题栏附近。

7.2.2　尺寸标注的基本要求和基本规则

1. 尺寸标注的基本要求

1）正确。要符合国家标准的有关规定。
2）完全。要标注制造零件所需要的全部尺寸，不遗漏，不重复。
3）清晰。尺寸布置要整齐、清晰，便于阅读。
4）合理。标注的尺寸要符合设计要求及工艺要求。

2. 尺寸标注的基本规则

1）尺寸数值为零件的真实大小，与绘图比例及绘图的准确度无关。

2）以毫米为单位时可省略标注单位，若采用其他单位时，则必须注明单位。

3）图中所注尺寸为零件完工后的尺寸。

4）每个尺寸一般只标注一次，并应标注在最能清晰地反映该结构特征的视图上。

5）尺寸配置合理。

① 功能尺寸应直接注出。

② 同一要素的尺寸应尽可能集中标注，如孔的直径和深度、槽的深度和宽度等。

③ 尽量避免在不可见的轮廓线上标注尺寸。

7.3 零件图中的技术要求

零件图中的技术要求通常包括表面结构要求、尺寸公差、几何公差、材料及热处理、表面处理等要求。在零件图上，技术要求可用代号、数字、文字来标注，以达到制造和检验时零件的技术指标。

7.3.1 表面结构

零件的表面结构包含表面粗糙度、表面波纹度、表面缺陷、表面纹理和表面几何形状等几个方面的内容。这里简要介绍表面粗糙度的表示法。

1. 表面粗糙度的基本概念

加工后的零件看起来表面很光滑，但由于机床、刀具振动，材料本身的性质等各种因素的影响，在显微镜下观察时，其实际表面会呈现出微小的凸起和凹陷。零件加工表面所具有的这种由较小间距的峰与谷所构成的微观几何不平度，称为表面粗糙度。表面粗糙度与加工方法、刀具形状及切削用量等各种因素有关。

表面粗糙度是评定零件表面质量的一项重要技术指标，对零件的配合精度、耐磨性、耐蚀性以及密封性等都有显著影响，是零件图中必不可少的一项技术要求。

表面粗糙度的选用，应该既满足零件的使用要求，又要考虑经济合理。表面粗糙度参数值越小，表面质量越高，加工成本也越高。因此，在满足使用要求的前提下，应尽量选用较大的表面粗糙度参数值，以降低成本。

国家标准规定评定粗糙度两个轮廓参数 Ra 和 Rz，是我国机械图样中最常用的评定参数。

（1）轮廓算术平均偏差 Ra　是指在一个取样长度内，纵坐标值 $Z(x)$ 绝对值的算术平均值，如图 7-10 所示。

（2）轮廓最大高度 Rz　是指在同一个取样长度内，最大轮廓峰高和最大轮廓谷深之和的高度，如图 7-10 所示。

2. 表面粗糙度代号的识读

在图样中，零件表面粗糙度是用代（符）号标注的。它由规定的符号和有关参

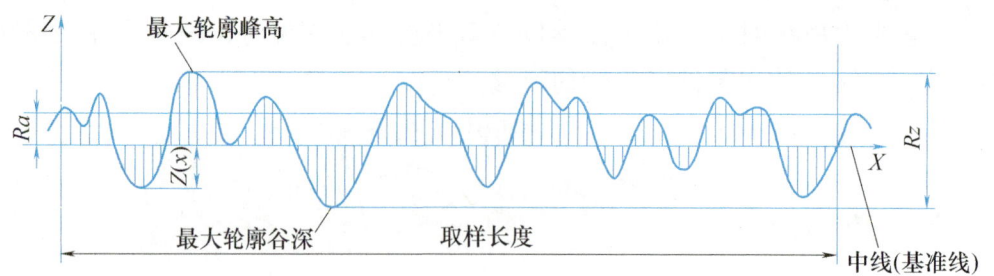

图 7-10 轮廓算术平均偏差 Ra 和轮廓最大高度 Rz

数组成。表面粗糙度代号一般按下列方式识读：

$\sqrt{Ra\,3.2}$，读作"表面粗糙度 Ra 的上限值为 $3.2\mu m$"。

3. 表面结构要求在图样中的注法

1）表面结构要求对每一个表面一般只注一次，并尽可能注在相应的尺寸及其公差的同一视图上。所标注的表面结构要求是对完工零件表面的尺寸，除非另有说明。

2）表面结构的注写和识读方向与尺寸一致。表面结构要求可以标注在轮廓线上，其符号尖端应从材料外指向材料。必要时，表面结构要求也可用箭头或黑点的指引线引出标注，如图 7-11 所示。

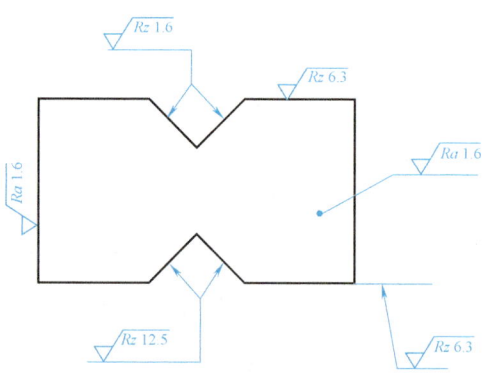

图 7-11 表面结构要求在轮廓线上的标注

3）在不致引起误解的情况下，表面结构要求可以标注在几何公差框格的上方，也可以标注在给定的尺寸线上，如图 7-12 所示。

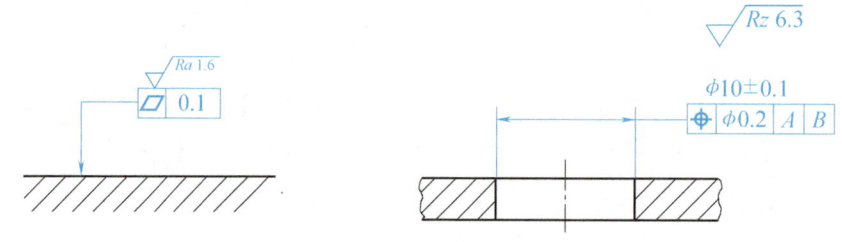

图 7-12 表面结构要求的标注

4）当多个表面具有相同的表面结构要求时，其表面结构要求可以统一标注在图样的标题栏附近，如图 7-13 所示。

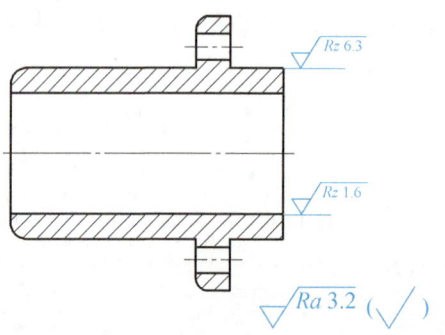

图 7-13 表面结构要求的简化标注（一）

5）若多个表面具有相同的表面结构要求，可用带字母的完整符号，用表面符号或等式的形式在图形或标题栏附近给出标注即可，如图7-14所示。

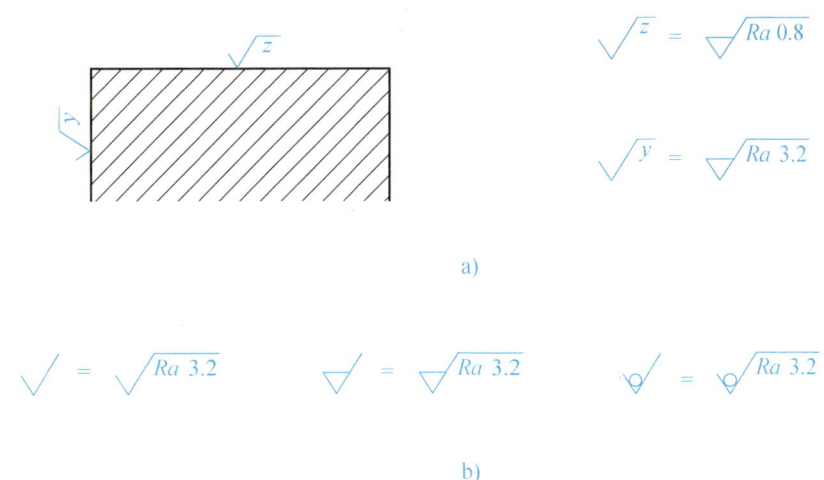

a)

b)

图7-14 表面结构要求的简化标注（二）

表面粗糙度的图形符号见表7-1和表7-2。

表7-1 表面粗糙度的图形符号（一）

符号	含义/解释
$Rz\ 0.4$	表示不允许去除材料，单向上限值，默认传输带，R 轮廓，粗糙度的最大高度 $0.4\mu m$，评定长度为5个取样长度（默认），"16%规则"（默认）
$Rz\ max\ 0.2$	表示去除材料，单向上限值，默认传输带，R 轮廓，粗糙度最大高度的最大值 $0.2\mu m$，评定长度为5个取样长度（默认），"最大规则"
$0.008-0.8/Ra\ 3.2$	表示去除材料，单向上限值，传输带 $0.008\sim 0.8mm$，R 轮廓，算术平均偏差 $3.2\mu m$，评定长度为5个取样长度（默认），"16%规则"（默认）
$-0.8/Ra3\ 3.2$	表示去除材料，单向上限值，传输带：根据 GB/T 6062，取样长度 $0.8\mu m$（λs 默认 $0.0025mm$），R 轮廓，算术平均偏差值 $3.2\mu m$，评定长度包含3个取样长度，"16%规则"（默认）
$U\ Ra\ max\ 3.2$ $L\ Ra\ 0.8$	表示不允许去除材料，双向极限值，两极限值均使用默认传输带，R 轮廓，上限值：算术平均偏差 $3.2\mu m$，评定长度为5个取样长度（默认），"最大规则"，下限值：算术平均偏差 $0.8\mu m$，评定长度为5个取样长度（默认），"16%规则"（默认）
$0.8-25/Wz3\ 10$	表示去除材料，单向上限值，传输带 $0.8\sim 25mm$，W 轮廓，波纹度最大高度 $10\mu m$，评定长度包含3个取样长度，"16%规则"（默认）
$0.008-/Pt\ max\ 25$	表示去除材料，单向上限值，传输带 $\lambda s=0.008mm$，无长波滤波器，P 轮廓，轮廓总高 $25\mu m$，评定长度等于工件长度（默认），"最大规则"
$0.0025-0.1//Rx\ 0.2$	表示任意加工方法，单向上限值，传输带 $\lambda s=0.0025mm$，$A=0.1mm$，评定长度 $3.2mm$（默认），粗糙度图形参数，粗糙度图形最大深度 $0.2\mu m$，"16%规则"（默认）

(续)

符号	含义/解释
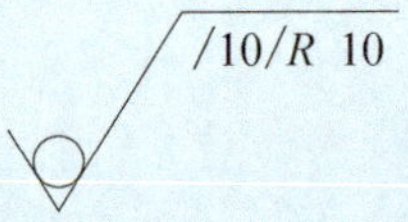 ⌵/10/R 10	表示不允许去除材料,单向上限值,传输带 $\lambda s = 0.008$mm(默认),$A = 0.5$mm(默认),评定长度10mm,粗糙度图形参数,粗糙度图形平均深度10μm,"16%规则"(默认)
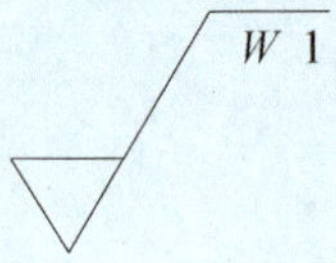 ⌵W 1	表示去除材料,单向上限值,传输带 $A = 0.5$mm(默认),$B = 2.5$mm(默认),评定长度16mm(默认),波纹度图形参数,波纹度图形平均深度1mm,"16%规则"(默认)
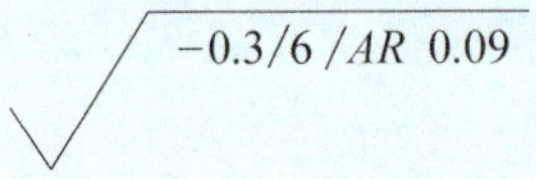 ⌵-0.3/6/AR 0.09	表示任意加工方法,单向上限值,传输带 $\lambda s = 0.008$mm(默认),$A = 0.3$mm(默认),评定长度6mm,粗糙度图形参数,粗糙度图形平均间距0.09mm,"16%规则"(默认)

表 7-2 表面粗糙度的图形符号(二)

名称	符号	意义
基本图形符号	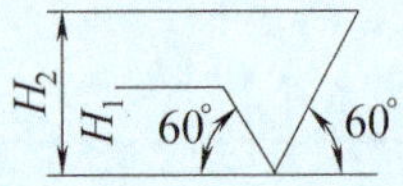 $d' = 0.35$mm(d'符号线宽),$H_1 = 5$mm,$H_2 = 10.5$mm,60°	对表面粗糙度有要求的图形符号 仅用于简化代号标注,没有补充说明时不能单独使用
扩展图形符号	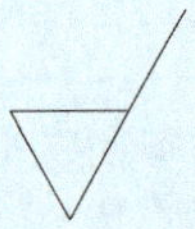	对表面粗糙度有指定要求(去除材料)的图形符号 在基本图形符号上加一短横,表示指定表面是用去除材料的方法获得的,如通过机械加工获得的表面;仅当其含义是"被加工表面"时可单独使用
	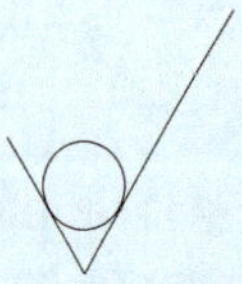	对表面粗糙度有指定要求(不去除材料)的图形符号 在基本图形符号上加一圆圈,表示指定表面是用不去除材料的方法获得的,或者是用于保持上道工序形成的表面,不管这种状况是通过去除材料或不去除材料形成的
完整图形符号	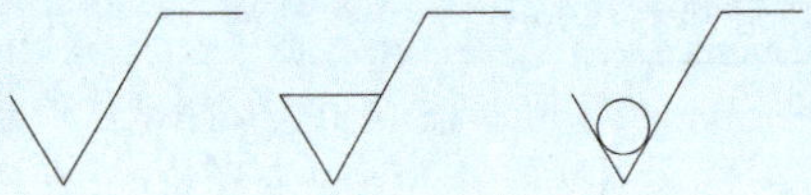	对基本图形符号或扩展图形符号扩充后的图形符号 当要求标注表面结构特征的补充信息时,在基本图形符号或扩展图形符号的长边上加一横线

7.3.2 极限与配合

1. 极限与配合的基本概念

(1) 公差、尺寸偏差的标注 在零件图上,线性尺寸的公差有三种标注方式:

1) 标注上、下极限偏差,如图 7-15a 所示。
2) 只标注公差带代号,如图 7-15b 所示。
3) 若标注零件与其他零件有配合关系时,尺寸公差可采用既标注公差带代号,又标注上、下极限偏差的方式表示,但极限偏差要用括号括起来,如图 7-15c 所示。

(2) 极限偏差数值的写法 标注极限偏差数值时,极限偏差数值的数字比公称尺寸数字小一号,下极限偏差与公称尺寸注在同一底线上,且上、下极限偏差的小数点须对齐。同时，还应注意以下几点：

1) 上、下极限偏差符号相反，绝对值相同时，在公称尺寸右边注"±"，且只写一个极限偏差数值，其字体大小与公称尺寸相同，例如：30±0.01。

2) 当某一极限偏差为"0"时，必须标注"0"。数字"0"应与另一极限偏差的个位数对齐注出，例如：$30^{+0.1}_{\ 0}$。

3) 上、下极限偏差中的某一项末端数字为"0"时，为了使上、下极限偏差的位数相同，用"0"补齐，例如：$30^{+0.010}_{-0.005}$。

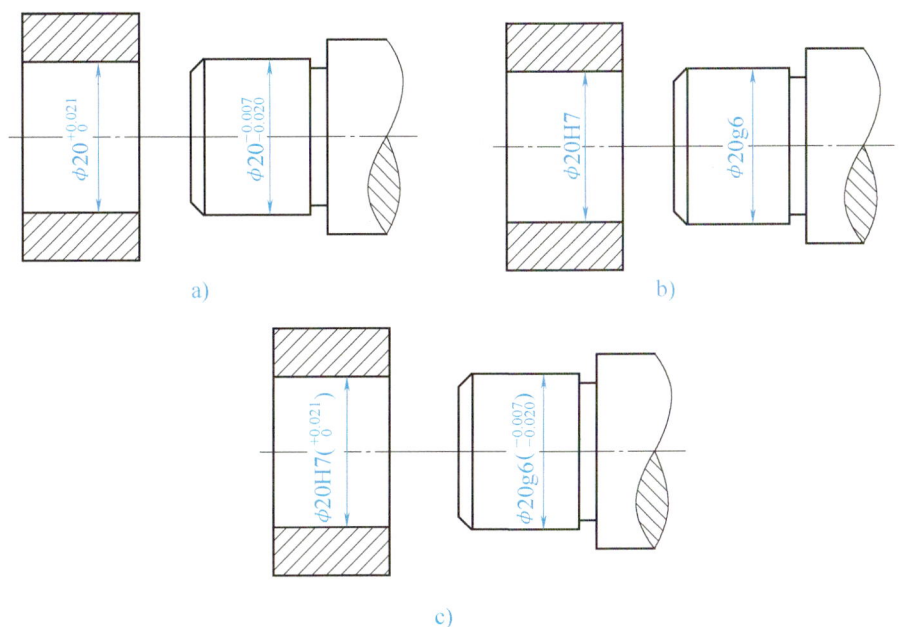

图 7-15 尺寸偏差的标注方法

(3) 未注公差尺寸的极限偏差　未注公差尺寸是指图样上只标注公称尺寸而不标注极限偏差的尺寸。为了简化制图，使图面清晰，并突出重要的尺寸，而对于一些非配合尺寸，完全可由工艺方法保证的尺寸以及一些要求不高的尺寸，在图样上不注明公差值。但这不等于对它们没有限制要求，只能说对它们的要求较低。它们是由一般公差来限制的，但在公称尺寸后无须注出。

2. 标准公差和基本偏差

GB/T 1800.1—2020 规定了公差带由标准公差和基本偏差两个要素组成。标准公差确定公差带的大小，而基本偏差确定公差带的位置，标准公差的数值由公称尺寸和公差等级来决定。

(1) 标准公差　标准公差（IT）是线性尺寸 ISO 代号体系中的任一公差。公称尺寸至 3150mm 的标准公差数值见表 7-3。

标准公差等级是指确定尺寸精确程度的等级。为了满足机械制造中各零件尺寸不同精度的要求，国家标准规定了 20 个标准公差等级，用符号 IT 和数值表示：IT01、IT0、IT1、IT2、…、IT18。其中，IT01 精度等级最高，其余依次降低，IT18 精度等级最低。在公称尺寸相同的条件下，标准公差数值随公差等级的降低而依次增大。

表 7-3 公称尺寸至 3150mm 的标准公差数值（摘自 GB/T 1800.1—2020）

公称尺寸/mm		标准公差等级																		
大于	至	IT01	IT0	IT1	IT2	IT3	IT4	IT5	IT6	IT7	IT8	IT9	IT10	IT11	IT12	IT13	IT14	IT15	IT16	IT17	IT18
		标准公差数值																		
		μm													mm						
—	3	0.3	0.5	0.8	1.2	2	3	4	6	10	14	25	40	60	0.1	0.14	0.25	0.4	0.6	1	1.4
3	6	0.4	0.6	1	1.5	2.5	4	5	8	12	18	30	48	75	0.12	0.18	0.3	0.48	0.75	1.2	1.8
6	10	0.4	0.6	1	1.5	2.5	4	6	9	15	22	36	58	90	0.15	0.22	0.36	0.58	0.9	1.5	2.2
10	18	0.5	0.8	1.2	2	3	5	8	11	18	27	43	70	110	0.18	0.27	0.43	0.7	1.1	1.8	2.7
18	30	0.6	1	1.5	2.5	4	6	9	13	21	33	52	84	130	0.21	0.33	0.52	0.84	1.3	2.1	3.3
30	50	0.6	1	1.5	2.5	4	7	11	16	25	39	62	100	160	0.25	0.39	0.62	1	1.6	2.5	3.9
50	80	0.8	1.2	2	3	5	8	13	19	30	46	74	120	190	0.3	0.46	0.74	1.2	1.9	3	4.6
80	120	1	1.5	2.5	4	6	10	15	22	35	54	87	140	220	0.35	0.54	0.87	1.4	2.2	3.5	5.4
120	180	1.2	2	3.5	5	8	12	18	25	40	63	100	160	250	0.4	0.63	1	1.6	2.5	4	6.3
180	250	2	3	4.5	7	10	14	20	29	46	72	115	185	290	0.46	0.72	1.15	1.85	2.9	4.6	7.2
250	315	2.5	4	6	8	12	16	23	32	52	81	130	210	320	0.52	0.81	1.3	2.1	3.2	5.2	8.1
315	400	3	5	7	9	13	18	25	36	57	89	140	230	360	0.57	0.89	1.4	2.3	3.6	5.7	8.9
400	500	4	6	8	10	15	20	27	40	63	97	155	250	400	0.63	0.97	1.55	2.5	4	6.3	9.7
500	630			9	11	16	22	32	44	70	110	175	280	440	0.7	1.1	1.75	2.8	4.4	7	11
630	800			10	13	18	25	36	50	80	125	200	320	500	0.8	1.25	2	3.2	5	8	12.5
800	1000			11	15	21	28	40	56	90	140	230	360	560	0.9	1.4	2.3	3.6	5.6	9	14
1000	1250			13	18	24	33	47	66	105	165	260	420	660	1.05	1.65	2.6	4.2	6.6	10.5	16.5
1250	1600			15	21	29	39	55	78	125	195	310	500	780	1.25	1.95	3.1	5	7.8	12.5	19.5
1600	2000			18	25	35	46	65	92	150	230	370	600	920	1.5	2.3	3.7	6	9.2	15	23
2000	2500			22	30	41	55	78	110	175	280	440	700	1100	1.75	2.8	4.4	7	11	17.5	28
2500	3150			26	36	50	68	96	135	210	330	540	860	1350	2.1	3.3	5.4	8.6	13.5	21	33

同一公差等级（如 IT6）对所有公称尺寸的一组公差被认为具有同等精确程度。

（2）**基本偏差**　基本偏差一般是指确定公差带相对公称尺寸位置的那个极限偏差。

国家标准对孔和轴均规定了 28 个不同的基本偏差。基本偏差代号用拉丁字母表示，大号字母表示孔，小写字母表示轴。图 7-16 所示为孔和轴的 28 个基本偏差系列图。

由图 7-16 可知，轴的基本偏差从 a 到 h 为上极限偏差（es），且是负值，其绝对值依次减小；从 j 到 zc 为下极限偏差（ei），且是正值，其绝对值依次增大。

孔的基本偏差从 A 到 H 为下极限偏差（EI），且是正值，其绝对值依次减小；从 J 到 ZC 为上极限偏差（ES），且是负值，其绝对值依次增大。其中，H 和 h 的基本偏差为零；JS 和 js 没有基本偏差，其上、下极限偏差均分别为 +IT/2 和 −IT/2。

基本偏差系列图只表示了公差带的各种位置，所以只画出属于基本偏差的一端，另一端则是开口的，即公差带的另一端取决于标准公差（IT）的大小。

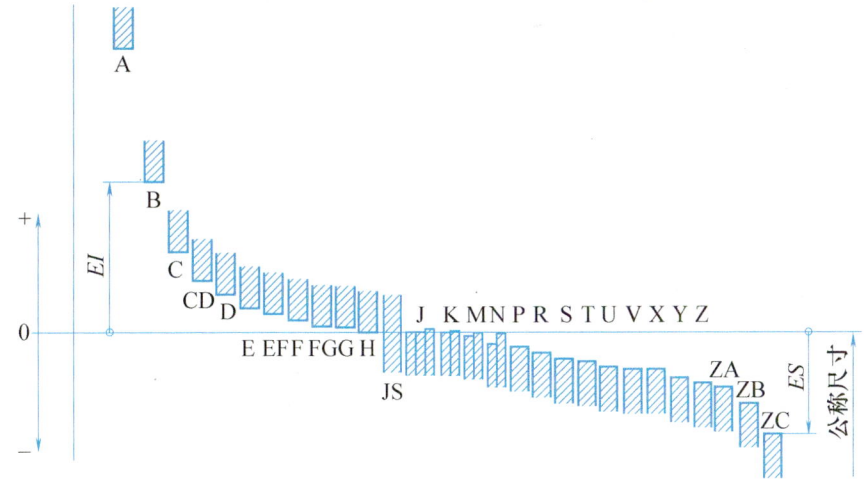

a) 孔(内尺寸要素)

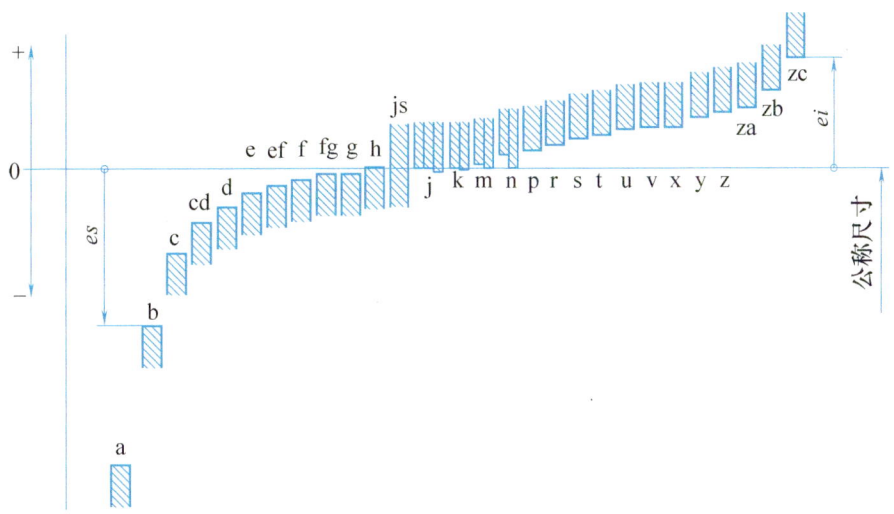

b) 轴(外尺寸要素)

图 7-16 基本偏差系列图

7.3.3 几何公差

为了保证机器零件的加工安装要求，就必须对零件提出几何精度要求。

1. 几何公差的几何特征符号

GB/T 1182—2018《产品几何技术规范（GPS） 几何公差 形状、方向、位置和跳动公差标注》对几何公差特征项目符号做了规定，见表7-4。

表 7-4 几何特征符号

公差类型	几何特征	符号	有无基准
形状公差	直线度	—	无
	平面度	▱	无

(续)

公差类型	几何特征	符号	有无基准
形状公差	圆度	○	无
	圆柱度	⌭	无
	线轮廓度	⌒	无
	面轮廓度	⌓	无
方向公差	平行度	∥	有
	垂直度	⊥	有
	倾斜度	∠	有
	线轮廓度	⌒	有
	面轮廓度	⌓	有
位置公差	位置度	⌖	有或无
	同心度（用于中心点）	◎	有
	同轴度（用于轴线）	◎	有
	对称度	⌯	有
	线轮廓度	⌒	有
	面轮廓度	⌓	有
跳动公差	圆跳动	↗	有
	全跳动	⌰	有

2. 几何公差在图样上的标注

（1）公差框格与基准符号 如图 7-17 所示。

（2）被测要素的标注

1）当被测要素是轮廓线或表面时，指引线的箭头指向该要素的轮廓线或其延长线上，箭头也可指向引出线的水平线，引出线引自被测面，如图 7-18 所示。

2）当被测要素为轴线或中心平面时，箭头应位于尺寸线的延长线上。公差值前加注"φ"，表示给定的公差带为圆形或圆柱形，如图 7-19a 所示。

（3）基准要素的标注 基准要素是零件上用于确定被测要素的方向和位置的点、线或面，用基准符号表示，表示基准的字母也应注写在公差框格内，如图 7-19b 所示。

a) 几何公差代号　　b) 基准符号

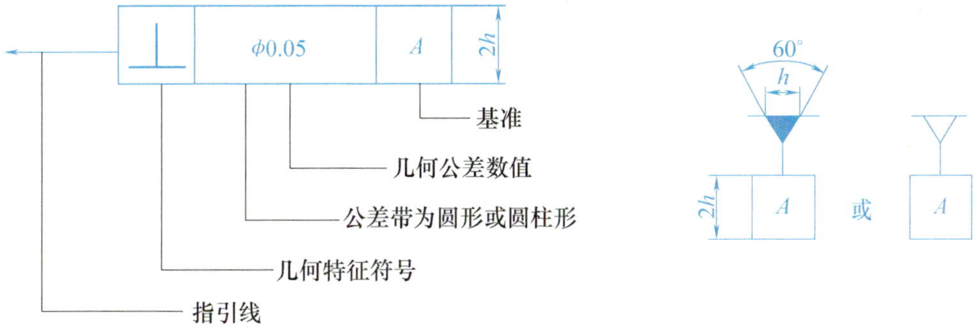

图 7-17　几何公差代号及基准符号标注

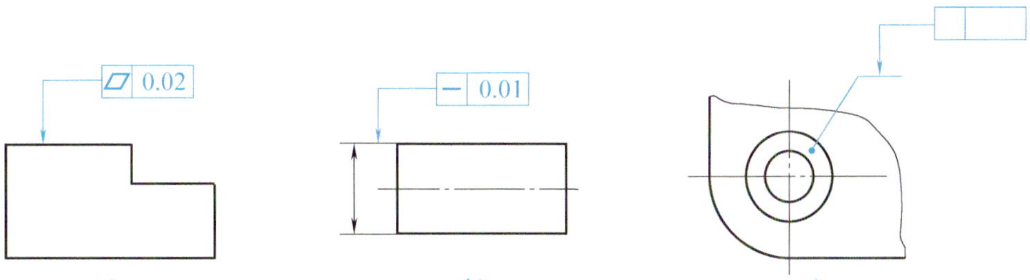

a)　　b)　　c)

图 7-18　被测要素的标注（一）

a)　　b)

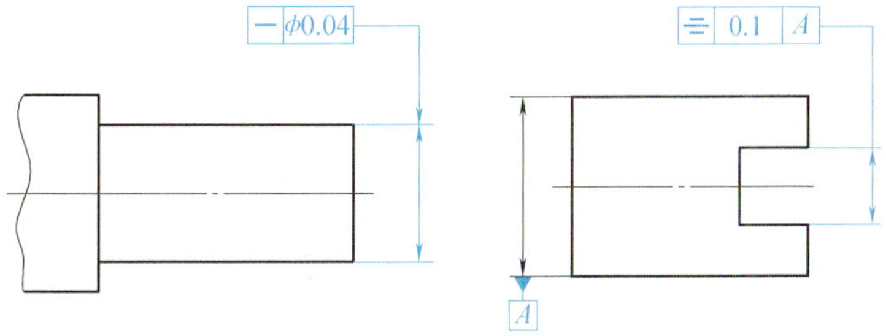

图 7-19　被测要素的标注（二）

1）当基准要素是轮廓线或轮廓面时，基准三角形放置在要素的轮廓线或其延长线上，如图 7-20 所示。

a)　　b)

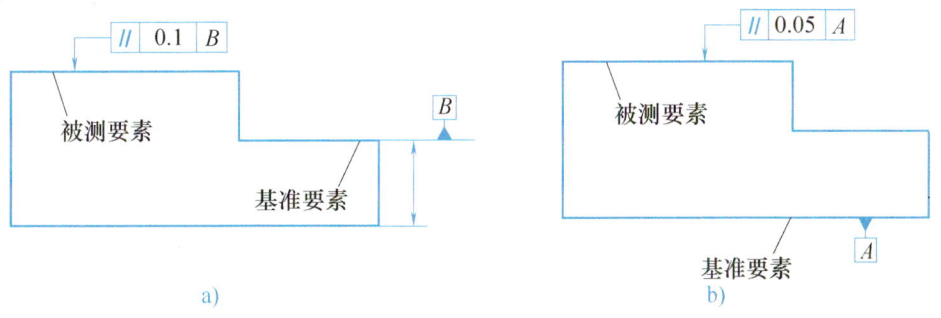

图 7-20　基准要素的标注（一）

2）当基准要素是轴线或中心平面时，基准三角形应放置在该尺寸线的延长线上，如图 7-21a 所示。如果没有足够的位置标注基准要素尺寸的两个尺寸箭头，则其中一个箭头可用基准三角形代替,如图 7-21b 所示。

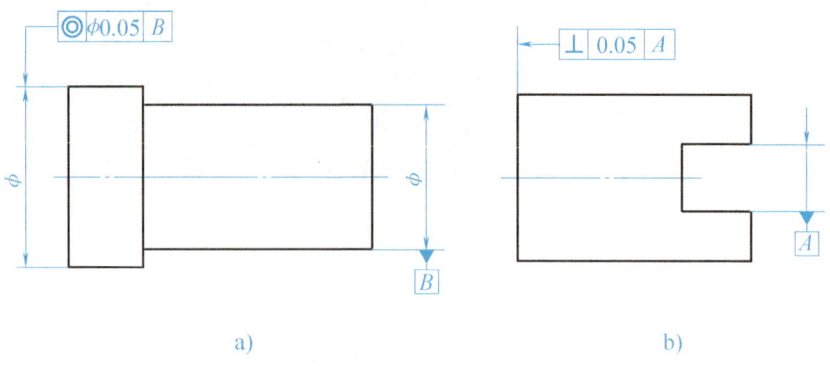

图 7-21 基准要素的标注(二)

3. 几何公差示例

几何公差示例如图 7-22 所示。

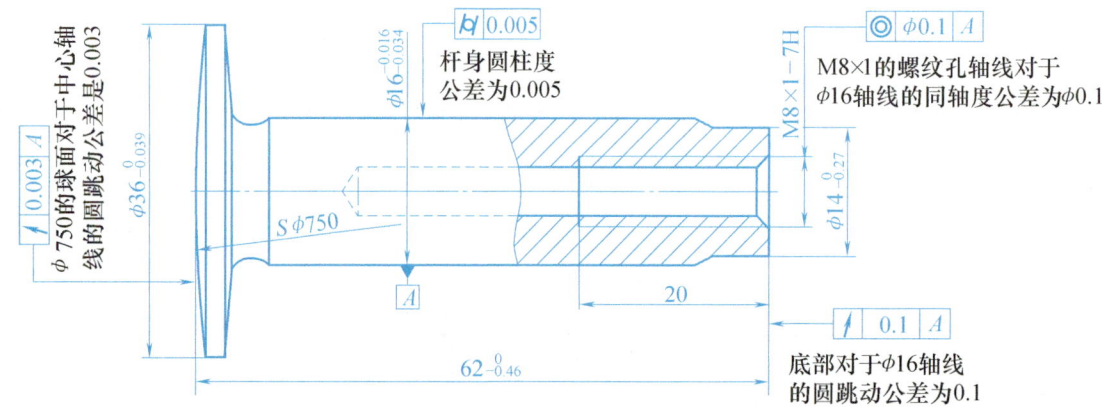

图 7-22 几何公差示例

7.4 零件的工艺结构

零件的结构形状是由它在机器中的作用所决定的。除了满足设计要求以外,还要考虑零件在加工、测量、装配过程中的一系列工艺要求,最终使零件具有合理的工艺结构。工艺结构是考虑到零件结构的合理性与经济性,以及便于加工与装拆而设计的结构形状。

7.4.1 铸造工艺结构

1. 起模斜度

在铸造零件毛坯时,为了便于从砂型中取出木模,一般沿着起模方向设计出起模斜度,如图 7-23 所示。铸造零件的起模斜度在图中可不绘出、不标注,必要时可在技术要求中用文字说明。

2. 铸造圆角及过渡线

为便于在逐渐造型时起模,防止铁液冲坏转角处,以及冷却时产生缩孔和裂纹,应将铸件的转角处制成圆角，此种圆角称为铸造圆角，如图 7-23 所示。圆角尺寸通常较小，一般为 R2~R5，在零件图上可省略不画。圆角尺寸常在技术要求中统一说明，如"全部圆角 R3"或"未注圆角 R4"，不必特意注出。

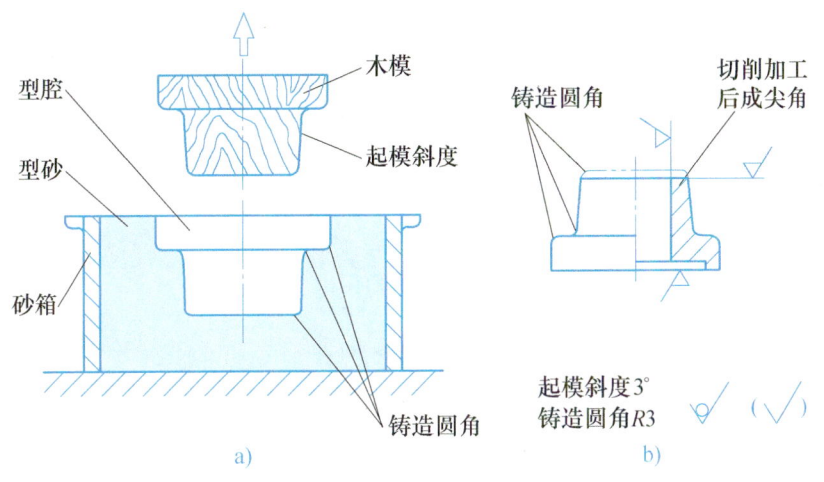

图 7-23 零件的工艺结构（铸造）

在铸造和锻造零件时，由于工艺的要求，在两表面相交处一般都有小圆角光滑过渡，这样零件表面之间的交线便会消失或不明显。为了读图时便于区分不同的表面，在图中仍要绘出理论上的交线，但两端不与轮廓线接触，此线称为过渡线。过渡线用细实线绘制。

7.4.2 机械加工工艺结构

1. 倒角和倒圆

为了便于装配和操作安全，在轴或孔的端部一般都会加工出倒角或倒圆。同时，在不同直径的轴段相接处切制倒圆，是为了加强该处的强度，如图 7-24 所示。

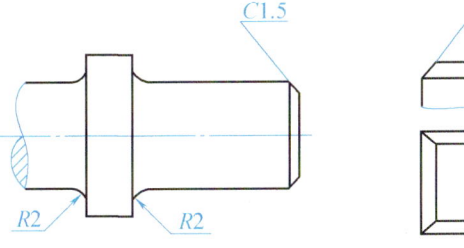

图 7-24 零件的工艺结构（倒角和倒圆）

2. 退刀槽和越程槽

在车削螺纹或磨削零件表面时，为了能使刀具顺利完成切制全表面，而又不致与其相邻部位碰撞，需要设计出零件上的退刀槽和越程槽结构，如图 7-25 所示。

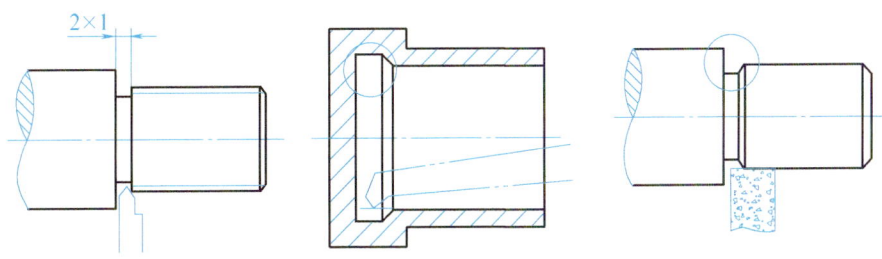

图 7-25 零件的工艺结构（退刀槽和越程槽）

3. 钻孔结构

为了使钻头在钻孔时不致因单边受力而产生钻头的偏斜或折断，在孔的外端面应设计成与钻头方向垂直的结构，如图 7-26 所示。

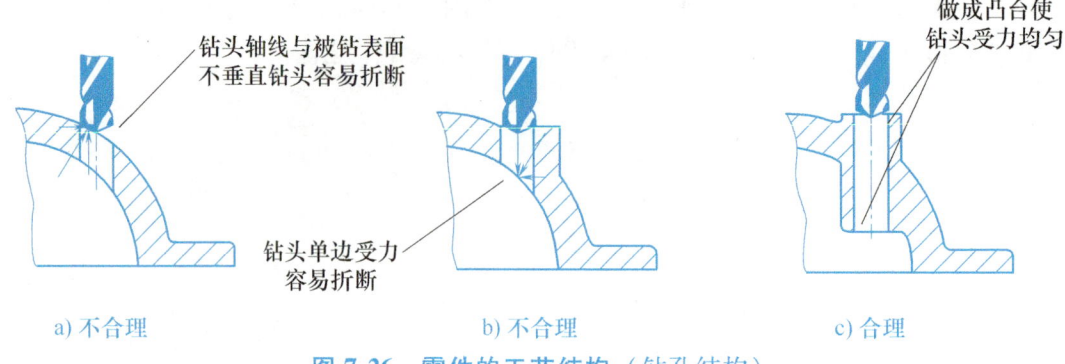

图 7-26　零件的工艺结构（钻孔结构）

4. 凸台与凹槽

为了减少零件的加工面积或接触面积，常在零件加工面处做出凸台或凹槽，或锪平成凹坑，如图 7-27 所示。

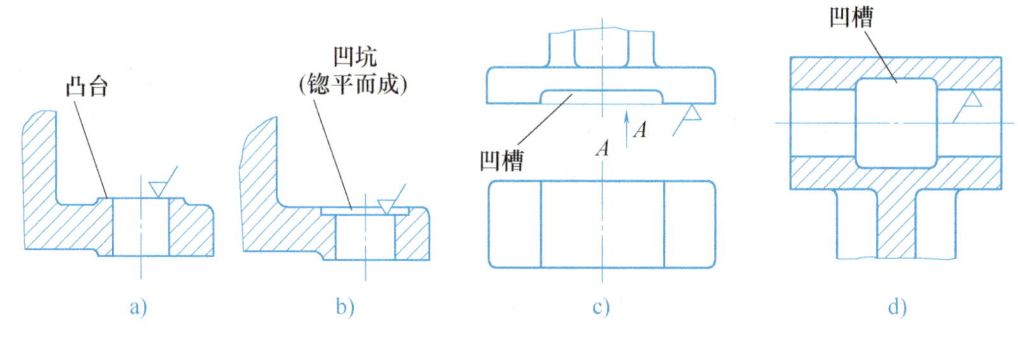

图 7-27　零件的工艺结构（凸台与凹槽）

7.5　使用 AutoCAD 2022 绘制零件图实例

【例 7-1】　利用 AutoCAD 2022 绘制图 7-28 所示的轴套零件图。

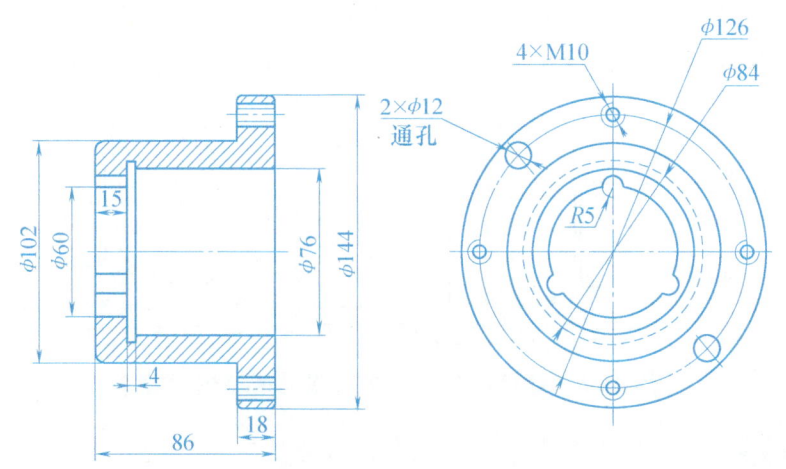

图 7-28　轴套零件图

1. 设置环境

（1）新建文件　打开 AutoCAD 2022 软件，选择"文件"→"新建"命令或在快速访问工具栏单击"新建"按钮 ，弹出"选择样板"对话框，选择样板后单击"打开"按钮，新建一个图形文件。

（2）草图设置（设置图形界限）　根据创建零件的尺寸选择合适的作图区域，设置图形界限。

选择"格式"→"图形界限"命令，命令行提示如下：

命令:LIMITS

指定左下角点或[开(ON)/关(OFF)]<0.0000,0.0000>:<Enter>(按<Enter>键)

指定右下角点<0.0000,0.0000>:297,210<Enter>

注意,不需要图形界限时,可以输入"LIMITS"命令后,执行如下操作：

指定左下角点或[开(ON)/关(OFF)]<0.0000,0.0000>:OFF

（3）图层设置　绘图之前，根据需要设置相应的图层，还可以进行"名称""线型""线宽""颜色"等图层特性的设置。

菜单栏：选择"格式"→"图层"命令。

功能区：单击"图层"工具栏中的"图层特性"按钮。

命令行：输入"LAYER"命令。

执行命令后，弹出"图层特性管理器"对话框，单击"新建图层"按钮 ，新建粗实线、中心线、剖面线、尺寸线、细实线、虚线六个图层，设置粗实线线宽为 0.5mm，加载中心线线型为"CENTER2"，虚线线型为"DASHED"，设置细实线线宽为 0.25mm。为了更便于查看与区分，可以将不同图层设置为不同颜色，如图 7-29 所示。

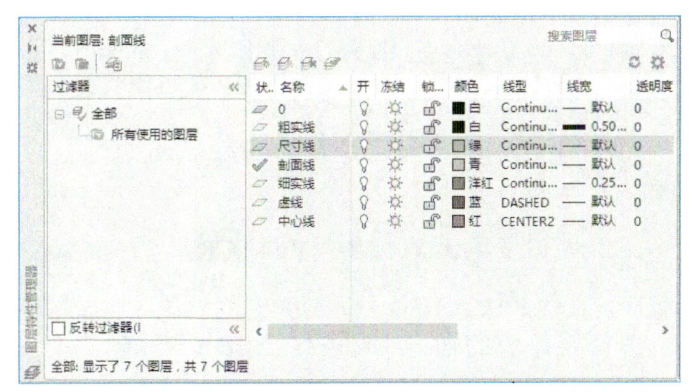

图 7-29　"图层特性管理器"对话框

2. 绘制零件

（1）绘制主视图

1）绘制中心线。将"中心线"置为当前图层，选择"直线"命令，画出主视图的中心线。

在工具栏中单击"直线"按钮 ，命令行提示如下：

命令:LINE

指定第一个点:(在合适位置单击)

指定下一个点或[放弃(U)]:154<Enter>

指定下一个点:<Enter>

使用同样的方法绘制与其垂直相交的另一条中心线，绘制结果如图 7-30 所示。

2）绘制同心圆。将"粗实线"置为当前图层。

在工具栏中单击"圆"按钮，命令行提示如下：

命令:CIRCLE

指定圆的圆心或[三点(3P)/两点(2P)/切点、切点、半径(T)]:（单击两条中心线的交点）

指定圆的半径或[直径(D)]:72<Enter>

使用同样的方法绘制半径分别为 63mm、51mm、42mm、38mm、30mm 的同心圆。将半径为 63mm 圆的图层改为"中心线"，将半径为 42mm 圆的图层改为"虚线"，绘制结果如图 7-31 所示。

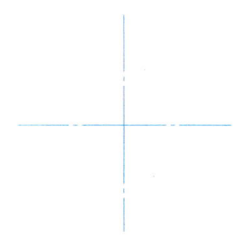
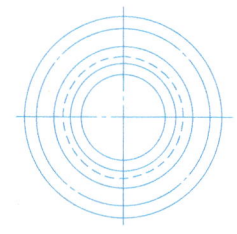

图 7-30　绘制中心线　　　　　图 7-31　绘制同心圆

3）绘制并修剪圆。选择"圆"命令，以半径为 63mm 的圆与垂直中心线的上交点为圆心，绘制半径分别为 5mm 和 4mm 的同心圆，并将半径为 5mm 的圆的图层改为"细实线"。

先使用上面的"圆"操作命令绘制同心圆，再使用"修剪"命令，修剪掉大圆的四分之一圆弧。

在工具栏中单击"修剪"按钮，命令行提示如下：

命令:TRIM

选择要修剪的对象,或按住<Shift>键选择要延伸的对象,或[剪切边(T)/窗交(C)/模式(O)/投影(P)/删除(R)]:（选取小圆的四分之一圆弧后按<Enter>键）

绘制结果如图 7-32b 所示。

4）阵列圆。

在工具栏中单击"环形阵列"按钮，命令行提示如下：

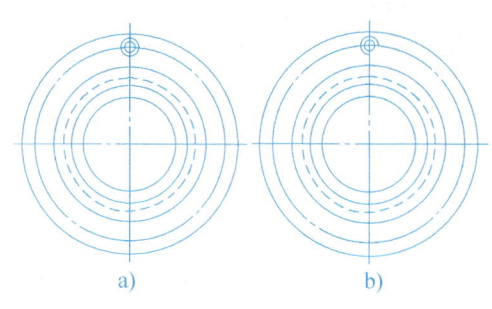

图 7-32　绘制并修剪圆

命令:ARRAYPOLAR

选择对象:（选择步骤 3)中所作两个同心圆,然后按<Enter>键）

指定阵列的中心点或[基点(B)/旋转轴(A)]:（选择两条中心线的交点为阵列中心点）

修改功能区的参数："项目数"为 4，"填充"为 360，单击"关闭阵列"按钮。

绘制结果如图 7-33 所示。

5)绘制直线和圆。将"中心线"置为当前图层,选择"直线"命令,利用对象捕捉画两条与中心线成 45°的斜直线,绘制结果如图 7-34a 所示。

将"粗实线"置为当前图层,使用"圆"命令,捕捉斜直线与圆的交点后,以交点为圆心绘制两个半径为 6mm 的圆,绘制结果如图 7-34b 所示。

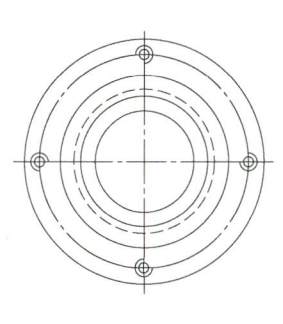
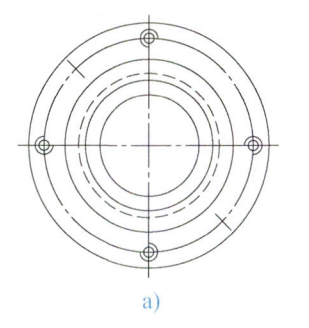
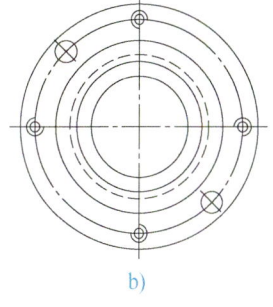

图 7-33 阵列圆   图 7-34 绘制直线和圆

6)绘制并阵列圆。选择"圆"命令,以半径为 30mm 的圆与竖直中心线的上交点为圆心,绘制半径为 5mm 的圆,绘制结果如图 7-35a 所示。

选择"环形阵列"命令,以两条中心线的交点为阵列中心,进行"项目数"为 3,"填充"为 360°的阵列,绘制结果如图 7-35b 所示。

7)修剪圆。在进行修剪之前,需选择"分解"命令对阵列的三个圆进行分解,使其成为独立的个体。

在工具栏中单击"分解"按钮 ,命令行提示如下:

命令:EXPLODE

选择对象:(选择步骤 6)中阵列的三个小圆后按<Enter>键)

选择"修剪"命令,修剪掉多余的部分,绘制结果如图 7-36 所示。

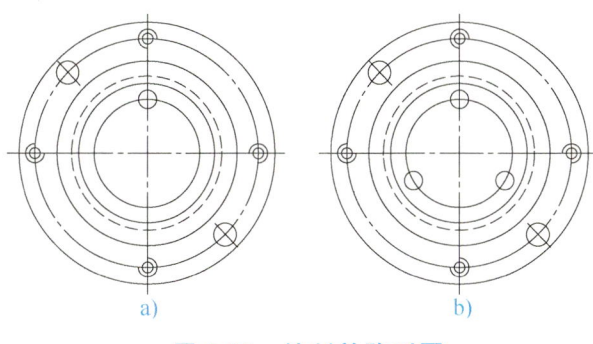
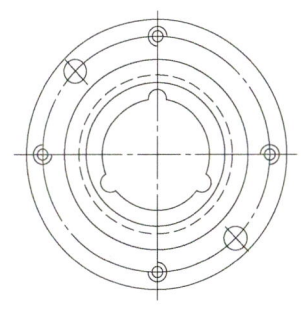

图 7-35 绘制并阵列圆   图 7-36 修剪圆

(2)绘制全剖视图

1)绘制中心线。将"中心线"置为当前图层,选择"直线"命令,单击"显示捕捉参照线"按钮 ,利用对象追踪,通过主视图绘出全剖视图的水平中心线,绘制结果如图 7-37 所示。

2)绘制直线。将"粗实线"置为当前图层,选择"直线"命令,以距中心线左端点合适位置处为起点向上绘制长度为 51mm 的直线,并以该直线的端点为起点,连续绘制长度为68mm、21mm、18mm的直线,以18mm直线端点为起点,向下绘制竖直直线交于水平中心线,绘制结果如图7-38所示。

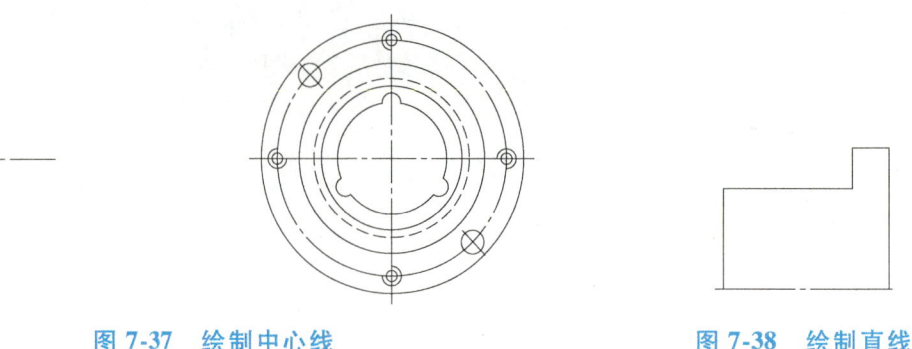

图7-37 绘制中心线　　　　　　　　　　图7-38 绘制直线

3) 绘制构造线。

在工具栏中单击"构造线"按钮,命令行提示如下:

命令:XLINE

指定点或[水平(H)/垂直(V)/角度(A)/二等分(B)/偏移(O)]:(单击主视图螺纹孔的中心)

指定通过点:(单击水平位置任意点后按<Enter>键)

使用同样的方法过螺纹孔大径及小径的最高点作构造线,绘制结果如图7-39所示。

4) 修剪直线。将步骤3) 中所作构造线按照螺纹孔修改相应图层。选择"修剪"命令修剪掉多余的部分,绘制结果如图7-40所示。

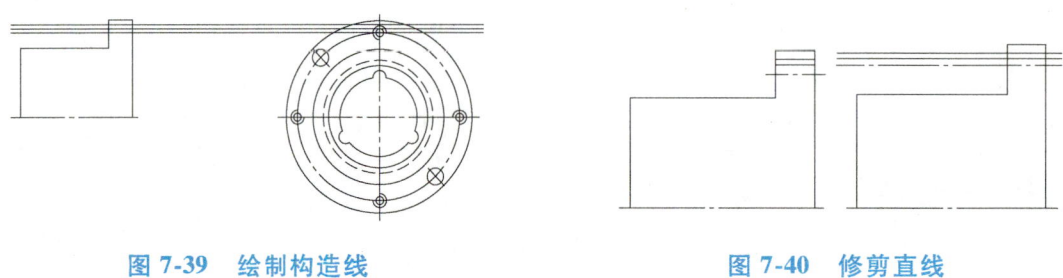

图7-39 绘制构造线　　　　　　　　　　图7-40 修剪直线

5) 偏移并修剪直线。

在工具栏中单击"偏移"按钮,命令行提示如下:

命令:OFFSET

指定偏移距离或[通过(T)/删除(E)/图层(L)]:42<Enter>

选择要偏移的对象,或[退出(E)/放弃(U)]:(选择水平中心线)

指定要偏移的那一侧上的点,或[退出(E)/多个(M)/放弃(U)]<退出>:(在上侧任意位置单击,完成偏移)

使用同样的方法将水平中心线依次向上侧偏移38mm、30mm,将偏移后的所有直线图层改为"粗实线"。同样,将左边竖直线依次向右侧偏移15mm、19mm。

选择"修剪"命令,修剪掉多余的部分,绘制结果如图7-41所示。

6）镜像。

在工具栏中单击"镜像"按钮，命令行提示如下：

命令:MIRROR

选择对象:（选择大径及小径对应的两条直线，后按<Enter>键）

指定镜像线的第一点:（利用捕捉功能捕捉螺纹孔中心线的端点）

指定镜像线的第二点:（利用捕捉功能捕捉中心线的另一个端点）

要删除源对象吗？［是(Y)/否(N)］<否>:N<Enter>

使用同样的方法对中心线上侧的所有对象进行镜像，绘制结果如图 7-42 所示。

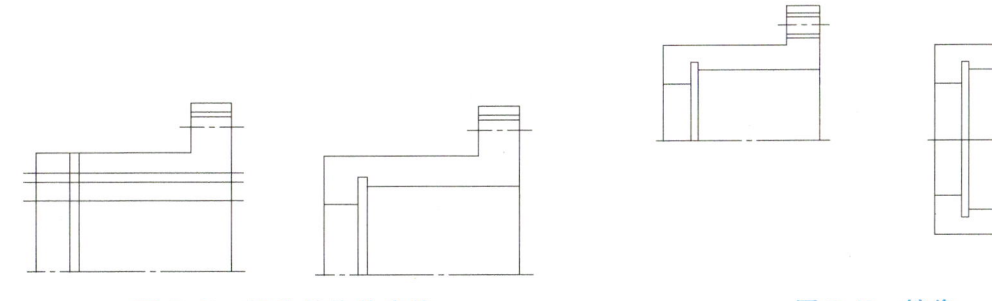

图 7-41　偏移并修剪直线　　　　　图 7-42　镜像

7）绘制构造线并修剪。选择"构造线"命令，过主视图半径为 5mm 的圆弧的端点绘制构造线。选择"修剪"命令，修剪掉多余的部分，绘制结果如图 7-43 所示。

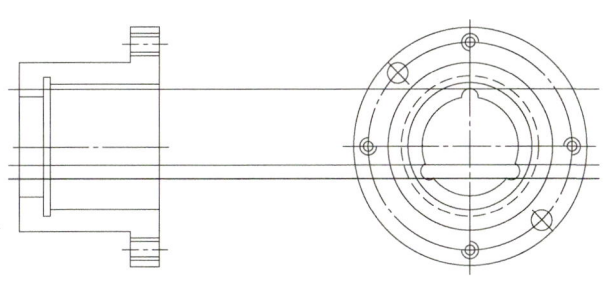

图 7-43　绘制构造线并修剪

8）绘制圆角。

在工具栏中单击"圆角"按钮，命令行提示如下：

命令:FILLET

选择第一个对象或［放弃(U)/多线段(P)/半径(R)/修剪(T)/多个(M)］:R<Enter>（输入"R"后按<Enter>键）

指定圆角半径:5<Enter>

选择第一个对象或［放弃(U)/多线段(P)/半径(R)/修剪(T)/多个(M)］:（选择最左边竖直直线）

选择第二个对象，或按住<Shift>键选择对象以应用角点或［半径(R)］:（选择与其相交的上边水平直线）

使用同样的方法绘制其他圆角，绘制结果如图 7-44 所示。

（3）绘制剖面线　将"剖面线"置为当前图层。

在工具栏中单击"图案填充"按钮▣，命令行提示如下：

命令：HATCH

拾取内部点或[选择对象(S)/放弃(U)/设置(T)]：（鼠标单击需要填充的区域，后按<Enter>键）

选择"图案填充"命令，功能区会出现"图案填充创建"选项板，用户可以根据需要调整剖面线"图案""角度""比例"等设置，绘制结果如图 7-45 所示。

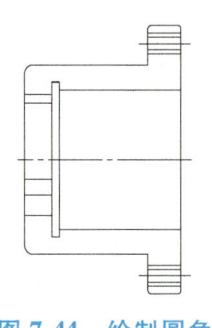 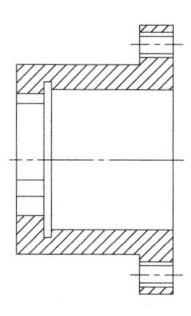

图 7-44　绘制圆角　　　　　　　图 7-45　绘制剖面线

第8章 装配图

 教学目标

1. 掌握装配图的视图表达方法。
2. 了解装配工艺知识，合理设计装配结构。
3. 掌握装配体的测绘方法和步骤。
4. 熟悉读装配图的方法，能根据装配图拆画零件图。
5. 利用 AutoCAD 2022 绘制中等难度的装配图。

 素养目标

培养学生的有条不紊、不疾不徐的行事风格。

8.1 装配图概述

8.1.1 装配图的作用和内容

装配图是表示产品及其组成部分的连接、装配关系及其技术要求的图样。它主要反映机器（或部件）的工作原理、各零件之间的装配关系、传动路线和主要零件的结构形状，是设计和绘制零件的主要依据，也是装配生产过程中调试、安装、维修的主要技术文件。

一张完整的装配图应包含以下几方面的内容：

（1）一组视图　用来表达机器的工作原理、装配关系、传动路线以及各零件的相对位置、连接方式和主要零件结构等。

（2）必要的尺寸　装配图中只需标注表达机器（或部件）规格、性能、外形的尺寸以及装配和安装时必需的尺寸。

（3）技术要求　用文字说明机器（或部件）在装配、调试、安装和使用过程中的技术要求。

（4）标题栏、零件序号和明细栏　在图纸的右下角处画出标题栏，注明装配体的名称、图号、比例和责任者签字等，各零件必须标注序号并编入明细栏。明细栏在标题栏上方画出，其中填写组成零件的序号、名称、材料、数量、标准件的规格和代号以及热处理要求等。图 8-1 所示为机用虎钳装配图。

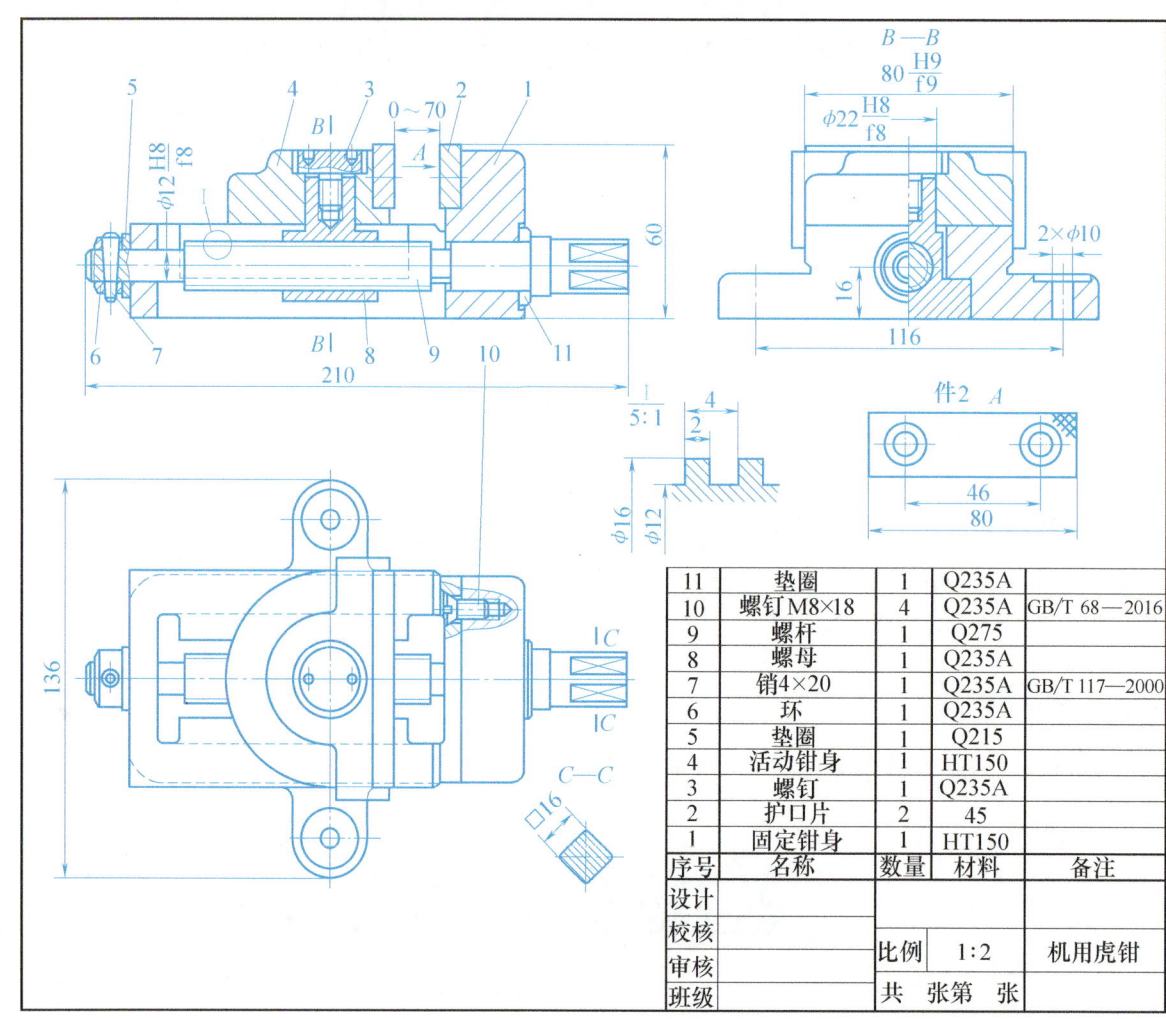

图 8-1　机用虎钳装配图

装配图要反映装配体的结构特征、工作原理及零件间的相对位置和装配关系，因此其表达方法与零件图表达方法要求相同。由于装配图还具有特殊性，因此有一些规定画法和特殊表达方法。

8.1.2　装配图的画法

1. 相邻两零件的画法

相邻两零件的接触面和配合面规定只画出一条线。而非接触面、非配合面，即使间隙再小，也应画出两条线，如图 8-2 所示。

2. 装配图中剖面线的画法

同一零件在不同的视图中，剖面线的方向和间隔应相同；相邻两零件的剖面线应有明显的区别，可采用不同倾斜方向和不同间隔来区分，以便在装配图的各个视图中区分不同的零件。

3. 标准件和实心件的画法

在装配图上作剖视时，当剖切平面通过标准件（螺母、螺钉、垫圈、销、键）的轴线时，或者通过实心件（轴、杆、球）的轴线时，这些零件按不剖绘制，如图 8-2 所示。而当剖切平面垂直于轴线或基本对称面时，则应按剖开绘制，如图 8-2 所示。

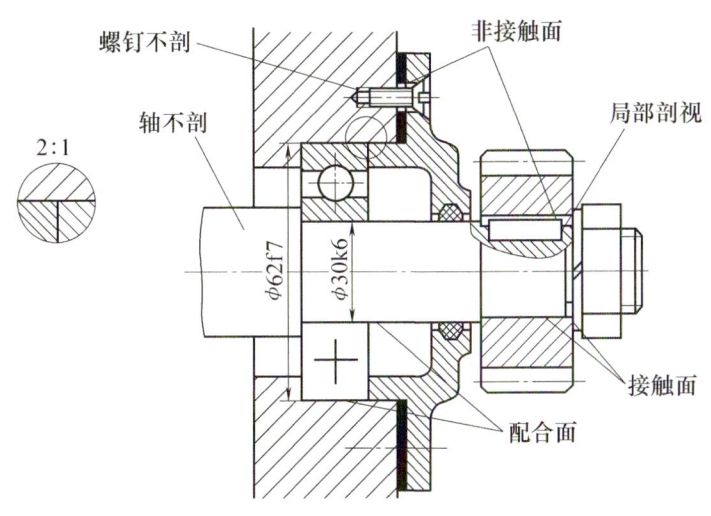

图 8-2 装配图的画法

4. 装配图画法中的特殊表达方法

（1）拆卸画法 在装配图的某一个视图中，当某些零件遮住了需要表达的结构，或已经在另外视图中表达清楚这些零件的结构，为避免重复，简化作图，可假想将某些零件拆去后绘制，如图 8-3 所示俯视图是将轴承盖、上轴衬等沿对称中心线拆去一半后绘出的，这种画法就是拆卸画法。

采用拆卸画法时，为避免误解，在该视图上方加注"拆去件××"，拆卸关系明显，不致引起误解时，也可不加标注。

这个采用拆卸画法的俯视图，相当于沿着轴承盖与轴承座的接合面剖开的半剖视图。这时，零件的接合面是不需要绘制剖面线的，但被横向切开的螺栓，是要绘制剖面线的。

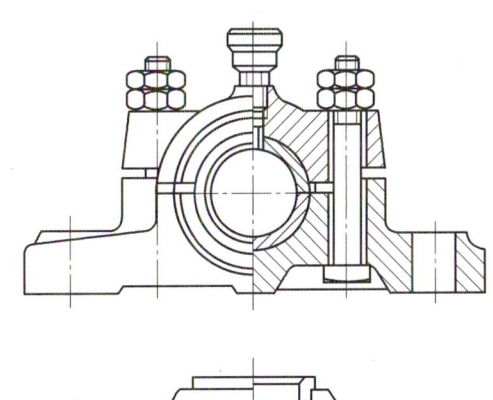
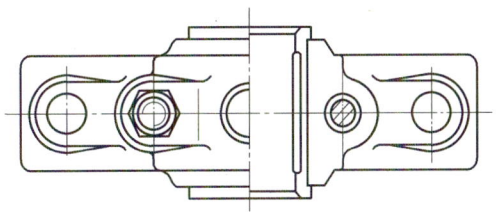

图 8-3 拆卸画法

（2）假想画法 在装配图中，为了表示本零部件和相邻零部件的相互关系，或表达运动零件的极限位置，可用细双点画线画出该零部件的外形轮廓，如图 8-4 所示。

（3）夸大画法 在装配图中，对一些薄、细、小间隙，或小斜度、锥度的零件或结构，若无法按其实际尺寸画出时，可适当夸大地画出，以使这些部位的轮廓特征明显。对于厚度或直径小于 2mm 的薄、细零件，其剖面符号可涂黑处理，如图 8-5b 所示的垫圈的画法。

（4）简化画法 对于同一规格、均匀分布的螺栓连接件或相同的零件组，可仅详细地绘出一处或一组，其余只需用细点画线表示其位置，图 8-5a 中就只绘出一组用螺栓连接的支架零件组，其他皆用点画线表示其位置和组数。

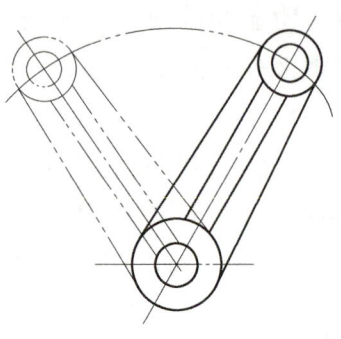

图 8-4 假想画法

如果装配图中剖切平面通过某些标准产品组合件时，可仅画出对称图形的一半，另一半按其外轮廓绘出，并在其中画交叉粗实线，如图 8-5b 中所示的轴承的画法。

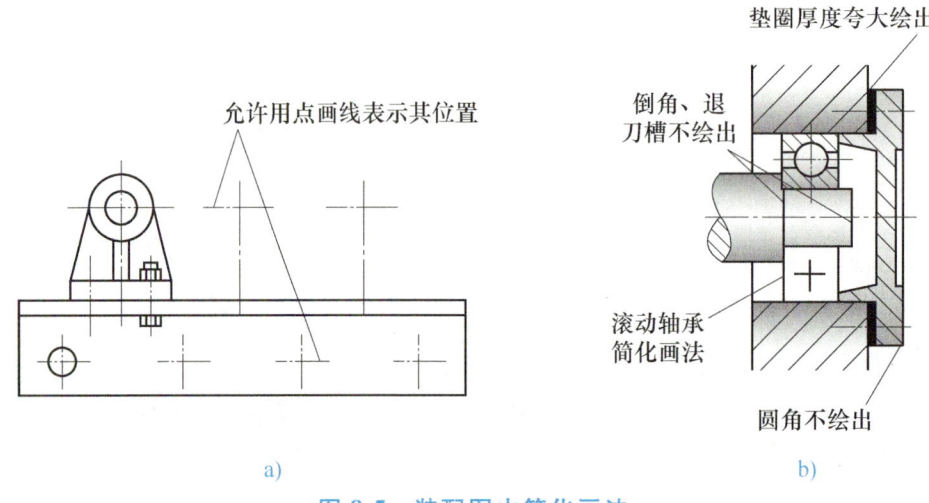

图 8-5 装配图中简化画法

装配图中，零件上的工艺结构，如圆角、倒角、退刀槽等，可省略不绘出。六角螺栓头部及螺母，因倒角而产生的曲线也可省略不绘出。

装配图中，可用粗实线表示带传动中的传动带，用细实线表示链传动中的链条，如图 8-6 所示。

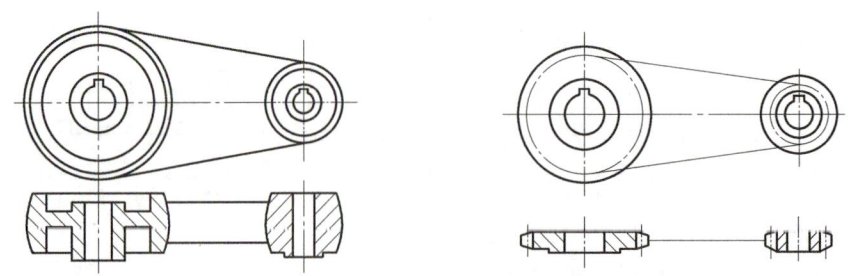

图 8-6 装配图中带传动、链传动的画法

（5）三星轮展开画法 为了表示齿轮传动顺序和装配关系，可按空间轴系传动顺序沿其各轴线剖切后依次展开在同一平面内，并在上方加注"×—×展开"这种画法称为展开画法，如图 8-7 所示。

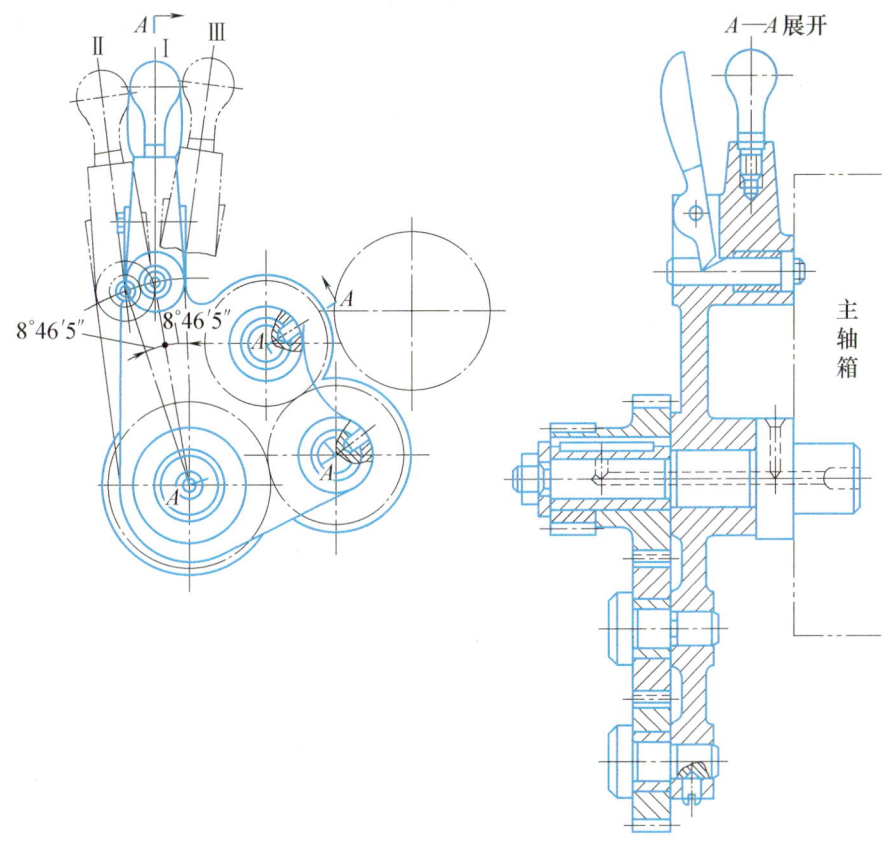

图 8-7　三星轮展开画法

8.2　装配图的尺寸标注、零件编号与技术要求

8.2.1　装配图的尺寸标注

装配图和零件图在生产中的作用是不同的。因此，在装配图上标注尺寸的要求也与零件图不同。装配图上不需要标注出每个零件的尺寸，只需要注出以下几种尺寸。

1. 装配尺寸

保证机器中各零件装配关系的尺寸。装配尺寸包括配合尺寸和主要零件相对位置尺寸，如图 8-8 中的 92H8/h7。

2. 性能尺寸

表示机器性能规格的尺寸。它是设计产品时的主要依据。如图 8-8 所示滑动轴承的孔径 $\phi 50H8$，它反映了该部件所支承的轴的直径大小。

3. 安装尺寸

确定机器或部件安装位置的尺寸，如图 8-8 中的 2×$\phi 17$mm 及间距 180mm。

4. 总体尺寸

表示机器总长、总宽、总高的尺寸，如图 8-8 所示中的 240mm、82mm。这类尺寸表明了机器或部件所占空间的大小,作为包装、运输、安装、车间布置的依据。

5. 其他重要尺寸

其他重要尺寸是指根据装配体的特点和需要必须标注的尺寸,如两重要轴之间的距离等。

装配图上的尺寸要根据情况具体分析,并非所有装配图都具有以上五种尺寸。

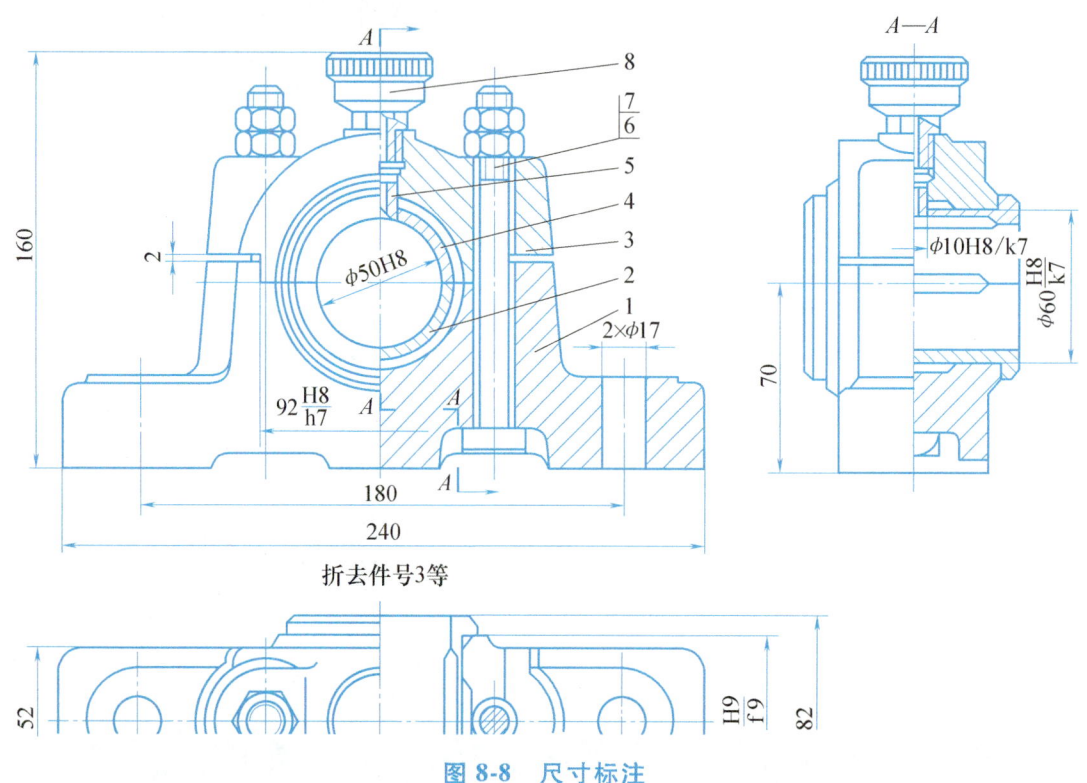

图 8-8 尺寸标注

8.2.2 装配图的零件编号和明细

为了便于读图和生产管理,装配图中必须对每种零件进行编号,并在标题栏上方编制与零件编号相应的明细栏。

1)装配图中所有零件(包括标准件)均应按顺序编写序号,相同零件在图样中编一个序号,只标注一次。

2)零件序号应标注在视图周围,按顺时针或逆时针方向顺次排列,在水平或竖直方向上排列整齐。

3)零件序号和所指零件之间用指引线连接,零件序号应在指引线一端的横线上(或圆圈内),指引线的另一端应自所指零件的可见轮廓内引出,并在末端画一圆点。若所指的零件很薄或涂黑的剖面不宜绘制圆点时,可在指引线末端绘出箭头,并指向该零件的轮廓,如图 8-9 所示。

4)序号的字号应比图中尺寸数字大一号或大两号,如图 8-9 所示。

5)一组紧固件或装配关系明显的零件组可采用公共指引线,如图 8-9 所示。

6)零件的明细栏应绘在标题栏上方,当标题栏上方位置不够时,可在标题栏左边继续列表,如图 8-10 所示。

第8章 装配图

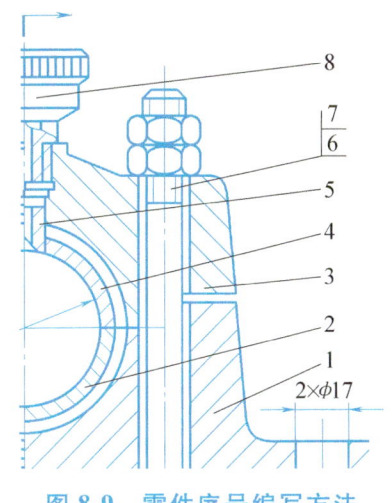

8	螺母	1	Q235A	
7	销4×20	1	Q235A	GB/T 117—2000
6	环	1	Q235A	
5	垫圈	1	Q215	
4	活动钳身	1	HT150	
3	螺钉	1	Q235A	
2	护口片	2	45	
1	固定钳身	1	HT150	
序号	名称	数量	材料	备注
设计				
校核		比例	1:2	机用虎钳
审核				
班级		共 张第 张		

图 8-9 零件序号编写方法

图 8-10 明细栏

8.2.3 装配图的技术要求

根据装配部件的实际情况在装配图的空位置标注相关技术要求，如图 8-11 所示。

技术要求
1.泵工作时，两阀要能一吸一排，若不符合要求，可调弹簧3。
2.球13与阀体接触应冷压一球痕，保证球定位和关启作用。

图 8-11 装配图的技术要求

绘制装配图时，需要注意以下几点。

1. 绘制顺序

1）从能够决定总体结构尺寸的核心部件开始，例如关键轴，与被加工对象相接触的部分等。

2）先内后外绘制。例如，传动链→支撑壳体→外框架→基座。

3）具体细节部分一定要参考各种结构图册，不要想象。例如轴与轴承和支撑的结构，齿轮、链轮等与轴的连接，电动机、减速器的安装等。

2. 关于装配图应当标注的尺寸

1）总体尺寸。长、宽、高，一定是最大外形尺寸。

2）与安装有关的尺寸。例如底座安装螺栓位置尺寸、导轨间距、底轮的中心距等。

3）关键部位的配合尺寸。例如齿轮与轴的配合尺寸、轴承与轴和孔的配合尺寸等。

4）与加工操作、装夹工件相关的尺寸。例如焊枪上下位置与工作台面的尺寸、焊接小车左右位移的行程、操作空间尺寸等。

3. 关于明细栏的问题

1）明细栏的内容大概分为三类：①要加工的应画零件图的部分；②标准件，如螺钉、螺母、垫片、轴承、链条、挡圈等；③外购件，如电动机、减速器、焊机等（注意属于外购件上的螺钉、螺栓等不用标出）。

2）明细栏的填写原则。凡是设备上的零部件都要在明细栏中体现，不能缺少。但当采用总装图—分部件装配图—零件图方式时，已在总装图明细栏中体现的无须在分部件装配图明细栏中重复体现。

4. 剖面线

1）同一个零件的剖面线应相同，即使在不同视图上也应统一。
2）相邻零件的剖面线应用方向和密度加以区分。
3）焊接件上一个引出号（在明细栏中是一个部件）按一个零件处理。

8.3 运用 AutoCAD 2022 绘制装配图实例

本节内容以球阀装配图为例进行说明。

1. 装配图的绘制要求

球阀结构形状相对简单，装配关系多样化，因此采用零件图块插入法绘制球阀装配图。

由于零件图的绘图比例、视图表达方案、图纸布局等内容不完全统一，为了方便拼画装配图，可在拼画装配图之前，使用"缩放"命令将所有零件图缩放为原始比例，再删除零件图中与装配无关的部分，如尺寸标注、技术要求等，只保留视图即可。

在拼画装配图时，先确认装配图的整体视图表达方案，然后根据装配图中各零件之间的装配关系和工作原理，按顺序调用零件图拼画装配图。

先完成视图的拼画，再将视图移动至图纸范围内选择合适的比例进行图纸布局，然后标注必要的尺寸、绘制零件序号、填写明细栏，最后填写标题栏、编写技术要求。

球阀装配图的绘制

2. 球阀装配图的绘制

球阀装配图的视图包含主视图、俯视图、左视图，如图 8-12 所示。拼画视图时，先拼画基体零件，然后根据装配图视图表达需要，按顺序调用零件图拼画装配图的其余组成部件。绘制装配图的操作如下：

1）新建"A3 图幅"图形文件。

2）选择"插入"→"块选项板"命令，系统弹出"块"对话框，选中"分解"和"统一比例"复选按钮，选择"阀体"零件图，如图 8-13 所示。

3）选择"阀体"零件图在合适的位置放置（插入、调用或绘制的零件用红色线圈出表示，下同），完成"阀体"零件图的调用，如图 8-14 所示。

4）选择"插入"块命令，调用"密封环"零件图，如图 8-15 所示。选择"移动"命令将"密封环"移动至装配图主视图和左视图中相应位置，如图 8-16 所示。

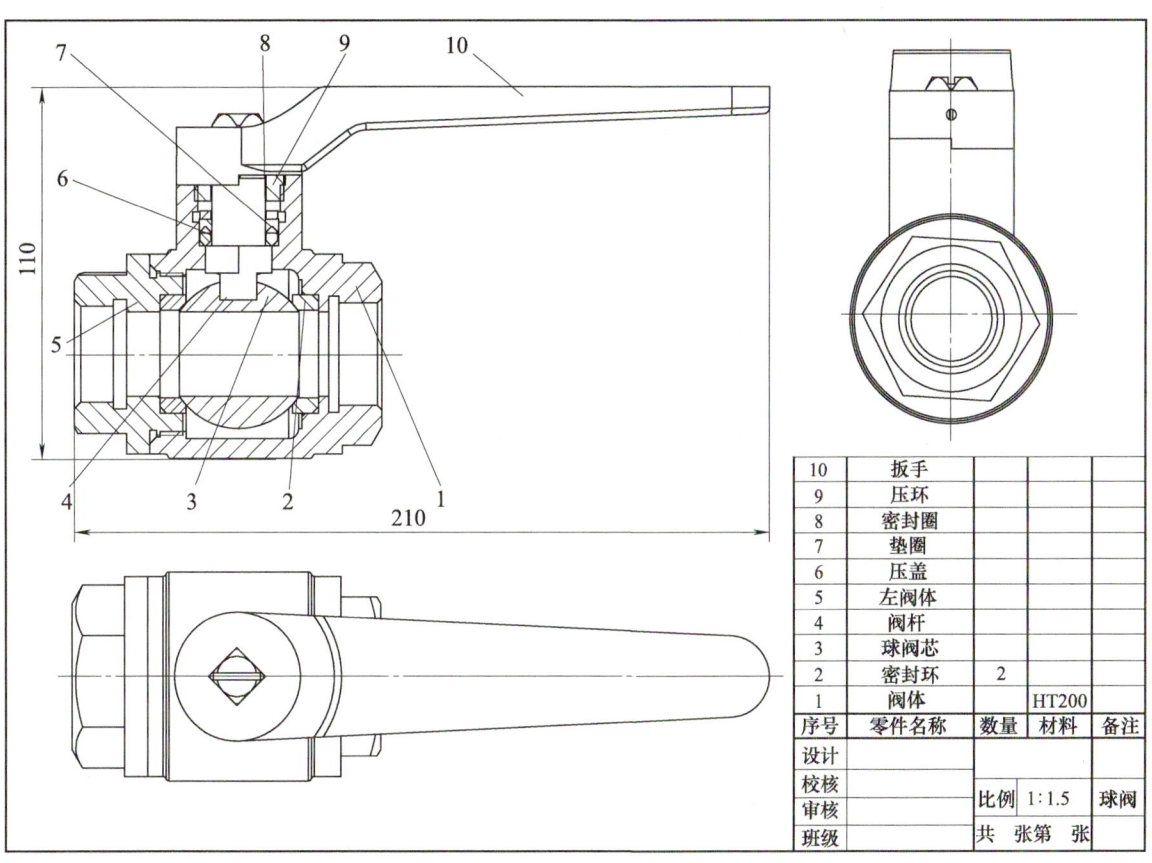

图 8-12 球阀装配图

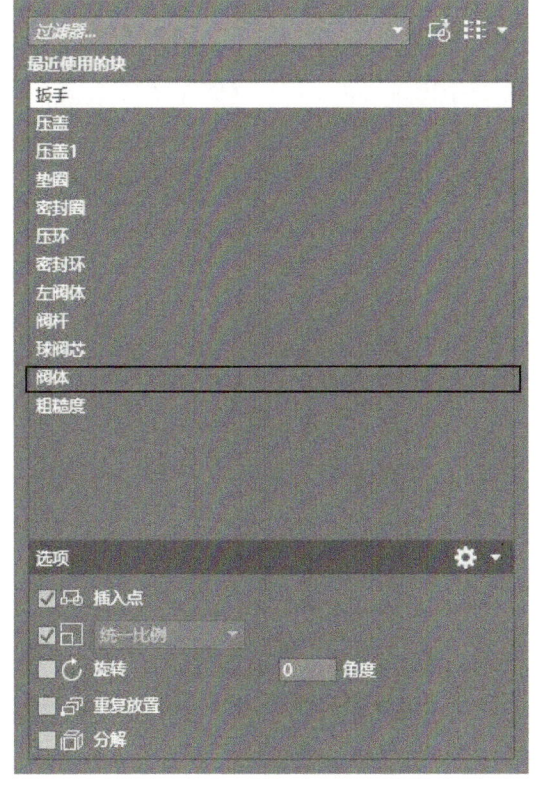

图 8-13 "块"对话框

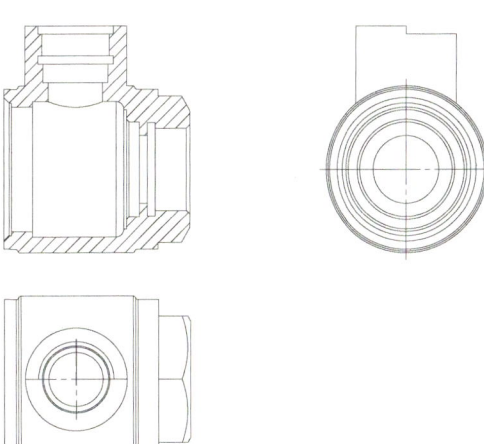

图 8-14 调用"阀体"零件

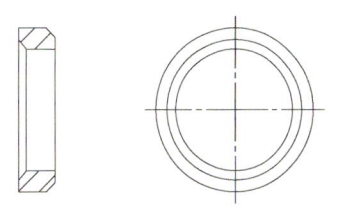

图 8-15 调用"密封环"零件

5）选择"插入"块命令，调用"球阀芯"零件图，如图 8-17 所示。

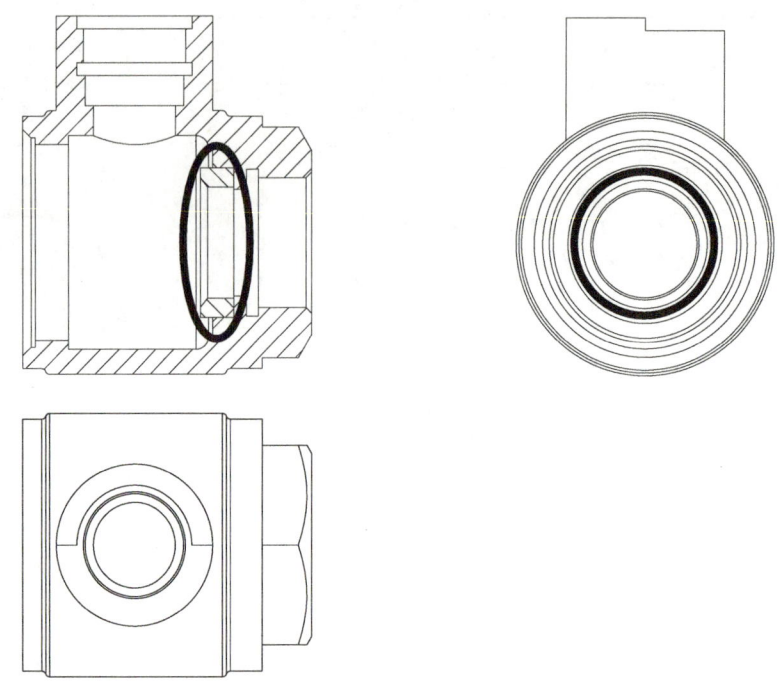

图 8-16 "密封环"装入"阀体"

6）选择"移动"等命令编辑"球阀芯"零件图，并将"球阀芯"拼画到装配图主视图、俯视图和左视图中，如图 8-18 所示。

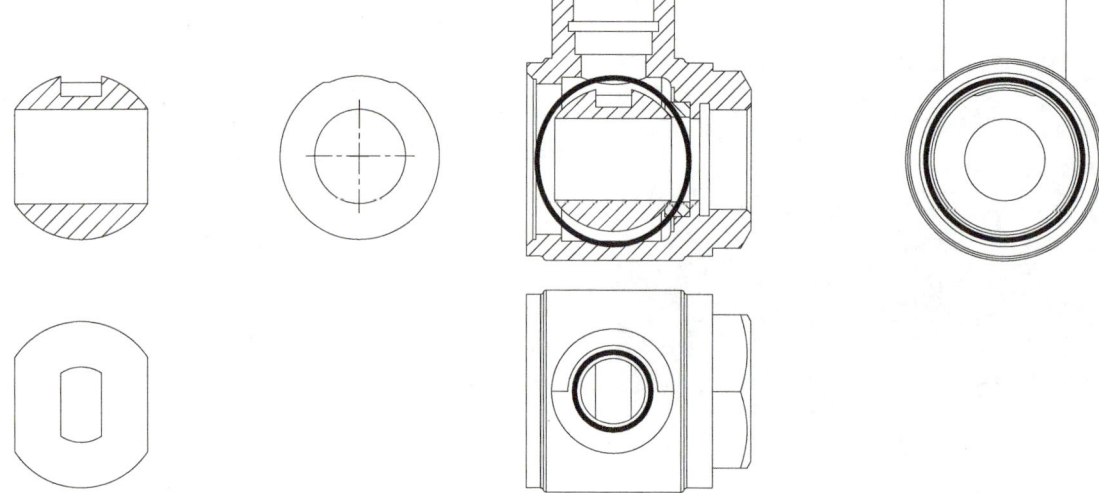

图 8-17 调用"球阀芯"零件　　　图 8-18 "球阀芯"装入"阀体"

7）选择"插入"块命令，调用"阀杆"零件图，如图 8-19 所示。

8）选择"移动"等命令编辑"阀杆"零件图，并将"阀杆"拼画到装配图主视图、俯视图和左视图中，如图 8-20 所示。

9）选择"插入"块命令，调用"左阀体"零件图，如图 8-21 所示。

10）选择"插入"块命令，调用"密封环"零件图，如图 8-15 所示。选择"移动""镜像"命令，将密封环移动至左阀体主视图中相应位置，如图 8-22 所示。

11）选择"移动"等命令编辑"左阀体"零件图，并将左阀体拼画到装配图主视图、俯视图和左视图中，如图 8-23 所示。

12）选择"插入"块命令，调用"压环"零件图，如图 8-24 所示。

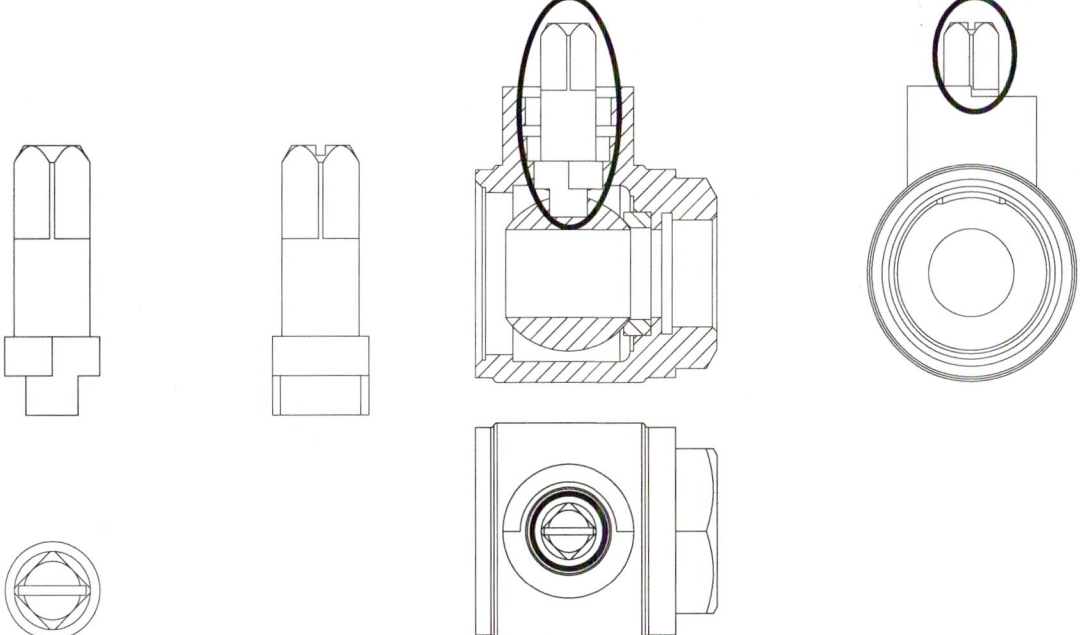

图 8-19 调用"阀杆"零件　　　　图 8-20 "阀杆"装入"阀体"

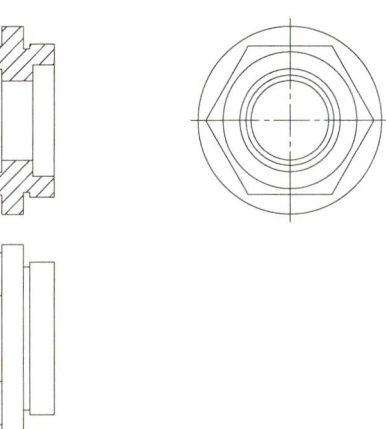
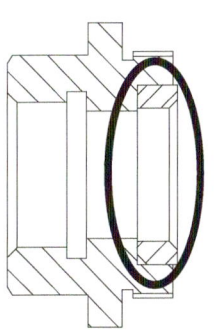

图 8-21 调用"左阀体"零件　　　图 8-22 "密封环"装入"左阀体"

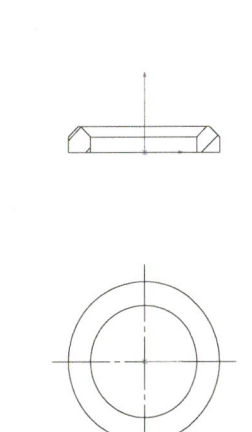

图 8-23 "左阀体"装入"阀体"　　图 8-24 调用"压环"零件

13）选择"移动"等命令编辑"压环"零件图，并将"压环"拼画到装配图主视图和俯视图中，如图8-25所示。

14）选择"插入"块命令，调用"密封圈"零件图，如图8-26所示。

15）选择"移动"等命令编辑"密封圈"零件图，并将"密封圈"拼画到装配图主视图和俯视图中，如图8-27所示。

16）选择"插入"块命令，调用"垫圈"零件图，如图8-28所示。

17）选择"移动"等命令编辑"垫圈"零件图，并将"垫圈"拼画到装配图主视图中，如图8-29所示。

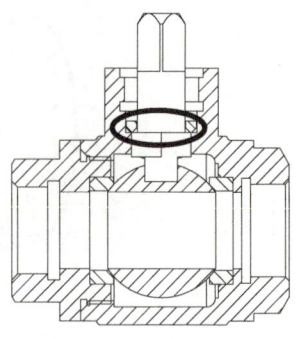
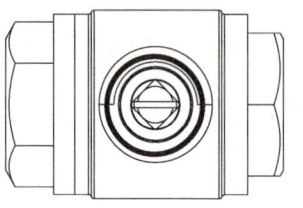

图8-25 "压环"和"阀杆"装配

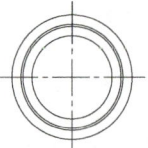

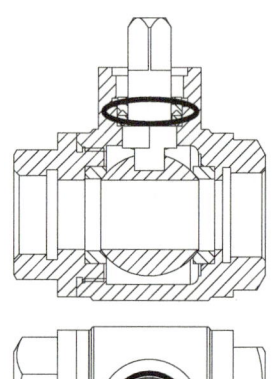

图8-26 调用"密封圈"零件

图8-27 "密封圈"和"阀杆"装配

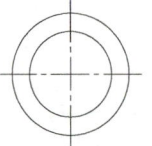

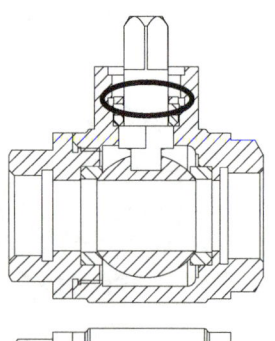
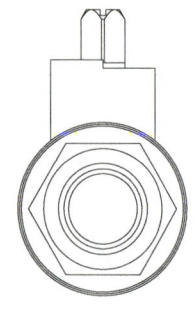

图8-28 调用"垫圈"零件

图8-29 "垫圈"和"阀杆"装配

18）选择"插入"块命令，调用"压盖"零件图，如图8-30所示。

19）选择"移动"等命令编辑"压盖"零件图，并将"压盖"拼画到装配图主视图、左视图和俯视图中，如图8-31所示。

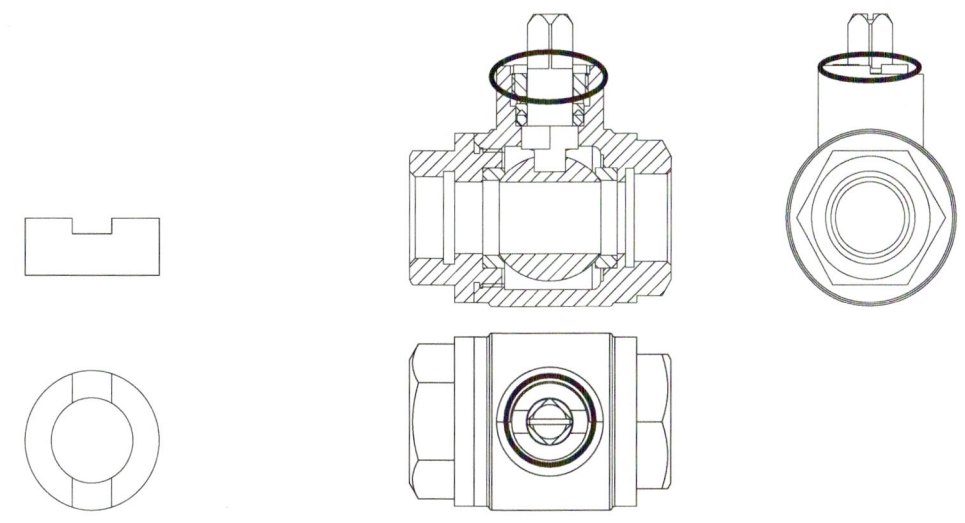

图8-30 调用"压盖"零件　　　　图8-31 "压盖"装入"阀体"

20）选择"插入"块命令，调用"扳手"零件图，如图8-32所示。

21）选择"移动"等命令编辑"扳手"零件图，并将扳手拼画到装配图主视图、左视图和俯视图中，如图8-33所示。

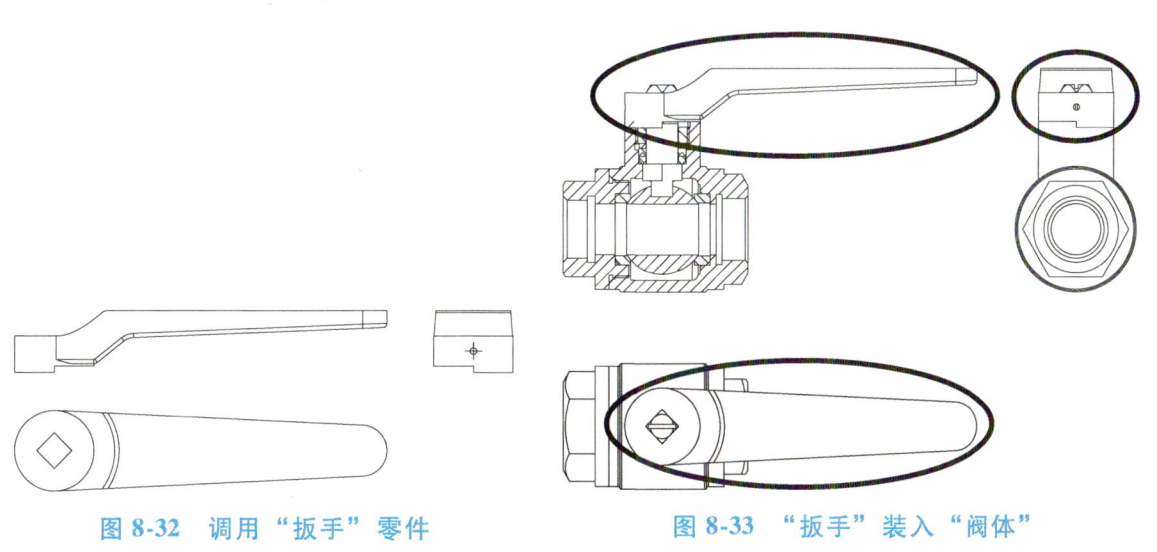

图8-32 调用"扳手"零件　　　　图8-33 "扳手"装入"阀体"

3. 图纸布局

在进行图纸布局时，先根据视图和图纸幅面的尺寸确定适当的绘图比例，然后根据绘图比例将视图进行缩放，再通过"移动"命令将装配图中几个主要的位置视图进行调整，预留尺寸标注、零件编号、明细栏和技术要求的位置。

球阀的装配图用A3图幅并按"1∶1"的比例进行布局，如图8-34所示。

4. 尺寸标注

分别选择各种标注工具，在装配图中标注反映产品或部件的规格外形、装配、安装所需的必要尺寸和一些重要尺寸，如图8-35所示。

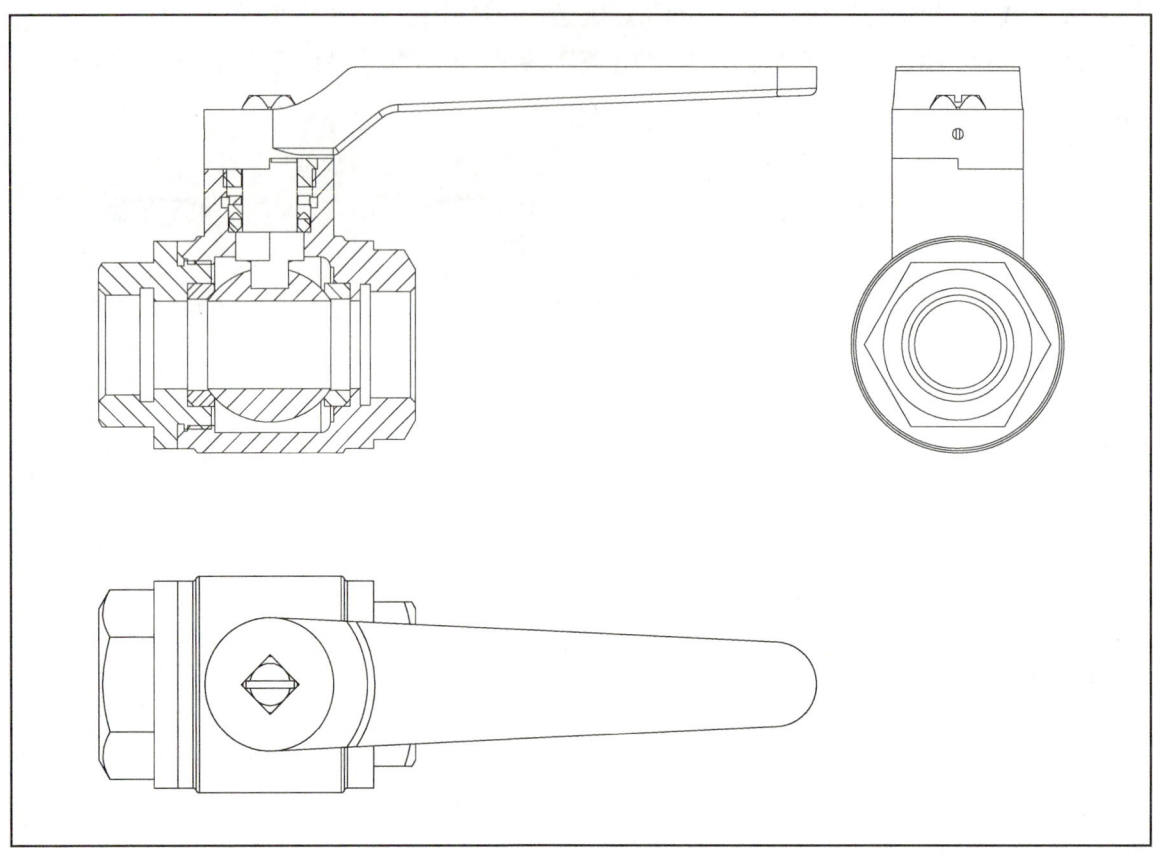

图 8-34 装配图布局

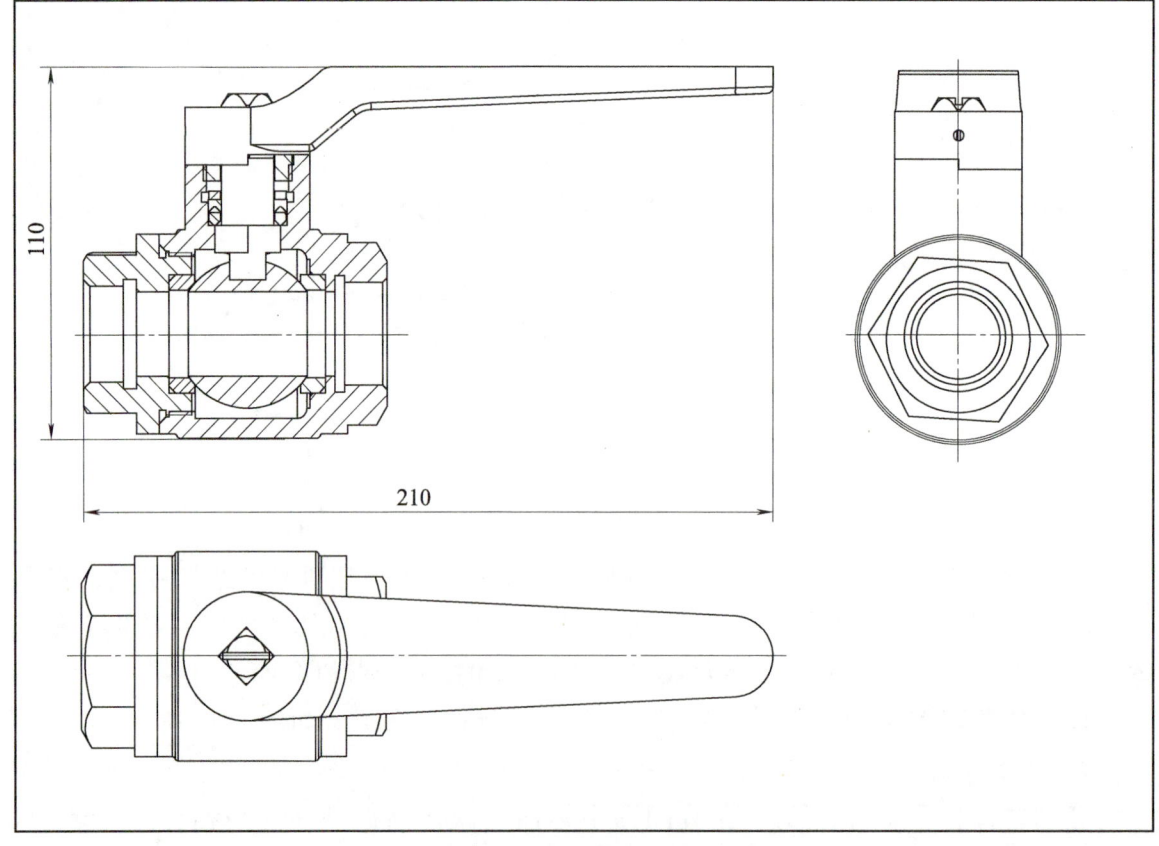

图 8-35 装配图尺寸标注

5. 绘制零件编号、编写明细栏

1) 设置"多重引线样式"。选中"格式"下拉菜单中的"多重引线样式"命令，弹出"多重引线样式管理器"对话框，单击"修改"按钮后弹出"修改多重引线样式"对话框，将"引线格式"选项卡中"箭头"选项的"符号"更改为"小点"，"大小"更改为"2"，如图8-36所示。

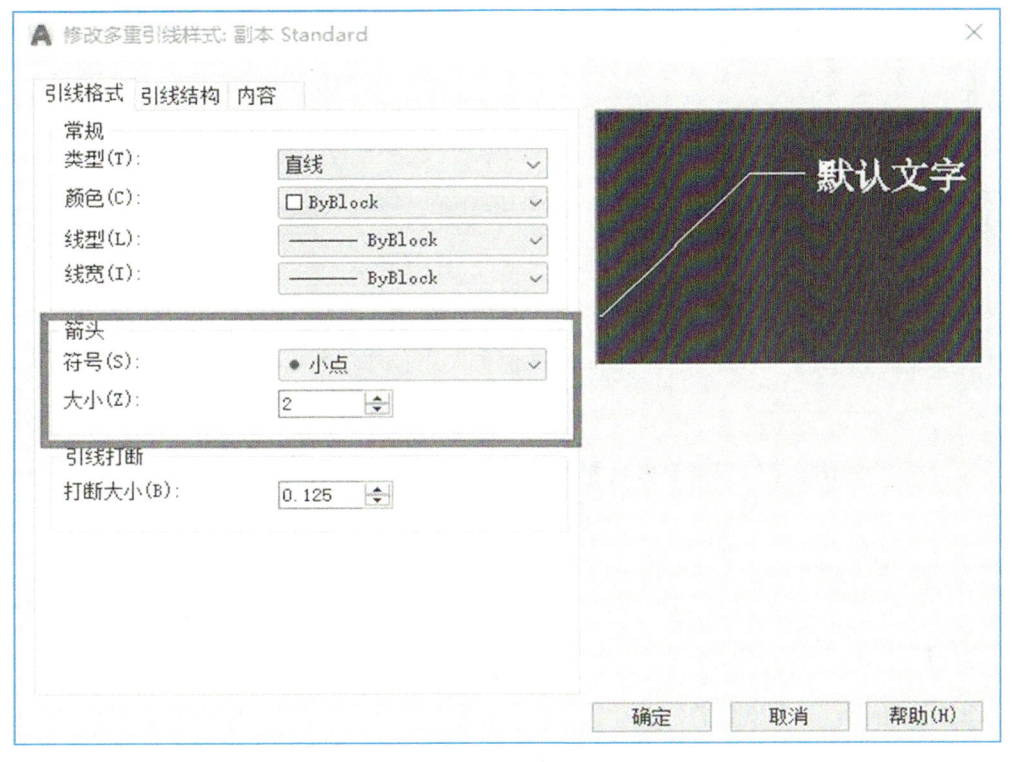

图8-36 "修改多重引线样式：Standard"对话框（一）

2) 设置"多重引线样式"。将"引线结构"选项卡中"基线设置"选项的"设置基线距离"更改为"20"，如图8-37所示。

3) 绘制并注写零件编号。利用"多重引线"命令，在装配图中按顺序绘制各主要零件的引线，然后通过"注释"中的"多行文字"填写零件"1"的编号，文字对齐样式设置为"居中"对齐，将零件"1"的注释文本复制到其余各零件编号位置，双击后按顺序更改零件编号。

4) 绘制零件明细栏。根据零件编号，明细栏中需要填写的零件明细有10个，按照国家标准要求，先绘制好零件明细栏。

5) 填写零件明细栏，优化视图布局。在绘制好的零件明细栏中，由于每个零件明细栏的尺寸大小完全一致，因此可以先通过"多行文字"完整填写零件"1"的明细栏，然后将零件"1"明细栏中的文本复制到其余各零件明细栏中，再双击更改其余零件明细栏需要填写的内容。填写完明细栏之后，调整向视图的位置，优化球阀装配图的布局，最终结果如图8-12所示。

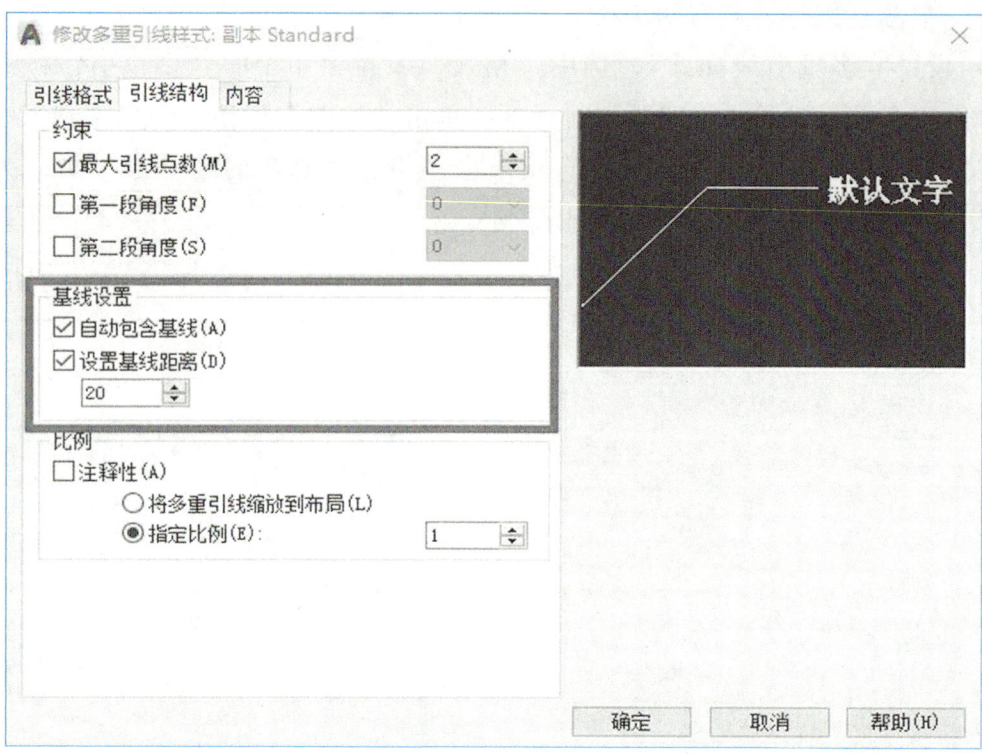

图 8-37 "修改多重引线样式：Standard" 对话框（二）

参 考 文 献

［1］ 陈丽，任国兴. 机械制图与计算机绘图：通用［M］. 北京：机械工业出版社，2010.

［2］ 孙琪，胡胜. 机械制图与中望CAD［M］. 北京：机械工业出版社，2021.

［3］ 邵娟琴. 机械制图与计算机绘图［M］. 3版. 北京：北京邮电大学出版社，2020.